Kylea Taylor

Hilfe für die Helfer

Kylea Taylor

Hilfe für die Helfer

Schattenbereiche erkennen
und heilende Beziehungen schaffen

Verlag Hermann Bauer
Freiburg im Breisgau

Die Deutsche Bibliothek – CIP-Einheitsaufnahme

Taylor, Kylea:
Hilfe für die Helfer : Schattenbereiche erkennen
und heilende Beziehungen schaffen / Kylea Taylor.
[Dt. von Ute Hempen]. –
1. Aufl. – Freiburg im Breisgau : Bauer, 1997
Einheitssacht.: The ethics of caring ⟨dt.⟩
ISBN 3-7626-0563-7

Die amerikanische Originalausgabe erschien 1995 bei
Hanford Mead Publishers, Santa Cruz, California, unter dem Titel
*The Ethics of Caring. Honoring the Web of Life
in Our Professional Healing Relationships.*
© 1995 by Kylea Taylor
Published by special arrangement with Hanford Mead Publishers,
P.O. Box 8051, Santa Cruz, California 95061

Deutsch von Ute Hempen

1. Auflage 1997
ISBN 3-7626-0563-7
© für die deutsche Ausgabe 1997 by
Verlag Hermann Bauer KG, Freiburg im Breisgau
Das gesamte Werk ist im Rahmen des Urheberrechtsgesetzes geschützt.
Jegliche vom Verlag nicht genehmigte Verwertung ist unzulässig.
Dies gilt auch für die Verbreitung durch Funk, Fernsehen,
photomechanische Wiedergabe, Tonträger jeder Art,
elektronische Medien sowie für auszugsweisen Nachdruck.
Einband: Markus Nies-Lamott, Freiburg im Breisgau
Satz: Fotosetzerei G. Scheydecker, Freiburg im Breisgau
Druck und Bindung:
Wiener Verlag, Druck- und Verlags-GmbH, Himberg
Printed in Austria

Meinen Lehrern gewidmet

Dank

Einigen Menschen, die mir halfen, diesem Buch Gestalt zu verleihen, möchte ich gerne meinen Dank aussprechen. Mein Ethikprofessor an einer traditionellen Hochschule erlaubte mir, für eine Seminararbeit ein radikales Thema zu wählen. Aus dieser Arbeit erwuchs dieses Buch.

Christina Grof vertrat als erste und mit kräftiger Stimme die Ansicht, daß der Blickwinkel auf Ethik, wie er in diesem Buch beschrieben wird, es wert sei, weiterverfolgt zu werden. Ich weiß ihren Zuspruch und ihre Ideen sehr zu schätzen. Stanislav Grof zeigte mir immer wieder, wie man dem Prozeß vertrauen kann, sowohl dem eigenen als auch dem der Menschen, mit denen ich arbeite. Ich bin beiden zutiefst dankbar, daß sie die Holotrope Atemtherapie™ entwickelt und damit ein Modell für die ethische Erforschung tiefer Bewußtseinszustände zur Verfügung gestellt haben.

In den letzten sieben Jahren hat mich Jack Kornfield als Führer und als Mensch inspiriert. Als ich beobachtete, wie präsent er ist, wenn er mit anderen Menschen zusammen ist, habe ich erkannt, daß jeder Augenblick ethischer Motivation und Handlung auf seiten des Therapeuten die rechte Beziehung und Heilung fördern kann. Ich freue mich sehr, daß er mir die Ehre erwiesen hat, das Vorwort zu diesem Buch zu schreiben.

Viele Menschen haben mit Vorschlägen und Ergänzungen zu *Hilfe für die Helfer* beigetragen. Ich bin all denen dankbar, die viel Zeit darauf verwendet haben, das Manuskript in seinen unterschiedlichen Stadien zu lesen und zu verbessern. Hal Zina Bennett sprach mir Mut zu, als ich einmal an einem besonderen Tiefpunkt angelangt war. Christina Grof und Jack Kornfield machten ebenfalls konkrete Textvorschläge, die dazu führten, daß sich der Stil des Manuskripts änderte und sachkundiger wurde.

Alia Moore, seit 25 Jahren eine liebe Freundin, war die erste, der ich ein paar Kapitel zu zeigen wagte. Ihre Vorschläge ließen mich weitermachen und hatten beachtlichen Einfluß auf das Modell. Katharine Ziegler bin ich dankbar für die redaktionelle Bearbeitung sowie für die Erörterung ethischer Konzepte, unsere gemeinsame Zeit in der Supervisionsgruppe und die Arbeit, die wir geleistet haben, als wir anfingen, die neue Blickrichtung auf Ethik zu unterrichten. Ich danke Robert R. Newport dafür, daß er das Manuskript gelesen und sehr viele hilfreiche Kommentare und Beispiele beigesteuert hat. Seine medizinische und spirituelle Sichtweise haben das Buch erweitert.

Ich möchte mich auch beim Sunflower House, einer therapeutischen Gemeinschaft in Santa Cruz, bedanken, deren Mitglieder ethische Anteilnahme lehren und auch praktizieren. Sunflower House bin ich sehr zu Dank verpflichtet.

Ich möchte ganz besonders meiner Tochter Taylor Albright und meinem Partner Jim Schofield danken. Ohne ihr umfangreiches Lektorieren, ihre ständigen weisen Ratschläge bezüglich der Herstellung und ihre liebevolle Unterstützung hätte dieses Buch nicht erscheinen können.

Inhalt

Vorwort

Hilfe für die Helfer ist ein äußerst hilfreiches Buch für Heiler, Geistliche, Therapeuten und Körpertherapeuten. Es erschließt Neuland und erläutert die notwendigen Voraussetzungen, damit Therapeuten ihren Klienten klare und zuverlässige Beziehungen bieten können. Es zeigt uns an Beispielen detailliert Wege auf, wie wir das Schöne an unserer Tätigkeit als Angehörige eines Heilberufs begreifen und vertiefen können. Traditionellerweise wird dieser Bereich *Ethik* genannt, um aber den moralisierenden Ton, der dem Begriff Ethik oft anhaftet, zu erweitern, gründet Kylea ihre Arbeit auf das spirituelle Prinzip der *Ehrfurcht vor dem Leben*, das allen großen Weltreligionen und Heilsystemen zugrunde liegt.

Kylea hat dem Bereich der Ethik viele neue Dimensionen hinzugefügt, indem sie zunächst sorgfältig eine große Anzahl traditionell kritischer Problemzonen in die Bereiche Aufrichtigkeit, Vertraulichkeit, Therapievertrag und sexuelle Grenzen gliederte. Danach behandelt sie ausführlich und mit der gleichen Klarheit die grundlegenden Prinzipien des Nicht-Schadens, da diese für das weite Gebiet der Heilungen, inklusive der Behandlung von Traumata, Trauerarbeit, spiritueller Beratung, erweitertem Bewußtsein, energetischer und schamanischer Erweckungen und vielen anderen nötig sind.

Bei der Erforschung dieses stark erweiterten Gebiets warnt *Hilfe für die Helfer* die Heiler davor, die Kraft der Energien, die in außergewöhnlichen Zuständen durch Übertragung und Gegenübertragung auftreten, und die offensichtlichen physischen, emotionalen und psychischen Verwundbarkeiten, die unter diesen Bedingungen gegeben sind, zu unterschätzen. Um dem Leser das Verständnis für dieses Gebiet zu erleichtern, erläutert Kylea, welche besonderen Schwierigkeiten in bezug auf die einzelnen menschlichen Energiezentren oder Chakren entstehen und wie Heiler sich in diesen Energien verfangen können. Sie veranschaulicht anhand von Beispielen und Übungen, wie die sexuellen, finanziellen, emotionalen und spirituellen Ängste und Bedürfnisse des Heilers mit denen des Klienten verwoben sein können, besonders bei der gesteigerten Empfindsamkeit und Beeinflußbarkeit, die im Zustand der Regression und bei transpersonalen Dimensionen gegeben sind.

Dieses Buch zu lesen und sich zu Herzen zu nehmen erfordert von seiten des Lesers ein großes Maß an Aufrichtigkeit. Über Ethik in Therapien nachzudenken hat an sich schon eine heilende und therapeutische Wirkung, weil es unsere Aufmerksamkeit auf die möglichen Schattenseiten von Heilbeziehungen lenkt. Ein Heiler kann die Übungen in diesem Buch dazu nutzen, sich eine völlig neue Ebene in den Bereichen bewußtzumachen, in denen großes Konfliktpotential liegt und die Gefahr besteht, anderen zu schaden.

Und dies ist in der Tat Kyleas größter Beitrag. Sie erläutert uns diese Bereiche vor dem Hintergrund ihrer langjährigen inneren Erfahrung und tiefgehender Selbsterforschung. In ihrer Weisheit besteht sie darauf, daß jeder Geistliche, Heiler, Therapeut, Körpertherapeut und Schamane, der sich auf das weite Gebiet der Psyche wagt, nur das Licht des Bewußtseins, dem er selbst begegnet ist und das er zu seinem eigenen gemacht hat, anbieten kann. Sein eigenes Leid und seine eigene Geschichte, seine Leidenschaft und spirituelle Natur, sein Verständnis für die schwierige Aufgabe, sich innerlich zu öffnen, sind sein Geschenk. Dies zusammen mit der Ethik und Tugendhaftigkeit, die Kylea sehr gut erklärt, ist die Grundvoraussetzung für einen wahren Heiler.

Mein buddhistischer Meister Achaan Chah sprach gerne über die Tugend des Nicht-Schadens und nannte sie die Grundlage jeglichen spirituellen Lebens. Kylea hat dieser Grundlage der Heilung mit ihrer Arbeit Respekt erwiesen. Besonders in der heutigen Zeit, in der die Integrität des menschlichen Herzens der Geschwindigkeit, Komplexität und der Begierde unserer Konsumgesellschaft zum Opfer gefallen ist, brauchen wir Stimmen der Zuwendung und des Respekts wie die Stimme Kyleas. Dies ist die Grundlage wirklicher Heilung.

Hierfür möchte ich Kylea meinen Dank und meine Glückwünsche aussprechen. Möge ihre Arbeit all denen Schutz, Verständnis und Segen bringen, die führen und heilen.

Jack Kornfield, Ph. D.
Spirit Rock Center
Woodacre, California
1995

Einleitung

Während meines Hochschulstudiums im Bereich Ehe- und Familienberatung mußte ich an einem Seminar über Ethik teilnehmen. Obwohl auch philosophische Themen zur Sprache kamen, ähnelte der Kurs eher einem juristischen Seminar als einem Kurs für Therapeuten. Weil die staatlichen Lizenzen es erforderten, lehrte uns der Professor vor allem, wie wir einen Rechtsstreit vermeiden können, statt uns dazu zu ermuntern, unsere eigenen Werte, Motive und die Beziehungen zu unseren Klienten zu untersuchen. In Gesprächen mit Studienkollegen aus benachbarten Disziplinen wie z. B. der Psychologie, anderen therapeutischen Richtungen oder der Religionswissenschaft habe ich festgestellt, daß dieser Ansatz der Ethikausbildung überall vorherrscht. Trotzdem bin ich der Überzeugung, daß eine eingehende Untersuchung ethischer Probleme und unserer persönlichen Beziehungen zu ihnen mehr sein könnte, als eine Anzahl von Regeln zu lernen und Wege zu finden, die uns vor den Gefahren gerichtlicher Verfolgung schützen sollen. Ich glaube, daß uns eine solche Untersuchung wertvolle Einsichten über uns selbst und unsere geheiligten Beziehungen zu Klienten vermitteln kann – Einsichten, die genauso tief sein können wie die in jedem anderen Bereich unserer Ausbildung.

Einer der wichtigsten Gedanken der therapeutischen Berufe der Neuzeit ist die Vorstellung, daß der Therapeut selbst und das, was er als Mensch in die therapeutische Situation einbringt, für das Ergebnis der Therapie wichtiger ist als die Wahl der Technik, die er einsetzt. Der Therapeut muß die

Fähigkeit besitzen, mit dem Klienten tief und mitfühlend in unerforschtes und oft beängstigendes Gebiet vorzudringen. Um dabei erfolgreich zu navigieren, muß der Therapeut mit dem Gebiet vertraut sein, die Schwierigkeiten und den Schmerz verstehen, denen man begegnen kann, und vor allem muß er darauf vertrauen, daß es tatsächlich ungefährlich und letztlich heilsam ist, durch diese Gebiete zu reisen. Eine professionelle Ausbildung, die den Schwerpunkt auf Selbstprüfung und die Erforschung des Inneren legt, könnte den Therapeuten in die Lage versetzen, die Vertrautheit und Überzeugung zu erlangen, die notwendig ist, um anderen bei ihren Erforschungen eine Stütze zu sein.

Ich glaube, daß die Beschäftigung mit ethischen Problemen dem Therapeuten wertvolle Einsichten vermitteln kann, um die eigenen psychischen Prozesse und die des Klienten besser zu verstehen. Diesbezügliche Fragen beschäftigen sich mit den schwierigsten, empfindlichsten und möglicherweise gefährlichsten Aspekten der Klient-Therapeut-Beziehung. Ethische Themen betreffen Sehnsüchte, Gefühle und Motive, die in unserem Innersten auf Resonanz stoßen. Geld, Sexualität, Macht, Liebe, Wahrheit, Einsicht und Einssein sind die mächtigsten Kräfte in unserem Leben, nach denen wir streben oder die wir verneinen. Wie können wir erwarten, daß diese Triebe nicht in irgendeiner Weise in unsere Beziehungen zu Klienten einfließen? Nur wenn wir diese Aspekte verstehen und uns genau überlegen, auf welche Weise sie auf unsere Interaktion mit anderen einwirken, können wir hoffen, daß wir eine wirklich heilende Beziehung zu unseren Klienten aufnehmen.

Hilfe für die Helfer versucht, Hilfsmittel für den Umgang mit den tiefgehenden und oft verwirrenden Interaktionen zwischen Klient und Therapeut bereitzustellen. Das Buch hat besonders die Momente im Blickpunkt, in denen wir als Therapeuten spontan auftretenden oder durch besondere Techniken herbeigeführten intensiven und tiefgreifenden Erfahrungen unserer Klienten gegenüberstehen. Die im Rahmen einer therapeutischen Beziehung gemeinsam erlebten außergewöhnlichen Erfahrungen können sowohl beim Klienten als auch beim Therapeuten starke Ängste, Bedürfnisse und Sehnsüchte hervorrufen.

Die Bewußtseinszustände, in denen diese Art intensiver Erfahrungen auftreten, haben unterschiedliche Bezeichnungen: therapeutische Durchbrüche, Abreaktion, Regression, veränderte Zustände, schamanische und ekstatische Zustände sowie Gipfelerfahrungen. Ich habe mich dafür entschieden, den weiten Begriff »außergewöhnliche Bewußtseinszustände« zu benutzen, um alle Bewußtseinszustände einzuschließen, in denen erhöhte Empfindsamkeit und Achtsamkeit bestehen und in denen eine Vielzahl besonderer Phänomene zum Vorschein kommen können, die normalerweise von der traditionellen Psychologie nicht beachtet werden (vergleiche *Kapitel 2*). Ich hoffe, daß mein Modell, das spirituelle Sehnsüchte und psychospirituelle Erscheinungen eines erweiterten therapeutischen Paradigmas berücksichtigt, die Breite unserer ethischen Handlungsmöglichkeiten in unserem Beruf erweitern, das Ausmaß der Unwissenheit verringern und den zarten, individuellen Prozeß der ethischen Entwicklung fördern wird.

In *Hilfe für die Helfer* betrachte ich Ethik aus dieser neuen Perspektive. Ich habe dafür Beispiele aus meiner eigenen Praxis und Erfahrungen anderer herangezogen, die mir ihre Geschichten bereitwillig geschildert haben. Sie betreffen in gleicher Weise Klienten wie Therapeuten, die aufgrund der mächtigen Kräfte, die mit im Spiel sind, auf irgendeine Weise jemanden verletzt haben oder verletzt wurden. Darüber hinaus habe ich, wo es möglich war, der vorhandenen Literatur zu einem Thema Beispiele entnommen und mich in diesen Fällen sehr um die Angabe der Quellen bemüht. Ich hoffe, Sie werden mich auf einer interessanten Reise begleiten, auf der wir erforschen wollen, wie unser Leben von ethischen Themen berührt wird, und an meiner Begeisterung teilhaben, die ich verspüre, wenn ich diese herausfordernden Fragen untersuche.

Kapitel 1

Eine Ethik der Beziehung

Bei einer Ethik der Fürsorge geht es um eine Moral, die sich
auf Beziehung und Zuwendung gründet.[1]*

Rita C. Manning

Ethik hat mit den interessantesten Aspekten menschlichen
Lebens zu tun: Sexualität, Beziehung, Selbsterkenntnis, Liebe
und Mystik. Ethik ist wie Sex (um den es dabei oft zu gehen
scheint) erregend, fesselnd und häufig amüsant. Sich über
Ethik Gedanken zu machen bietet die Möglichkeit, sein Wissen und seine Vorstellung über sich selbst zu erweitern und Beziehungen zu verbessern.

Bei Ethik geht es um Beziehungen. Es handelt sich um die
innere Beziehung unserer Werte zu unseren Handlungen. Sie
beschreibt die Wechselwirkung zwischen zwei Überzeugun-
gen, zwei Wünschen, zwei Ängsten. Ethik ist der Prozeß,
durch den wir herausfinden, was am besten dazu geeignet ist,
innere und äußere Harmonie in unser Leben zu bringen.

Das Netz des Lebens achten

Ethisches Verhalten entstammt der *inneren* Übereinstimmung
und Harmonie zwischen unseren Werten und Handlungen.
Ethisches Verhalten entwickelt sich außerdem aus dem Emp-

---

* Die Hochzahlen beziehen sich auf die Anmerkungen ab S. 292.

finden des Therapeuten* für die *äußere* Verbundenheit. Indem
er außergewöhnliche Bewußtseinszustände einsetzt, arbeitet
der Therapeut nicht nur mit allen Teilen eines Klienten, sondern auch mit allen Teilen des Netzwerks, mit dem der Klient
verbunden ist (oder von dem er sich losgelöst hat). Mit diesen
Teilen arbeitet er körperlich, emotional, kognitiv, sozial und
existentiell oder spirituell. Eine emotionale, körperliche und
spirituelle Heilung zieht das sozialpolitische System (und vielleicht sogar das kosmologische System), in dem die therapeutische Beziehung besteht, mit in Betracht. Wir sprechen und
handeln ethischer, wenn wir anfangen, die netzartige Bezie-
hungsstruktur, die die vielen Facetten des Therapeuten und
des Klienten miteinander verwebt, zu erkennen und zu respektieren. Wir treffen natürlich mehr ethisch begründete Entscheidungen, wenn wir die komplizierten Verbindungen respektieren, die über die räumlichen Grenzen der Therapiesitzung hinaus in die Familie, die Gesellschaft, das Ökosystem
und selbst in unsichtbare Dimensionen reichen.

Eine Ethik der Beziehungen muß an das Netz der Beziehungen anknüpfen, das sich über die unmittelbaren persönlichen
Beziehungen hinaus auf Menschen anderer Rassen und Na-
tionalitäten und auf alles Lebendige erstreckt. Der Präsident
der Tschechischen Republik, Vaclav Havel (1994), sprach von
einer, wie er es nannte, »vergessenen Dimension der Demokra-
tie ... dieser spirituellen Dimension, die alle Kulturen und in
Wirklichkeit die ganze Menschheit verbindet.« Er sprach von
der Ethik der Politik, die eine Möglichkeit sei, die Gemein-

---

* Die Autorin verwendet im englischen Original »therapist« und »client« für
Therapeutinnen und Therapeuten bzw. Klientinnen und Klienten. Aus Gründen
der leichteren Lesbarkeit werden die Begriffe durchgängig in der männlichen
Form wiedergegeben. – Die Autorin spricht außer von »therapist« auch von
»caregiver«, womit jemand bezeichnet wird, der sich fürsorglich, anteilneh-
mend und mitfühlend um andere kümmert. »Caregiver« bezieht sich somit auf
alle Personen, die in helfenden Berufen tätig sind. Da es für diesen Begriff keine
gleichwertige deutsche Entsprechung gibt, wird »caregiver« mit »Therapeut«
oder »Begleiter« übersetzt. (Anm. d. Ü.)

samkeit der Menschen zu erkennen, und sagte: »Viele Politiker oder Regierungen treten mit Worten für diese Ideen ein, setzen sie aber in der Praxis nicht um.«[2]

Havels Botschaft war, daß Transzendenz – eine spirituelle Perspektive jenseits persönlicher, ethnischer, religiöser oder chauvinistischer Gesichtspunkte – zu ethischen Beziehungen auf einer globalen Ebene führen würde. Er sagte, daß der Verlust des Respekts vor unseren göttlichen Wurzeln »immer zu einem Verlust des Respekts vor allem anderen führt – angefangen bei den Gesetzen, die sich die Menschen gegeben haben, bis zum Leben ihrer Nachbarn und unseres lebenden Planeten.«[3]

Das Prinzip des Miteinander-Verbundenseins, das Havel beschreibt, ist das, was ich das *Netz des Lebens* nenne. Das Bild vom Netz des Lebens beschreibt nicht nur das Miteinander-Verbundensein der sozialpolitischen Systeme und Völkergruppen, sondern auch das Miteinander-Verbundensein der einzelnen, das sich auf vielfache Weise zeigt: in ihren finanziellen Beziehungen und Gesprächen bis hin zu ihren Träumen. Das Netz des Lebens zeigt sich auch in dem geheimnisvollen Phänomen der Synchronizität, in der Kraft eines Gebets, in schamanischen Heiltechniken und in der Fähigkeit zur Liebe und zur Achtung davor, daß Menschen füreinander heilsam sind. *Was ich tue, hat Auswirkungen auf dich. Was du tust, hat Auswirkungen auf mich. Was ich dir tue, wird sich schließlich auf mich auswirken.*

Was ist Ethik?

Ethik beschäftigt sich mit der sittlichen Gesinnung. Die Erforschung moralischer Grundsätze in einer therapeutischen Beziehung umfaßt auch das Nachdenken über unsere Ideale, nach denen wir als Therapeuten streben, und unser tatsächliches Verhalten. Rachel Naomi Remen schreibt in ihrem Aufsatz *On Defining Spirit*, daß »es sich bei Ethik um Werte handelt, einen

Code zur Übersetzung der Moral ins tägliche Leben«.[4] Sowohl bei den moralischen Grundsätzen als auch beim Nachdenken über unsere eigene Ethik beschäftigen wir uns mit unserem (manchmal unbewußten) inneren Dialog zwischen unseren Werten und Handlungen. Wenn wir ethische Probleme untersuchen, die besonders bei der Arbeit mit Klienten in außergewöhnlichen Bewußtseinszuständen vorkommen können, vertiefen wir uns in eine Materie, die noch schwieriger und interessanter sein kann als die ethischen Fragen, die im Verlaufe unseres normalen Umgangs mit Klienten auftreten.

Über ethische Fragen nachzudenken hilft uns, ohne Umweg auf unserem eigenen psychospirituellen Weg weiterzugehen. Wenn wir Umwege vermeiden, sind wir mehr bei uns und unseren Klienten und können leichter die erste Regel der therapeutischen Arbeit befolgen: *Füge niemandem Schaden zu.*

Auf dem Wege zur Ganzheit

Wir beurteilen die Ethik eines Therapeuten anhand seines Verhaltens. Wir denken an hohes sittliches Verhalten, wenn jemand integer ist. Ein anderes Wort für Integrität ist Ganzheit. Ganzheit bedeutet, daß das Verhalten eines Therapeuten mit seinen Werten, seinem Wissen, seiner Intuition und seinen Gefühlen übereinstimmt. Integrität bedeutet, daß ein harmonischer, auf Konsens zielender Dialog zwischen verschiedenen inneren Eigenschaften besteht, der nach außen zu folgerichtigem ethischen Verhalten führt.

Integrität kann außerdem bedeuten, daß ethisches Verhalten, das aufgrund der menschlichen Natur niemals vollkommen sein wird, sich zumindest der Ganzheit oder Integrität annähert. Stanislav und Christina Grof, die Begründer der Holotropen Atemarbeit™, prägten das Wort *holotrop*, um therapeutische Arbeit in außergewöhnlichen Bewußtseinszuständen zu beschreiben, die dem Klienten hilft, sich geistiger, physischer, psychischer und spiritueller Ganzheit anzunähern.

Das Wort *holotrop* könnte auch den Prozeß der Therapeuten und Lehrer beschreiben, die sich auf Ganzheit zubewegen und dabei ihr ethisches Bewußtsein erweitern und zunehmend mehr Integrität erlangen: *holotrope Ethik*. Ein derartiges Verständnis von Ethik geht über moralische und ethische Regeln hinaus. Vielmehr stehen moralische Grundsätze und ethisches Verhalten im Dienst unserer höchsten Natur und sind zugleich ein natürliches Ergebnis der wachsenden Übereinstimmung mit unserer spirituellen Natur. Rachel Naomi Remen unterscheidet *moralisch* von *spirituell*:

> Was als moralisch erachtet wird, ist von Kultur zu Kultur und innerhalb derselben Kultur von Zeit zu Zeit unterschiedlich. Außerdem dient die Moral oft als Entscheidungsgrundlage, z. B. für eine Gruppe von Menschen, sich von anderen Gruppen abzugrenzen, oder für einen Menschen, sich von anderen Menschen abzugrenzen. Dagegen fällt das Spirituelle grundsätzlich keine Urteile und trennt nicht. Das Spirituelle ist nicht von Zeit zu Zeit unterschiedlich, weil es sich nicht in der Zeit bewegt. Der Geist ist unveränderlich.[5]

Ethik ist mehr als Gesetze und Richtlinien

In meinem Universitätslehrbuch für Ethik in der Psychologie stand, der Zweck, Ethik zu studieren, bestehe wie bei der Rechtswissenschaft darin, »Verhaltensregeln zu entwerfen, die zu einem harmonischen Leben verhelfen und das Erreichen individueller Ziele und Wünsche auf eine gesellschaftlich annehmbare Weise ermöglichen.«[6] Ethische Maßstäbe für einzelne Berufsgruppen gehen normalerweise weit über gesetzliche Vorschriften hinaus und legen fest, daß gewisse unprofessionelle Verhaltensweisen, obwohl gesetzlich erlaubt, ethisch nicht zulässig sind.

Derartige Richtlinien benennen die Verhaltensweisen, die sich als schädlich für eine Therapie erwiesen haben und deshalb von der Berufsgemeinschaft als unannehmbar betrachtet werden. Das Aufstellen ethischer Richtlinien ermutigt mit anderen Worten zu therapeutisch wirkungsvollem Verhalten und rät ab von Verhaltensweisen, die ineffektiv oder therapeutisch schädlich sind. Wenn ein Ethikkodex einem Therapeuten verbietet, persönlichen oder wirtschaftlichen Nutzen aus seiner beruflichen Beziehung zu einem Klienten zu ziehen, so ist dies z. B. eine Regel, die unethisches, aber nicht notwendigerweise ungesetzliches Verhalten beschreibt.

Wie das Gesetz waren die meisten ethischen Normen ursprünglich Regeln, die auf der Grundlage abstrakter Prinzipien von richtig und falsch angewandt wurden. Wenn Regeln zu starr sind, kann es sogar passieren, daß der Gerechtigkeit nicht Genüge getan werden kann. Beim Aufstellen von Ethikkodizes scheint die Tendenz von der formalen Nachahmung gesetzlicher Kodizes wegzugehen. Richtlinien müssen so flexibel sein, daß sie eher erziehen als bestrafen. Bei einigen Ethikkodizes klingen die Formulierungen inzwischen weniger juristisch, sondern eher so, als ob sie dazu niedergeschrieben seien, ein Bewußtsein für die Beweggründe und eine Einigung über ethische Werte zu fördern. Anstatt in vielen Fällen Verhalten gesetzlich zu regeln, haben Ethikkodizes eher die Ursprünge ethischen Verhaltens im Blickfeld (vergleiche *Kapitel 14*).

Ethische Entscheidungen, die auf Beziehung anstatt auf abstrakten Grundsätzen beruhen

Mit dem Aufkommen des Feminismus begann die Forschung nachzuweisen, daß das Modell abstrakter Grundsätze nicht in gleichem Maße für Frauen galt wie für Männer. Carol Gilligan, Autorin von *Die andere Stimme*, schreibt, daß Frauen Entscheidungen, besonders ethische Entscheidungen, anders treffen als Männer. Aus ihren Untersuchungen geht hervor, daß Frauen diese Entscheidungen nicht aufgrund abstrakter Grundsätze treffen, sondern in Beziehung zu den Umständen.[7]

Wenn z. B. jemand Nahrungsmittel stiehlt, um sie jemand anders zu essen zu geben, machen die äußeren Umstände dies eher zu einer ethischen oder zu einer unethischen Handlung, auch wenn Diebstahl Unrecht bleibt? *Hilfe für die Helfer* betrachtet Ethik eher von einem Standpunkt der jeweiligen Umstände als des Gesetzes. Rita Manning, Autorin von *Speaking from the Heart: A Feminist Perspective on Ethics*, schreibt über eine Ethik der Zuwendung. Sie unterscheidet diese Art ethischer Reaktion von einer starreren moralischen Position:

> Eine Ethik der Anteilnahme umfaßt eine Moral, die auf Beziehung und Zuwendung gegründet ist … Indem wir auf den anderen eingehen, berufen wir uns nicht auf abstrakte Prinzipien, auch wenn wir uns vielleicht auf praktische Erfahrung beziehen; vielmehr schenken wir einem konkreten Gegenüber in seiner oder ihrer realen Situation unsere Aufmerksamkeit. Wir achten außerdem auf die Wirkung unseres Verhaltens auf das Netz, das uns beide trägt.[8]

Ethik im Rahmen tiefgehender Arbeit mit Klienten

Mit Klienten zu arbeiten, die in einer therapeutischen Sitzung intensive Augenblicke erleben oder sich zeitweise in einem außergewöhnlichen Bewußtseinszustand befinden, kann für Therapeuten gelegentlich eine ethische Herausforderung darstellen. Bestimmte intensive, tiefgehende Erfahrungen von Klienten können bei Therapeuten subtile, kraftvolle Reaktionen auslösen. Diese Erfahrungen lassen Grenzen oft diffuser und Rollen undeutlicher werden, sie können eine Übertragung verstärken und eine überraschend starke Gegenübertragung auslösen. Intensive therapeutische Arbeit kann zu außerordentlichen ethischen Herausforderungen führen. Auf der anderen Seite bieten diese Klienten dem Therapeuten eine enorme Gelegenheit zur kreativen persönlichen und beruflichen Entwicklung, weil sie ihn vor die Wahl zwischen verschiedenen ethischen Handlungen stellen und ihm viele Grauzonen mit unterschiedlichen Konsequenzen bieten.

Es gibt keine fertigen Antworten. Wann ist es z. B. ethisch oder unethisch, einen Klienten zu berühren? Ist das gleiche Verhalten zu einem Zeitpunkt ethisch, zu einem anderen unethisch, je nach den Umständen und den Motiven des Therapeuten? Wann ist eine »Doppelbeziehung« die angemessene und gewissenhafte Bestätigung einer menschlichen Verbindung und wann ist sie problematisch oder ausbeuterisch?

Zur Beantwortung dieser Fragen können wir untereinander Informationen austauschen, Richtlinien zur Verfügung stellen, Vereinbarungen treffen und Rat einholen. In vielen Fällen können wir jedoch nicht entscheiden, welches Verhalten das beste ist, ohne in der speziellen Situation alle Implikationen zu erkennen und zu berücksichtigen. Und selbst dann kann unser Handeln, das auf der logischen Anwendung abstrakter Grundsätze in einer bestimmte Situation basiert, weniger ethisch sein als eine Reaktion, die aus aufrichtiger Sorge und nach eingehender Prüfung unserer Beweggründe entstand.

Was ist ethisches Verhalten?

Wenn wir Verhalten nicht durch Regeln und abstrakte Grundsätze vorschreiben, wie stellen wir dann ethische Maßstäbe für unsere Berufe auf? Richtlinien sind notwendig, aber sich auf andere zu beziehen, um in Regeln festzuhalten, was *unethische* Verhaltensweisen sind, kann uns bei ethischen Entscheidungen eine äußere Kontrollinstanz an die Hand geben. Die Überprüfung der eigenen Werte und Beweggründe regt andererseits bei denen unter uns, die ernsthaft ihr ethisches Bewußtsein erweitern möchten, die Entwicklung einer inneren Kontrollinstanz an.

Äußere ethische Kontrollinstanz bedeutet, daß der Therapeut äußere Richtlinien oder die Regeln von anderen befolgt, um sein eigenes Verhalten festzulegen. *Innere ethische Kontrollinstanz* besagt, daß der Therapeut vielleicht etwas über ethische Richtlinien liest, aber letztlich seine eigenen Werte und Motive überprüft, um daraus eine Handlung abzuleiten. Das Fehlen einer entwickelten inneren Kontrollinstanz für ethisches Verhalten zeigt sich zunehmend deutlicher, wenn der Therapeut mit außergewöhnlichen Zuständen arbeitet. Wo wir »herkommen« – unsere Motive und Werte als Therapeuten – ist die Quelle für das, was wir tun und sagen. Der Grad unserer Bereitschaft, in die dunkle Wahrheit unserer Motive, Wünsche und Ängste einzutauchen, bestimmt unsere Fähigkeit, fürsorglich, mitfühlend, flexibel und ethisch zu sein.

»Losgelöstheit« in einem Rahmen der Verbundenheit

Eine ethische Therapie bietet eine Umgebung der Verbundenheit und erlaubt dem Klienten Handlungen, die ihn von allen Systemen »loszulösen« scheinen, d. h., die Therapie unterstützt ein System der Verbundenheit, weil der Klient die *Beziehung* als Weg zur Heilung wählt. Ein Kind, das sich durch sein Aufbegehren von seiner Familie und den Werten seiner Familie gelöst hat, hat sich nicht wirklich von der Familie als System gelöst. Tatsächlich geht die Theorie der Familiensysteme von der Annahme aus, daß dem Kind an der Familie liegt, wenn es aufbegehrt und dadurch sogar Gefahr läuft, für sein schlechtes Verhalten bestraft zu werden. Viele solcher »losgelösten« Kinder hoffen unbewußt, die Familie zusammenzubringen, indem sie ihr einen Grund dazu geben, nämlich sich zusammenzufinden, um gemeinsam ein Problem zu lösen. Die Losgelöstheit des Kindes oder sein Ausagieren stehen oft in Zusammenhang mit einer Beziehung und Zuwendung.

Die therapeutische Beziehung geht von der Ganzheit des Klienten aus und nimmt an, daß er fähig ist, sich zu integrieren, während gleichzeitig seine Entscheidung (bewußt oder nicht), sich während des Überlebens- oder Heilungsprozesses manchmal innerlich zurückzuziehen, verstanden und akzeptiert wird. Ein Therapeut mit einem transzendenten Standpunkt wird eher Beziehung, Verbundenheit und Vereinigung und nicht Trennung als eine erweiterte Fassung der Wahrheit betrachten. Er versteht, daß innerhalb einer Beziehung Losgelöstheit möglich sein kann.

Die Ethik der Beziehung reicht auch in die außergewöhnliche Realität hinein, besonders bei transpersonalen (jenseits der persönlichen Identität liegenden) Erfahrungen. Klienten treten in Beziehungen zu Göttern oder Göttinnen, ihrer Höheren Macht, Krafttieren, Geistführern oder göttlichen Kräften, die ihnen Heilung und Weisheit bringen. Wenn weder der Therapeut noch der Klient diese Beziehungen, die in außergewöhnlichen Bewußtseinszuständen existieren, leugnen oder ausnutzen, sondern anerkennen und achten, werden ihre Handlungen auf natürliche Weise ethisch.

Ethische Entwicklung erfordert Transzendenz

Wenn Ethik das Studium von Beziehungen ist, dann ist eine Voraussetzung für eine ethische Entwicklung, daß wir über die Sichtweise hinausgehen, wir seien unverbunden. Eine transzendente Sichtweise entwickelt sich jeweils in einem einzelnen Menschen. Sie kann in Gruppen, selbst in großen Gruppen, gleichzeitig entstehen, aber eine transzendente Erfahrung wird im Inneren gemacht, nicht außen. Eine weit verbreitete Metapher für die Überwindung des Selbst durch innere Arbeit ist: *Wir müssen alle in unseren eigenen Brunnen tauchen, um den unterirdischen Fluß zu erreichen, der alle Wasserquellen verbindet.*

Therapien und andere Formen der Betreuung sind Rahmen, in denen der transzendente Standpunkt einer Kultur durch die persönliche transzendente Erfahrung wachsen kann. Spirituelle Gemeinschaften und Gruppenrituale sind weitere Möglichkeiten. Alle sind sie Mittel, durch die wir die Fähigkeit erweitern können, unsere Verbundenheit zu erkennen. Therapie ist ein Mittel, um wirkliches ethisches Verhalten praktizieren zu können. Der Einfluß von Therapien auf das Netz des Lebens beginnt in der Beziehung zwischen Klient und Therapeut. Mary Sykes Wylie, die über Familientherapie schreibt, meint, »der in gewisser Weise überraschendste Aspekt einer Therapie ist der, daß die Beziehung zwischen Therapeut und Klient als solche *das* ist, worum es geht.«[9] Dies kann auch für die Beziehung zwischen einem Körpertherapeuten und seinem Klienten zutreffen, zwischen einem Geistlichen und einem Gemeindemitglied, zwischen einem Hospizarbeiter und einem sterbenden Patienten.

Meine persönliche Definition von ethischem Verhalten geht auf den Begriff *Ehrfurcht vor dem Leben* zurück, den der christliche Missionar, Arzt und Philosoph Albert Schweitzer geprägt hat. Außerdem stützt er sich auf den Begriff der *rechten Beziehung* aus dem Buddhismus.

Schweitzer war berühmt für seine Philosophie, die er in jeder Situation des täglichen Lebens praktizierte und *Ehrfurcht vor dem Leben* nannte. In einer Predigt aus dem Jahre 1919 führt er aus, was er meint: »Ich kann nicht anders als Ehrfurcht haben vor allem, was Leben heißt: Das ist der Anfang und das Fundament der Sittlichkeit. Wer dieses einmal erlebt hat und weitererlebt – und wer es einmal erlebt hat, erlebt es immer weiter –, der ist sittlich. Er trägt seine Sittlichkeit in sich unverlierbar, und sie entwickelt sich in ihm. Wer es nicht erlebt hat, der hat nur eine angelernte Sittlichkeit, die nicht in ihm gegründet ist, ihm nicht gehört, sondern von ihm abfallen kann.«[10]

Seine *Ehrfurcht vor dem Leben* enthält implizit das Bekenntnis zur Verbundenheit, wie er es bei der Verleihung des Friedensnobelpreises 1952 ausdrückte: »Du lebst nicht alleine in einer Welt. Deine Brüder sind auch hier.«[11]

Die buddhistische Auffassung von der *rechten Beziehung* ähnelt sehr einer Aussage von Jesus: »Und wie ihr wollt, daß euch die Leute tun sollen, so tut ihnen auch!«[12] Das bedeutet, daß wir den größeren Rahmen sehen, in dem unsere Absichten und Handlungen auf den *Anderen* wirken, und wie diese sich wiederum wie eine sich fortsetzende Wellenbewegung auf wieder andere auswirken. Das beinhaltet, daß wir auch die Auswirkungen auf uns selbst sehen, wenn wir anderen gegenüber auf bestimmte Weise handeln. In dieser Definition wird der Begriff des *Anderen* auf Menschen und Tiere, aber auch auf Pflanzen, Ökosysteme, Planeten und göttliche Archetypen angewendet.

Daraus folgt jetzt meine Definition für ethisches Verhalten, die dem, was ich in diesem Buch geschrieben habe, zugrundeliegt: *Ethisches Verhalten ist Ehrfurcht vor dem Leben, zum Ausdruck gebracht durch die rechte Beziehung zu dem Anderen.*

Kapitel 2

Tiefgreifende und intensive Klientenerfahrungen

Eine verstandesmäßige Kenntnis der inneren Bereiche ... kann für Menschen, die außergewöhnliche Bewußtseinzustände erfahren, eine große Hilfe sein, unabhängig davon, ob diese gezielt und durch bekannte Mittel herbeigeführt wurden oder aus sich heraus spontan auftreten.

Christina und Stanislav Grof

Ethische Probleme werden in Therapien viel offensichtlicher, wenn Klienten intensive, tiefgreifende Erfahrungen machen. Vor diesem Hintergrund wurden mir zum ersten Mal die komplizierteren ethischen Probleme bewußt. Ein Klavierlehrer, den ich kannte, sagte immer: »Spiel laut, damit du deine Fehler hören kannst!« Wenn sowohl der Klient als auch der Therapeut *intensiv spielen*, können wir Lektionen lernen, die uns in ruhigeren therapeutischen Situationen nicht auffallen würden. Diese Lektionen lassen sich auch auf normale Beratungssituationen übertragen.

Die Ansichten, die in diesem Buch dargestellt werden, nahmen vor allem aufgrund des verstärkenden Effektes intensiver Sitzungen Gestalt an, aber viele dieser Gedanken lassen sich recht gut auch auf Beratungsbeziehungen anwenden, die nicht so intensiv oder tiefgehend sind. Ich habe in diesem Kapitel mehr Mühe darauf verwendet, die grundlegenden Eigenschaften außergewöhnlicher Bewußtseinszustände und die damit einhergehenden charakteristischen Erfahrungen der Klienten zu beschreiben. Der Grund dafür ist, daß die westlichen Therapierichtungen bzw. Beratungsansätze (medizinische, psycho-

logische und spirituelle) derartige Erscheinungsformen normalerweise weder dem Namen nach noch in ihren Ausprägungen
kennen.

Bei meiner Arbeit sehe ich, daß mangelnde Vertrautheit
mit diesen Phänomenen, wenn sie darüber hinaus mit starken spirituellen Sehnsüchten und Energien verbunden sind,
wie es häufig bei der Arbeit mit Klienten in außergewöhnlichen Zuständen der Fall ist, Therapeuten leichter zu unbewußten, unethischen Handlungen veranlassen kann. Viele
Therapeuten werden diese charakteristischen Erfahrungen in
meinen Beschreibungen wiedererkennen, auch wenn sie vielleicht nicht mit der Begrifflichkeit vertraut sind. Therapeuten, Geistliche und Körpertherapeuten sind zweifellos schon
Klienten begegnet, die einige der Symptome und Probleme zeigen, wie sie in außergewöhnlichen Bewußtseinszuständen entstehen.

Was ist ein »außergewöhnlicher Bewußtseinszustand«?

Ich will zunächst gewöhnliche Bewußtseinszustände definie-
ren. Gewöhnliche Bewußtseinszustände sind für die meisten
Menschen der westlichen Kulturen normal und üblich. Wir
verbringen die meiste Zeit in diesen gewöhnlichen Bewußtseinszuständen: wenn wir arbeiten, lernen, rechnen, reden,
Briefe schreiben, spielen, kochen, das Baby wickeln, den
Rasen mähen oder Auto fahren. Normalerweise setzen wir
uns in einem gewöhnlichen Bewußtseinszustand mit der materiellen Welt und mit anderen Menschen, die sich ebenfalls
in einem gewöhnlichen Bewußtseinszustand befinden, ausein-
ander. Wir sind uns ziemlich darüber im klaren, wer wir sind.
Wir kennen unseren Namen, unsere Adresse, unsere Konto-
nummer und wissen, mit wem wir zusammenleben. Wir kennen die anderen Merkmale, die uns näher bestimmen, wie
Geschlecht, Körpertyp, Alter, Ausbildung, Glaubensrichtung.

Gewöhnliche Bewußtseinszustände sind wichtig dafür, daß
wir in der materiellen Welt zurechtkommen.[13]

Außergewöhnliche Bewußtseinszustände sind ungewöhnli-
cher, aber recht normal und für unser Funktionieren als Menschen wichtig. Diese Zustände ermöglichen uns, ein besseres
Gespür dafür zu entwickeln, wer wir sind. Klienten in einer
Therapie, spirituell Praktizierende in einer Meditation oder
bei einem religiösen Ritual sowie Menschen, die eine Massage
erhalten, sind oft in einem außergewöhnlichen Bewußtseinszustand – einem leichten bis tiefen Trancezustand, in dem ihre
Achtsamkeit anders ausgerichtet ist als im normalen Leben.
Die andersartige Qualität der Achtsamkeit, die in außergewöhnlichen Bewußtseinszuständen möglich ist, hilft uns, unser Empfinden für die Verbundenheit mit anderen Menschen
und der Welt um uns herum zu steigern und einen Sinn in
unserem Leben zu finden. Außergewöhnliche Bewußtseinszustände sind wichtig, damit wir in der sehr realen, aber weniger
greifbaren Welt der Gefühle, der energetischen Phänomene,
der Intuition und des Geistes funktionieren.[14]

In unserer westlichen Lebensauffassung erkennen wir außergewöhnliche Bewußtseinszustände seltener an; trotzdem
sind diese Zustände real, und jeder von uns hat bereits einmal einen Zustand außergewöhnlichen Bewußtseins erfahren.
Leichte Trancezustände treten im Laufe eines Tages normalerweise bei jedem Menschen auf. Beispiele für auffälligere außergewöhnliche Zustände sind: Träume, luzide Träume, Vorahnungen, tiefe Konzentration, Tagträume, eine Geburt oder
ein Orgasmus. In diesen Zuständen ist unsere Aufmerksamkeit anders ausgerichtet als bei gewöhnlichem Bewußtsein.
Gedanken, Gefühle, Empfindungen und Intuitionen verbinden
sich miteinander, um uns neue Informationen zu liefern und
Heilung und eine bessere Kenntnis über uns und das Leben als
solches zu ermöglichen.[15]

Außergewöhnliche Bewußtseinszustände, die oft auch als
veränderte Bewußtseinzustände bezeichnet werden, sind Be-
wußtseins- und Wahrnehmungszustände eines Menschen, die

sich subjektiv oder objektiv betrachtet grundlegend von seiner sonstigen Einstellung unterscheiden.[16] Bewußtseinszustände, bei denen diese intensiven Erfahrungen auftreten, sind unter verschiedenen Namen geläufig: therapeutische Durchbrüche, Abreagieren, Regression, veränderte Zustände, schamanische Zustände, ekstatische Zustände und Gipfelerfahrungen. Ich habe den Begriff »außergewöhnliche Bewußtseinszustände« gewählt, weil er eine weite, nicht wertende Bezeichnung ist, die jeden Bewußtseinszustand einbezieht, der durch erhöhte Sensibilität und Achtsamkeit und einige besondere Erscheinungen charakterisiert ist, die später in diesem Kapitel beschrieben werden.

Klienten in gewöhnlichen Bewußtseinszuständen

Wenn ein Klient in die Therapie kommt, zu Beginn einer Massage mit dem Masseur redet oder als Ratsuchender mit einem Geistlichen oder einem Meditationslehrer über seine spirituelle Orientierung spricht, ist er offener, verletzlicher und steht mit seinen inneren Gefühlen und Empfindungen in engerem Kontakt als normalerweise. Im allgemeinen ist diese Offenheit noch auf der »gewöhnlichen« Seite des Bewußtseinskontinuums anzusiedeln. Der Ratsuchende hat die Augen geöffnet, er spricht, er ist sich ziemlich darüber im klaren, wer er ist, wo er ist, warum er hier ist, was er will und was er nicht will und wie lange er in der Sitzung war. Im allgemeinen sieht ein gewöhnlicher Bewußtseinszustand folgendermaßen aus:

Gewöhnlicher Bewußtseinszustand

———————————→

| Gewöhnlicher | Außergewöhnlicher |
| Bewußtseinszustand | Bewußtseinszustand |

Der Betreffende

• ist in Kontakt mit der
  allgemein anerkannten
  Realität,

• spricht leicht,

• hat die Augen geöffnet,

• hat ein klares Emp-
  finden für die Zeit,
  für sich und für andere,

• ist sich über die derzeitige Umgebung im klaren.

Außergewöhnliche Zustände in der gewöhnlichen Therapie

In jeder guten Therapie kommt es zu einem bestimmten Zeitpunkt in einem bestimmten Maß zu einem außergewöhnlichen
Bewußtseinszustand. In einer Therapie geht es um Veränderung, und eine tiefgreifende Veränderung bedeutet einen ra-
dikalen Wechsel des Selbstbilds, der Weltsicht und des spirituellen Verständnisses. Außergewöhnliche Zustände erlauben,
daß tief verwurzelte Gedankenmuster, Gefühle, Erkenntnisse
und Vorstellungen in den Hintergrund treten, sich zerstreuen
und, wenn nötig, auflösen, so daß die betreffenden Menschen
zu einem neuen Verständnis kommen und zu ihnen gehörende,
losgelöste Teile wieder integrieren können.

Immer und immer wieder erkennen Menschen, die sich verändern und entwickeln, daß sie sich in zu kleine Verstandes- oder Gefühlsschachteln eingesperrt haben. Jedes Mal, wenn sie erkennen, daß sie sich in einer Schachtel aus Glaubenssätzen und Ängsten befinden, kämpfen sie für eine größere Freiheit. In dem Moment, in dem sie aus der kleinen Schachtel ausbrechen, geraten sie in einen außergewöhnlichen Zustand, in einer Therapie oft ein Augenblick tiefgreifender Erfahrung. Dieser Moment geht mit einem Ansturm von Gefühlen und großer Verletzlichkeit einher. Es ist eine Zeit der Orientierungslosigkeit, in dem sich die Betroffenen außerhalb ihres vertrauten, kleinen Bezugsrahmens in einem unbekannten größeren Raum wiederfinden.

Ich schreibe vor allem über intensive, anhaltende, spontan auftretende oder gezielt herbeigeführte außergewöhnliche Bewußtseinszustände. Viele der in diesem Buch geäußerten Ansichten lassen sich jedoch auch auf die heilsamen Momente mit tiefgreifenden Veränderungen in einer gewöhnlichen Therapie anwenden, auch wenn diese Augenblicke normalerweise nicht als außergewöhnliche Zustände erkannt werden.

Außer in außergewöhnlichen Gipfelmomenten, in denen neue Ansätze für Bezugsrahmen gefunden werden, können sich kurzzeitige außergewöhnliche Zustände auch bei der Heilung von Traumata ereignen. Bei den meisten Verletzungen (mentaler, physischer, emotionaler oder spiritueller Art) sind zum Zeitpunkt der Verletzung oder des Traumas außergewöhnliche Zustände beteiligt, so daß der Klient auch während des Heilungsprozesses noch einmal einen außergewöhnlichen Zustand durchleben muß. Heftiger Schmerz, Angst, Schuldgefühle oder Scham reichen oft aus, um einen Menschen in Gefühle und Gemütsverfassungen hineinzukatapultieren, die dem Klienten nicht *gewöhnlich* zu sein scheinen.

Die Arbeit am inneren Kind ist in gewisser Weise auch eine Form von außergewöhnlicher Realität, weil ein Teil dieser Arbeit oft aus Regression besteht. Plötzlicher Kummer oder Ver-

lust können ebenfalls einen außergewöhnlichen Zustand hervorrufen, weil äußere Umstände unsere Vorstellungen davon,
»wie etwas ist«, erschüttern. Erdbeben versetzen Menschen in
die Lage, die mangelnde Festigkeit der Erde und die Vergänglichkeit der Dinge zu erkennen, auf die sie meinten, sich verlassen zu können. Der Tod eines Freundes bringt einem Klienten seine eigene Sterblichkeit zu Bewußtsein. Jedes dieser Ereignisse kann von uns verlangen, daß wir unsere Vorstellungen darüber, wer wir sind und was die Welt ist, erweitern. In
dem Augenblick der Erweiterung befinden wir uns fast immer
in einem außergewöhnlichen Bewußtseinszustand. Einige sind
sanfte *Aha*-Erfahrungen. Andere sind bedeutungsschwere Augenblicke, in denen wir unsere Wertvorstellungen und unser
Leben grundlegend ändern.

Leichte außergewöhnliche Bewußtseinszustände

———————————→

Gewöhnlicher	Außergewöhnlicher
Bewußtseinszustand	Bewußtseinszustand

Der Betreffende
- ist in Träume versunken,
- kann sich sprachlich
  gut mitteilen,
- ist fähig, relativ schnell
  auf Fragen oder An-
  weisungen zu reagieren,
- ist fähig, sich relativ
  schnell auf etwas Neues
  zu konzentrieren oder
  zur normalen Realität
  zu wechseln.

❏ Bitte senden Sie mir ein kostenloses
Probeheft esotera

❏ Bitte senden Sie mir ein
Gesamtverzeichnis des Verlages
Hermann Bauer

Ich beziehe meine Bücher über
folgende Buchhandlung:

Bitte geben Sie deutlich Ihre
Anschrift an:

Name ⎯⎯⎯⎯⎯⎯⎯⎯⎯⎯

Vorname ⎯⎯⎯⎯⎯⎯⎯⎯⎯

Straße Nr. ⎯⎯⎯⎯⎯⎯⎯⎯

PLZ, Ort ⎯⎯⎯⎯⎯⎯⎯⎯⎯

Antwort

Verlag Hermann Bauer KG
Kronenstraße 2
Postfach 167

D-79001 Freiburg

Stephen Wolinsky, der Autor von *Die alltägliche Trance,* weist darauf hin, daß eine Trance vom Therapeuten zwar absichtlich herbeigeführt werden kann, daß aber das Symptom, das den Klienten ursprünglich in die Therapie gebracht hat (z. B. Depression), selbst eine Trance ist. Es ist eine Trance, die durch tiefe Trancephänomene wie negative Wahnvorstellungen (z. B. nicht die positiven Aspekte der gegenwärtigen Situation sehen) und Pseudo-Orientierung in der Zeit (z. B. sich fühlen, als würde jetzt eine gefürchtete Zukunft stattfinden) gestützt wird. Nach Wolinsky bietet eine Therapie die Gelegenheit, aus der Trance zu erwachen.[17] Vielleicht können wir außergewöhnliche Bewußtseinszustände als die Tore zum Erwachen aus den normalen Trancezuständen des täglichen Lebens betrachten, in dem unser Bewußtsein eingeengt und gedämpft ist. Der außergewöhnliche Zustand erlaubt dem Bewußtsein unseres Höheren Selbst, den Tranceschlaf unserer Symptome und Verhaltensmuster zu durchdringen. Wenn wir auf diese Weise »wach« sind, befinden wir uns normalerweise in einem außergewöhnlichen Zustand. Und wenn wir dann einen außergewöhnlichen Zustand herbeiführen, stellen wir fest, daß wir für diese Art von Bewußtsein offener sind.

Gewöhnliche und außergewöhnliche Zustände befinden sich auf einem Kontinuum. Wenn ein Klient in der Mitte des Kontinuums von der gewöhnlichen Realität zur außergewöhnlichen Realität übergeht, ist seine Aufmerksamkeit auf seine innere Realität ausgerichtet, er hat aber gleichzeitig leichten Zugang zur gewöhnlichen Wirklichkeit.

Träumereien, geführte Entspannungen und die meisten Massagen führen zu *außergewöhnlichen* Zuständen, die eher am *gewöhnlichen* Ende des Kontinuums anzusiedeln sind. Obwohl ein Klient in diesen Zuständen mit seiner Achtsamkeit bei seiner inneren Realität ist, ist er im allgemeinen in der Lage, über das Geschehen zu berichten, relativ schnell auf Fragen oder Anweisungen zu reagieren und sich leicht wieder auf die derzeitige äußere Realität einzustellen.

Tiefe außergewöhnliche Bewußtseinszustände

$\longrightarrow$

Gewöhnlicher Bewußtseinszustand	Außergewöhnlicher Bewußtseinszustand
	Der Betreffende
	• hat Schwierigkeiten, normal zu funktionieren,
	• ist weniger offen für Bezugspunkte der gewöhnlichen Realität,
	• ist weniger in der Lage, seine Erfahrungen mit Worten auszudrücken,
	• erlebt Zeitverzerrungen,
	• hat Zugang zu tieferen Heilungsebenen,
	• hat Zugang zu mystischen Zuständen,
	• drückt sich spontan eher durch Bewegungen und Laute aus.

Wenn ein Mensch sich tiefer in einen außergewöhnlichen Zustand hineinbegibt, sind ihm im allgemeinen die gewöhnlichen Bezugspunkte weniger zugänglich, und er wird sich weniger in der Lage sehen, zu sprechen. Die Zeit kann verzerrt erscheinen, Personen und Orte werden verwechselt und die innere und äußere Realität können sich so miteinander vermischen, daß es für den Betreffenden zeitweise schwierig wird, *normal* zu funktionieren.

Gleichzeitig kann dieser Mensch Zugang zu tieferen Heilungsebenen erhalten. Er kann wieder mit den Teilen seiner Erfahrung in Verbindung treten, die von ihm losgelöst waren. Er wird vielleicht eher seine Verbindung zur universellen Erfahrung spüren – zu anderen Menschen, Tieren und Pflanzen, zur Erde und zu Gott, wie er ihn versteht. Alte Kulturen kannten die Bedeutung dieser tiefen Zustände für die körperliche und emotionale Heilung, die zu innerer und äußerer Harmonie mit sich und seiner Umgebung führt und uns den Sinn des Lebens finden läßt.

In diesem Buch werde ich den Begriff »außergewöhnlicher Bewußtseinszustand« verwenden, um die tiefere außergewöhnliche Erfahrung (siehe Schaubild S. 42) zu beschreiben, die bei den verschiedenen therapeutischen Behandlungsweisen und unterschiedlichen Beratungssituationen auftritt. In der Therapie geraten Menschen auf zwei Arten in außergewöhnliche Zustände – spontan oder mit Hilfe therapeutischer Maßnahmen.

Spontan auftretende außergewöhnliche Bewußtseinszustände[18]

Manchmal stellen Menschen fest, daß sie spontan in außergewöhnliche Zustände geraten. Manche Klienten führen diese ungewollten Zustandsveränderungen auf ein auslösendes Ereignis wie den Tod eines geliebten Menschen, den Verlust ihrer Heimat oder einer Arbeitsstelle, den Verlust anderer Identitätsmerkmale, Krankheit, eine Nahtoderfahrung oder andere lebensverändernde Umstände zurück. Andere erleben einen intensiven außergewöhnlichen Zustand bei einer sexuellen Begegnung, einer Geburt oder einer körperlichen Verletzung. Wieder andere haben zur Entspannung vielleicht psychedelische Drogen eingenommen und stellten dann fest, daß sie sich nach einer unerwarteten, tiefgreifenden Wahrnehmungsveränderung in einem Prozeß anhaltender spiritueller Entwicklung befanden. Wieder andere erleben einen außergewöhnlichen Zustand, ohne daß dieser durch eine besondere Begebenheit in ihrem Leben veranlaßt worden wäre, sondern dadurch entstand, daß der innere Heilungsprozeß seine Arbeit zu diesem Zeitpunkt beginnen mußte. Eine innere Weisheit hilft ihnen, die Realität, wie sie sie kannten, loszulassen, um ihr Verständnis von sich und der Welt erweitern zu können.

Erfahrungen in
außergewöhnlichen Bewußtseinszuständen:

- biographische Rückblenden
- erneutes Durchleben eines Traumas
- Wiedererleben der eigenen Geburt
- emotional belastete Imaginationen
- Flut von übersinnlichen und intuitiven Erlebnissen
- schamanische Trance
- Erinnerungen an frühere Leben
- Freisetzung intensiver Energie
- außerkörperliche Erfahrungen
- Nahtoderfahrungen
- tiefe Entspannung und Gefühle von Frieden
- Meditation und tiefe Konzentration
- Kontakt zu archetypischen Bereichen
- kosmisches Bewußtsein oder Bewußtsein
  von der Verbundenheit allen Seins
- UFO-Entführungen
- multiple Persönlichkeitsstörung

Einige Therapeuten werden sagen, daß sie keine speziellen Techniken zur Herbeiführung außergewöhnlicher Bewußtseinszustände anwenden und daß deshalb die nachfolgenden Ausführungen keine Relevanz für ihre Arbeit haben. Ein Teil ihrer Klienten wird jedoch im Verlaufe der Therapie sehr wahrscheinlich zumindest einige der auf S. 44 aufgeführten Erfahrungen spontan erleben. Wenn Therapeuten, die mit Klienten, Patienten, Studenten oder mit Menschen arbeiten, die spirituell auf der Suche sind, sich plötzlich in einer Situation befinden, in der ihre Klienten eine der zuvor aufgelisteten spontan auftretenden Erfahrungen machen, werden sie es hilfreich finden, die Situation als solche zu erkennen und mit Menschen arbeiten zu können.

Biographische Rückblenden

In einer biographischen Rückblende erlebt ein Mensch einen nicht abgeschlossenen Teil seiner Lebensgeschichte noch einmal. Aus einem bestimmten Grund war er zu dem spezifischen Zeitpunkt seines Lebens nicht in der Lage, seine Gefühle vollständig wahrzunehmen. Er konnte seine Freude, seinen Ärger, seine Angst nicht erleben, konnte sich nicht an seine damaligen Handlungen erinnern und seinen Schmerz, seine Ekstase oder andere Empfindungen nicht in ihrem ganzen Ausmaß spüren. In einer biographischen Rückblende erhält er einen Hinweis auf das, was er an therapeutischer Arbeit noch zu leisten hat. Er ist vielleicht in der Lage, einen Teil seiner ungelösten Biographie abzuschließen.[19]

Erneutes Durchleben eines Traumas

Das erneute Durchleben eines Traumas oder die Abreaktion sind intensiver als eine Rückblende. Der Mensch erhält die Gelegenheit, sich wieder mit seinen Gefühlen, Gedanken, Empfindungen und Intuitionen zu verbinden und Energien, die er im Verstand, im Emotional- oder im physischen Körper sowie im Geist über lange Zeit festgehalten hat, freizusetzen.

Wiedererleben der eigenen Geburt

Zum erneuten Durchleben eines Traumas gehört auch das Geburtstrauma. Das Wiedererleben der Geburt ermöglicht es einem Menschen, die erste und vielleicht schärfste Prägung oder Gestaltung seines Organismus, der eine wesentliche Veränderung bewältigen mußte, umfassend zu erleben.[20] Heilung und Verständnis auf dieser Ebene hat einen Domino-Effekt auf die Heilung vieler ähnlicher Situationen, die sich nach der Geburt ereignet haben. Die Geburt noch einmal zu erleben ist nicht immer traumatisch. Der Kampf ums Überleben während der Wehen und der Entbindung ist zwar oft traumatisch, aber die Zeit vor dem Einsetzen der Wehen kann man als eine wundervolle Zeit kosmischer Verbundenheit erleben. Ein Mensch kann die eigentliche Geburt auch als Erfolg, Wiedervereinigung und liebevollen Empfang erleben.

Emotional belastete Imaginationen

Ein Mensch, der emotional belastete Imaginationen erlebt, kann die Verbindung zwischen den Symbolen und Bildern, die vor seinem inneren Auge auftauchen, und seinen heftigen Gefühlsreaktionen erkennen oder nicht erkennen. Diese Reaktionen können zu tiefer Trauer, animalischer Wut oder zu großer Freude und Gelassenheit führen. Der außergewöhnliche Zustand scheint diese Bilder hervorzurufen und löst eine tiefe emotionale Befreiung aus, ohne daß eine Erklärung zwingend erforderlich ist. Eine Flut intuitiver Erlebnisse (Überflutung mit psychischen Inhalten) ist eine emotional belastete Imagination, die ihre Quelle außerhalb der eigenen Psyche zu haben scheint, obwohl der Klient den Inhalt oft auch mit der eigenen Geschichte in Verbindung bringen kann. Wird ein Mensch offen für Außersinnliches, kann er z. B. den Schmerz derjenigen fühlen, die sich in Übersee im Krieg befinden, er kann Vorahnungen haben oder ungewöhnlich empfänglich oder sensitiv für die Menschen in seiner Umgebung sein.

Schamanische Trance

Schamanische Trance kann vielfältige Formen annehmen. Ein Mensch unternimmt schamanische »Reisen« in die außergewöhnliche Wirklichkeit, um Weisheit oder Heilung zu suchen. Zu den schamanischen Erfahrungen gehören auch das Channeln von »Geistern« durch den Geist oder den Körper oder die Suche nach prophetischen Visionen. Ein schamanisches Erlebnis kann Erfahrungen von Vernichtung und Wiedergeburt (wie das Gefühl, daß das eigene Fleisch bis aufs Skelett abgezogen wird und daß man wieder mit neuem oder »spirituellem« Fleisch versehen wird) sowie Zellheilung mit sich bringen. Andere schamanische Erfahrungen umfassen die Seelenrückholung[21] und Führung durch heilige Wesen und magische Tiere.

Erinnerungen an frühere Leben

Erinnerungen an frühere Leben ähneln biographischen Rückblenden, stammen aber aus älteren Zeiten und von anderen Orten. Der Betreffende identifiziert sich in dieser Szene mit einer anderen Gestalt und hat das Gefühl, eine Situation wiederzuerleben, die er einmal als die andere Person erlebt hat. Unabhängig davon, ob man an Reinkarnation glaubt oder nicht, sind diese Bilder oft kraftvolle, heilende Metaphern für Situationen im gegenwärtigen Leben des Menschen.

Freisetzung intensiver Energie

Die mystischen Schriften der Yogis beschreiben verschiedene Phänomene intensiver Freisetzung von Energie. Diese Phänomene ereignen sich, wenn die schlafende schöpferische Lebensenergie (*Kundalini*) an ihrem Ruheplatz an der Basis der Wirbelsäule erwacht und sich ihren Weg zum spirituellen Bewußtsein, am Scheitel des Kopfes, bahnt. Die Texte der Yogis beschreiben zahlreiche körperliche und emotionale Phäno-

mene, zu denen auch vorübergehende Krankheitssymptome
oder Schmerzen wie Hitzewallungen, Kälteempfindungen, ungewöhnliche Schweißausbrüche, Brustschmerzen und neuro-
logische Symptome gehören. Außerdem kann es zu spontanen
Körperbewegungen kommen, wie unkontrollierbarem Zittern,
plötzlichen Zuckungen und Vibrationsempfindungen. Menschen, die Energiefreisetzungen erleben, können lebhafte Bilder, Licht und Farben sehen. Spontan kann der Betreffende
anfangen zu weinen, lachen, singen oder summen oder andere
Geräusche von sich geben.[22]

Außerkörperliche Erfahrungen

Außerkörperliche Erfahrungen können als Begleiterscheinung
anderer Erfahrungen (wie schamanischer und hypnotischer
Erfahrungen) oder eigenständig auftreten. Ein Teil des Bewußtseins des betreffenden Menschen trennt sich vom Körper und
bewegt sich unabhängig von ihm. Das Bewußtsein bleibt erhalten, obwohl es sich selbst als vom Körper getrennt erlebt.
Es gibt in der Literatur viele Berichte von Menschen, die von
einem Punkt an der Decke auf ihren eigenen Körper herun-
terschauen.[23] Manchmal weiß der Betreffende nicht, was geschah, während er seinen Körper verlassen hatte. Er kann erkennen, daß er »draußen« war, wenn er mit einem Zucken
oder einem Schütteln in seinen Körper zurückkehrt. Er kann
kurzzeitig eine körperliche »Lähmung« verspüren, wenn sich
Bewußtsein und Körper wieder miteinander verbinden.

Nahtoderfahrungen

Nahtoderfahrungen ereignen sich, wenn bei einem Menschen
der Sterbeprozeß einsetzt. An einem bestimmten Punkt wird
dieser Prozeß aufgehoben, und der Mensch kehrt zum Leben
zurück. Diejenigen, die sich mit Nahtoderfahrungen eingehend
beschäftigen, stellen fest, daß viele Menschen ähnliches berichten. Wenn sie sich dem Tod nähern, bewegen sie sich oft

schnell durch einen Tunnel, sehen Licht von unbeschreiblicher Schönheit, treffen verstorbene geliebte Menschen oder spirituelle Gestalten, sehen in einem umfassenden Rückblick ihr Leben, und erhalten die Nachricht, daß für sie die Zeit noch nicht gekommen ist.

Nahtoderlebnisse ereignen sich infolge von Krankheiten, Unfällen, Schockerlebnissen oder im Koma. Ein Mensch, der nach einer solchen Erfahrung ins normale Leben zurückkehrt, wird feststellen, daß sich sein Leben grundlegend geändert hat. Oft berichten diese Menschen, daß ihr Leben nun mehr Sinn habe und sie sich ihren Angehörigen enger verbunden fühlten als vor der Erfahrung.[24]

Tiefe Entspannung und Gefühle von Frieden

Tiefe Entspannung, Gefühle von Frieden und verschiedene Meditationszustände sind ebenfalls Erfahrungen außergewöhnlicher Zustände. Sie können sich bei der Auflösung von besonders tiefen therapeutischen Problemen, während einer außerkörperlichen Erfahrung oder bei schamanischen Reisen ereignen. Auch Hypnose und geführte Entspannungen können derartige Zustände tiefer Entspannung und tiefen Friedens herbeiführen.

Kontakt zu archetypischen Bereichen und Einheitserfahrungen

Kontakte zu archetypischen Bereichen können zusammen mit zahlreichen anderen Erfahrungen auftreten. Der Mensch kommuniziert mit einer archetypischen Gestalt oder erlebt, wie er tatsächlich zu einer archetypischen Gestalt wird, z. B. zu einem magischen Tier, einem Gott oder einer Göttin oder einem Element wie Wind, Wasser oder Feuer. Dies sind oft Gipfelerlebnisse, wie sie in der mystischen Literatur aller Religionen beschrieben werden. Der Betreffende kann Kontakt zu archetypischen Bereichen aufnehmen oder mystische Gipfelerfah-

rungen machen und dabei Antworten auf persönliche existentielle Fragen mit einer Bedeutungstiefe finden, wie sie in normalen Bewußtseinszuständen nicht zu erreichen ist.[25] Bei einer
Einheitserfahrung verspürt man eine Art Verschmelzung mit
allem oder identifiziert sich mit dem kosmischen Bewußtsein.
(Vergleiche auch *Kapitel 11*.)

UFO-Entführungen

Ich habe diese Kategorie außergewöhnlicher Erfahrungen
aufgenommen, weil Menschen, die von Entführungen durch
Außerirdische berichten, Symptome posttraumatischen Stresses aufweisen, deretwegen sie unter Umständen eine Therapie
oder spirituelle Beratung aufsuchen. Die Betreffenden erleben
sich als Gegenstand von Forschungsexperimenten, haben oft
ein Blackout oder verlieren das Zeitgefühl. Wenn ein solcher
Klient Hilfe sucht, wendet der Therapeut normalerweise Hypnose an (einen induzierten außergewöhnlichen Zustand), um
Informationen zu sammeln und dem Klienten zu helfen, mit
seinen Symptomen umzugehen.

Menschen, die von Begegnungen mit Außerirdischen berichten, erleben Phänomene, für die es beim gegenwärtigen Er-
kenntnisstand der Physik keine Erklärungen gibt. Unter anderem erfahren sie andere Wirklichkeiten »jenseits des Schleiers«
dieser Realität, sie kehren zu einer »Quelle des Seins« oder zu
kosmischem Bewußtsein zurück, und sie verwandeln sich – so
wie Schamanen zu Tieren werden, deren Gestalt sich wiederum verändern kann – zu Außerirdischen.[26] Ich beschreibe im
Folgenden einige dieser Erfahrungen auch als Nicht-UFO-,
schamanische oder Einheitserfahrungen.

Erfahrungen von UFO-Entführungen werden in zunehmen-
dem Maße seit 1961 berichtet. Menschen aller sozialen Schichten und geographischen Regionen berichten davon. Die Geschichten vieler Betroffener ähneln sich. Das Entführungser-
lebnis ist eine Art außergewöhnlicher Zustand, der die Grenze
zwischen der inneren, außergewöhnlichen Realität und der

äußeren physischen/materiellen Realität überschreitet. Das innere Erleben der Entführten wird in der physischen Realität oft durch tatsächliche Zeichen oder Symptome bzw. durch gleichzeitig stattfindende, identische Erfahrungen von anderen Entführten, die sich zum Zeitpunkt ihrer Erlebnisse gegenseitig noch nicht kannten, »bestätigt«.

Der Harvard-Psychiater John E. Mack schreibt in seinem Buch *Entführt von Außerirdischen*: »..., weil wir nicht wissen, worum es sich dabei wirklich handelt – beispielsweise in welchem Ausmaß sie ein reales Ereignis in der physischen Welt ist oder lediglich eine ungewöhnliche subjektive Erfahrung mit physischer Manifestation darstellt.«[27] Klar ist jedoch, daß Menschen von diesen Erlebnissen berichten und daß Wissenschaftler sowohl aus dem Bereich der Psychologie als auch der Physik diese Phänomen nicht länger guten Gewissens ignorieren können.

Multiple Persönlichkeitsstörung

Wir können außerdem einige Zustände, die beim Wechsel zwischen den verschiedenen Persönlichkeiten der Klienten entstehen, die mehrere Persönlichkeiten haben (auch multiple Persönlichkeitsstörung oder MPD genannt), und gewisse Zustände innerhalb der abgespaltenen Persönlichkeiten selbst als spontan auftretende außergewöhnliche Bewußtseinszustände einstufen.

Multiplizität wird normalerweise durch extremen sexuellen, körperlichen oder emotionalen Mißbrauch hervorgerufen. Unter einem derart starken äußeren Druck flüchtet der Betreffende vor dem Schmerz, dem Entsetzen und der Erniedrigung, indem er weitere Persönlichkeiten oder Persönlichkeitsfragmente hervorbringt. Diese verschiedenen Persönlichkeiten teilen die gemeinsame Last, die für eine Persönlichkeit zu schwer zu ertragen ist, unter sich auf. Die verschiedenen Persönlichkeiten können sich in Alter, Geschlecht und anderen Persönlichkeitsmerkmalen voneinander unterscheiden. Auch wenn sie im gleichen Körper wohnen, können sie sich gesundheitlich in unterschiedlicher Verfassung befinden. Einige dieser Persönlichkeiten lösen sich vollständig ab und existieren in einem körperlosen Zustand. Von dieser günstigen Position aus beeinflussen sie normalerweise weiterhin die anderen Persönlichkeiten und die eigentliche Persönlichkeit. Einige dieser abgespaltenen Persönlichkeiten haben leichten Zugang zu transpersonalen, außergewöhnlichen Bewußtseinzuständen, die gegenüber der mißbräuchlichen, physischen (normalen) Realität einen schützenden Hafen darstellen.[28]

Auch Kinder und Erwachsene, die rituell mißbraucht wurden, erleben außergewöhnliche Zustände. Einige erzeugen in sich unbewußt außergewöhnliche Zustände als Zufluchtsort vor dem, was geschieht. Andere trennen den Mißbrauch vollständig von ihrem normalen Leben ab, um unerträgliche kognitive Dissonanzen zu vermeiden. Von Tätern rituellen Mißbrauchs wird berichtet, daß sie bei ihren Opfern durch Drogen, hypnotische Suggestion (Programmieren), unerträgliche seelische oder körperliche Schmerzen oder eine Kombination dieser Maßnahmen außergewöhnliche Zustände, die einer Heilung entgegengerichtet sind, herbeiführen. Angehörige einiger ritueller Mißbrauchskulte versuchen gezielt, multiple Persönlichkeiten in ihren Mitgliedern zu erzeugen, damit sie sie kontrollieren oder diese Persönlichkeiten für bestimmte Aufgaben in ihrem Ritual nutzen können.[29]

Außergewöhnliche Zustände durch therapeutische Maßnahmen herbeiführen

Außergewöhnliche Zustände lassen sich darüber hinaus auch durch therapeutische Maßnahmen hervorrufen. Der Therapeut oder der professionelle Begleiter setzt gezielt eine bestimmte Technik ein, um Menschen in einen außergewöhnlichen Bewußtseinszustand zu versetzen und damit einen Heilungsprozeß zu ermöglichen. Alle zuvor genannten spontan auftretenden Erfahrungen sind auch in gezielt herbeigeführten außergewöhnlichen Zuständen möglich. Therapeuten, spirituelle Führer und Begleiter setzen dazu verschiedene Techniken ein. Die Liste in diesem Kapitel enthält einige der gebräuchlichsten Techniken, die in der Ausbildung, der Therapie und bei der spirituellen Arbeit eingesetzt werden.

Techniken zur Herbeiführung
außergewöhnlicher Bewußtseinszustände:

- Atemarbeit
- Massage und Körperarbeit
- Akupunktur
- prozeßorientierte Techniken
- Bewegungs- und Kunsttherapie
- Musiktherapie
- Traumarbeit
- Bioenergetik
- chiropraktische Gruppenbehandlung
- geführte Imaginationen
- Augenfolgeübungen
- Meditation und Gebet
- Hypnose
- Trommeln
- Chanten und Singen
- Schwitzhütte
- Seelenrückholung
- Einnahme heiliger Pflanzen
- Fasten
- Vision Quest

Atemarbeit

Mit dem Begriff »Atemarbeit« wird ein Vorgehen beschrieben, bei dem beschleunigtes Atmen eingesetzt wird, entweder in der Gruppe oder in Einzelsitzungen. Atemarbeit wird oft mit Musik und anderen Klangtechniken (rhythmisches Schlagen), Energiefreisetzungsarbeit, Kunsttherapie oder geführter Entspannung kombiniert. Die Holotrope Atemarbeit™, die Integrative Atemarbeit und Rebirthing sind drei bekannte Methoden, die beschleunigtes Atmen einsetzen, um einen außergewöhnlichen Zustand auszulösen. Alle zuvor beschriebenen Erfahrungen können während einer Atemtherapie auf sehr intensive Weise auftreten.[30] Auch andere Therapiemethoden wie die Reichsche Therapie und die bioenergetische Analyse setzen Atemtechniken ein, um den therapeutischen Prozeß zu vertiefen.

Massage und Körperarbeit

Eine Massage fördert die Fähigkeit zur Entspannung und zu Träumereien. Die rhythmischen Bewegungen und der tiefe befreiende Druck verschiedener Arten von Körperarbeit können ebenfalls intensive außergewöhnliche Zustände auslösen. Das Gewebe kann gleichzeitig mit den Spannungen seine Erinnerungen loslassen. Wenn Muskeln und Gelenke beweglicher werden, stellt der Körper die Verbindung zwischen Bewegung und Gefühl oft wieder her. Viele Methoden der Körperarbeit, wie Rosen-Arbeit, Hakomi, Lomi, Feldenkrais, Rolfing und Trager-Arbeit, schenken der Atmung besondere Aufmerksamkeit, um ein größeres Maß an Bewußtheit hervorzurufen, das in außergewöhnlichen Zuständen auftritt.

Akupunktur

Akupunktur ist besonders für die tiefen Trancezustände bekannt, die durch die Nadeln hervorgerufen werden können. Während eines solchen Zustands außergewöhnlichen Bewußt-

seins werden Energien ins Gleichgewicht gebracht und harmo-
nisiert, und Gifte werden leichter ausgeschieden. Gelegentlich
können die Nadeln auch einen seelischen Prozeß (biographi-
scher, perinataler oder transpersonaler Art) ansprechen, so
daß der Behandelte während eines außergewöhnlichen Zustands Erfahrungen machen kann, wie ich sie bereits zuvor
beschrieben habe.

Prozeßorientierte Therapie

Viele Arten der Prozeßtherapie (Bewegung und Kunsttherapie, Traumarbeit, Sandspiele, Arnold Mindells Prozeßorientierte Therapie – Prozeßarbeit oder Traumkörperarbeit genannt – Bioenergetik und Gestalttherapie) können Menschen
in einen außergewöhnlichen Bewußtseinszustand versetzen.
Manchmal handelt es sich um leichte Trancezustände, bei
denen der Betreffende das Gefühl hat, mit je einem Fuß in beiden Welten zu stehen. In dieser flexiblen Haltung bewegt er
sich relativ leicht zwischen den außergewöhnlichen und den
normalen Bereichen hin und her. Gelegentlich wird sich dieser Prozeß vertiefen, so daß die Aufmerksamkeit dieser Person völlig von der außergewöhnlichen Realität in Anspruch
genommen ist. Wenn das geschieht, können sich alle außergewöhnlichen Erfahrungen in unterschiedlichen Intensitäts-
graden ereignen.

Musiktherapie

Seit ältesten Zeiten wird Musik als Mittel angewendet, um
außergewöhnliche Zustände herbeizuführen und Heilung zu
fördern. Trommeln, Sprechgesang und Rasseln werden seit
Jahrhunderten eingesetzt, weil sie ununterbrochenes beschleunigtes Atmen fördern und die im Körper eines Menschen vorhandenen Energien (Herzschlag und andere pulsierende Vor-
gänge) harmonisieren. In einer Gruppe ruft diese Harmonisie-
rung der Körperrhythmen einen besonderen Bewußtseinszu-

stand hervor, in dem die Gruppenmitglieder miteinander kommunizieren können.

Mickey Hart vermutet in *Die magische Trommel*, daß der Rhythmus der Trommel uns für einen Zustand öffnet, der den Beginn einer Trance darstellen kann. Ein solcher rhythmischer Einstieg war ein Mittel, das Schamanen (Geist- und Seelenheiler eines Stammes) benutzten, um sich in die geistige Welt zu begeben.[31]

Heutzutage verwenden Therapeuten und Heiler die verschiedenen Musikformen, einschließlich ihrer Schwingungen und Tonhöhen, um gezielt Zustände, Haltungen und Stimmungen zu verändern und Heilung zu fördern. Einer der herausragenden Lehrer dieser Art von Musikausbildung ist Don Campbell. Sein Institut für Musik, Gesundheit und Erziehung (Institute for Music, Health and Education)[32] bildet Heiler und Pädagogen dazu aus, die Kraft des Klanges zum körperlichen, geistigen und spirituellen Wohlbefinden einzusetzen.

Chiropraktische Gruppenbehandlung

Chiropraktische Gruppenbehandlung ist eine bestimmte Form von Chiropraktik, die von Dr. Donald Epstein entwickelt wurde. Diese Chiropraktiker glauben, daß bei einem Menschen, dessen Nervensystem intakt ist, zwischen den emotionalen, körperlichen und spirituellen Aspekten eine freiere Verbindung besteht. Durch eine Regulierung der Wirbelsäule, bauen sie Störungen im Nervensystem ab.[33] Sie arbeiten oft gleichzeitig mit mehreren Patienten im gleichen Raum und bewegen sich zwischen ihnen hin und her, um kleinere Verrenkungen an der Wirbelsäule zu korrigieren. Es ist nicht ungewöhnlich, daß während dieser energiefreisetzenden Arbeit verschiedene außergewöhnliche Zustände auftreten.

Gelenkte Bewußtseinszustände

Unter Zuhilfenahme von Techniken wie Hypnose, geführter Entspannung, Augenfolgeübungen und Meditation führen Therapeuten gezielt Trancezustände herbei. Nach Stephen Wolinsky sind »Trancezustände gekennzeichnet ... durch eine Einengung, Schrumpfung oder Fixierung der Aufmerksamkeit.«[34] Ein Hypnotiseur kann eine Altersregression vorschlagen, so daß der Klient bestimmte Erlebnisse aus seiner frühen Kindheit noch einmal durchlebt. Einige Hypnotiseure spezialisieren sich heute auf Rückführungen in frühere Leben, was bedeutet, daß der Klient in eine Zeit vor seiner Geburt zurückgeführt wird, damit er sein Karma oder seinen persönlichen Mythos, der der jetzigen Lebenszeit vorangeht, kennenlernt.

Hypnose kann auch auf andere Weise angewendet werden. Während eines außergewöhnlichen Zustands unter Hypnose kann der Klient zu allen Erfahrungen aus dem biographischen, perinatalen oder transpersonalen Bereich vordringen. In manchen Fällen wird das Ziel dieser Reisen durch den Hypnotiseur vorgegeben, in anderen Fällen entstehen die Erfahrungen spontan, wenn der Klient in den Trancezustand übergegangen ist.

Augenfolgeübungen

Augenfolgeübungen sind Bestandteil einer Technik, die auf schnellen Augenbewegungen beruht. Sie ist dafür bekannt, daß sie bei der Heilung von Traumata rasch Resultate erzielt.[35] Die Augen des Klienten folgen den schnellen Handbewegungen des Therapeuten. Dies führt zu einer Trance, die die Wiedereingliederung von Bildern, Körperempfindungen und Gedanken, die mit dem Trauma verbunden sind, fördert. Einige der außergewöhnlichen Erfahrungen, die wir bereits dargestellt haben (insbesondere emotional belastete Imaginationen, biographische Rückblenden, starke Sinnes- oder Bewegungs-

erfahrungen und tiefe Entspannung) treten bei Augenfolgeübungen häufig auf.

Meditation und Gebet

Seit dem Beginn menschlicher Überlieferung erreichen traditionelle spirituelle Richtungen außergewöhnliche Zustände
durch Meditation und Gebet. Während der Meditation und
im Gebet kann es zu Erfahrungen kommen, deren Intensität
von konzentrierter Aufmerksamkeit bis hin zu tiefen außergewöhnlichen Zuständen reicht. Einige Langzeitmeditierende
sind überrascht, wenn ihre bis dahin stille Meditation aktiv
und laut wird (wie bei den oben beschriebenen Kundalini-
Erfahrungen). Meditierende können ebenfalls jede der zuvor
beschriebenen Erfahrungen außergewöhnlicher Zustände erleben.[36]

Hypnose

Hypnose ist diejenige Technik zur Herbeiführung außergewöhnlicher Zustände, die die westliche Psychologie früh akzeptiert hat und seit langem anwendet. In der Hypnose lenkt
der Therapeut die Aufmerksamkeit des Klienten noch stärker als normal. Anstatt sich an der weiten Realität zu orientieren, ruht die Aufmerksamkeit des Klienten auf bestimmten
ausgewählten Punkten.[37] Therapeuten benutzen Hypnose, um
Altersregressionen und das Abreagieren eines Traumas*, den
Umgang mit Schmerz und Angst sowie Verhaltensänderungen
zu ermöglichen. Einige Hypnosetherapeuten spezialisieren sich
auf – wie sie es nennen – Rückführungen in frühere Inkarnationen, in denen sich ein Klient an ein Leben an einem anderen
Ort und zu einer anderen Zeit erinnert, um dadurch Klarheit
für seine gegenwärtige Lebenssituation zu bekommen.

---

* Eine emotionale Befreiung oder Katharsis verbunden mit der bewußten Erinnerung an zuvor unterdrückte unangenehme Erfahrungen.

Seit kurzem steigt das Interesse an transpersonaler Hypnose wieder an. Bei der transpersonalen Hypnose arbeitet der Hypnotiseur mit dem Klienten zusammen, damit dieser in einen transzendenten Zustand gelangt. Diese Art der Erforschung von Gipfel- oder mystischen Erfahrungen durch Hypnose wurde zuerst von Abraham Maslow als »Seins-Hypnose« bezeichnet. Maslow stellte der »Seins-Hypnose« die »Kampf-Hypnose« oder »Rollenspiel-Hypnose« gegenüber, die zielgerichteter ist und das Verhalten im Blickpunkt hat.[38]

Schamanische Techniken

Der Schamanismus benutzt altbewährte Techniken, mit Hilfe derer einzelne Personen oder ganze Gemeinschaften in einen außergewöhnlichen Zustand gerieten. Das Trommeln reguliert die pulsierenden Schwingungen des Körpers und versetzt, wie der Schall von Biofeedback-Maschinen, die Gehirnwellenfrequenzen in die Schwingungen von Alpha-, Theta- oder Deltazuständen. Trommeln stimmt die Teilnehmer bei der Seelenrückholung, bei schamanischen Trommelreisen und anderen Gruppenriten ein. Sprechgesänge zum Rhythmus der Trommeln regulieren die Atmung, was das Herbeiführen eines außergewöhnlichen Zustands erleichtert.

Weitere Maßnahmen zur Einleitung außergewöhnlicher Zustände sind Schwitzhütten, die den außergewöhnlichen Zustand durch extreme Temperaturen herbeiführen, und Fasten, das eine der wirkungsvollsten Methoden ist, sich in einen außergewöhnlichen Zustand zu versetzen. Diese Methoden werden sowohl allein als auch kombiniert eingesetzt. Einige Therapeuten sind eigens dafür ausgebildet (z. B. die Methode der Schamanischen Beratung nach Harner)[39], Methoden wie Wahrsagen und die Seelenrückholung für verschiedene spezifische Heilungsprozesse einzusetzen. Angehörige westlicher Kulturen haben viele dieser Praktiken übernommen und wenden sie sowohl in der Therapie als auch in Seminaren auf der ganzen Welt an.

Die Angehörigen vieler alter Kulturen nahmen rituell bestimmte Pflanzen zu sich, die sie als heilig erachteten. Diese
heiligen Substanzen haben die Fähigkeit, intensive außergewöhnliche Zustände herbeizuführen. Einige Stammesgesell-
schaften führen diese Traditionen noch heute fort.[40] Die umfangreiche Forschung der 50er und 60er Jahre wies nach-
drücklich auf das beträchtliche Heilpotential dieser Substanzen hin.[41] Es wurde beobachtet, daß sie bei der Suchtbehand-
lung[42], bei Angst und Schmerzen von Krebspatienten im End-
stadium und bei Geisteskrankheiten[43] nützlich sind. Trotz dieser verheißungsvollen frühen Arbeit wurde die weitere Forschung mit diesen Substanzen in den Vereinigten Staaten durch
ein politisches Moratorium unterbunden. Erst 1990 wurde die
Forschung in den Vereinigten Staaten erneut aufgenommen.
Zu dieser Zeit wurde auch in Deutschland und der Schweiz
geforscht.[44] Nach Rick Doblin von der Fachübergreifenden
Vereinigung Psychedelischer Forschung (Multidisciplinary
Association for Psychedelic Studies) hat es in der Mitte der
90er Jahre einige hoffnungsvolle Anzeichen gegeben, daß die
staatlich anerkannte Erforschung der therapeutischen Anwendung dieser nützlichen Substanzen in den Vereinigten Staaten
wieder einsetzen könnte.[45]

Vision Quests, bei denen Suchende in der Hoffnung auf
eine Vision, eine Eingebung oder einen besonderen Rat für ihr
Leben einen oder mehrere Tage allein in der Natur verbringen,
bewirken bewußtseinsverändernde Erfahrungen. Eine Vision
Quest kann verschiedene altbewährte, bewußtseinsverändernde
Techniken miteinander verbinden, die sich bei der Vertiefung
des außergewöhnlichen Zustands gegenseitig verstärken. Einige dieser Methoden sind Schlafentzug, Angst und Herausforderung, extreme Temperaturen, Fasten, Trommeln, Ent-
zug sinnlicher Wahrnehmungen oder die Einnahme heiliger
Pflanzen.

Die Rolle der Achtsamkeit bei Therapeut und Klient in außergewöhnlichem Zustand

Der Unterschied zwischen einer Psychose und einem außergewöhnlichen Bewußtseinszustand ist von außen manchmal schwierig zu erkennen. Die dramatischen Symptome können sich gleichen oder stark voneinander unterscheiden. Die Achtsamkeit des Klienten für den Prozeß und seine Mitarbeit können zentrale Hinweise dafür sein, daß sich der Klient in einem transformativen und nicht in einem pathologischen Prozeß befindet. Im allgemeinen ist eine Psychose ein Abwehrmechanismus mit der Funktion, Bewußtsein und Schmerz unter Kontrolle zu halten. Außergewöhnliche Zustände sind dagegen Öffnungen für Veränderung und Wachstum. Menschen, die außergewöhnliche Zustände erleben, sind sich normalerweise des Prozesses, den sie durchmachen, bewußt und begrüßen die damit einhergehende Achtsamkeit und Veränderung.

Achtsamkeit spielt auch beim Abreagieren eines Traumas eine Schlüsselrolle. Es ist nicht sinnvoll, Traumata in unachtsamem Zustand neu zu durchleben. Ein Trauma ohne Achtsamkeit noch einmal zu durchleben heißt, sich noch einmal zu traumatisieren. Das ist *keine* Heilung. Die meisten Zustände außergewöhnlichen Bewußtseins werden unter Berücksichtigung der persönlichen Faktoren (die Erwartungen des Klienten) und der äußeren Umstände (die Behandlungssituation) geplant, um die Achtsamkeit zu vergrößern. Achtsamkeit ist nicht notwendigerweise Verständnis oder Einsicht. So können z. B. der physische Körper oder die Emotionen achtsam sein, ohne daß es der Verstand ist. Achtsamkeit auf jeder Ebene, ob mit oder ohne Einsicht, hat beim Klienten eine starke Entwicklung und Heilung zur Folge.

Erfahrungen im außergewöhnlichen Zustand ohne Achtsamkeit ziehen nicht immer Heilung und Wachstum nach sich. Der Gebrauch von LSD bei einer Party mag als Beispiel dafür dienen. LSD kann wichtiges psychologisches Material freisetzen, aber persönliche Faktoren können das Verständnis für die Erfahrung verhindern, und die äußeren Umstände können das vollständige Erleben der Gefühle, Bilder und Empfindungen beeinträchtigen. Wenn die sichere Behandlungssituation fehlt, kann der Betreffende eher die Notwendigkeit verspüren, sich zu beherrschen oder sich von seinen inneren Problembereichen zurückzuziehen, um sich zu schützen und Kontakt zu den anderen Partygästen aufzunehmen.

Arnold Mindell, ein Jungscher Psychoanalytiker, der selbst eine einzigartige Prozeßarbeit-Technik entwickelt hat, arbeitet in außergewöhnlichen Zuständen, die er »veränderte Zustände« oder »extreme Zustände« nennt, mit den »Traumkörpern« der Klienten. Er sieht die Funktion des Therapeuten darin, dem Klienten dabei zu helfen, eine Achtsamkeitsbrücke zu errichten, und vergleicht das mit der Arbeit eines Schamanen. Der Therapeut gibt Bestätigung, spiegelt und läßt es nicht zu, in die Trance des Klienten hineingezogen zu werden.[46] »Schamanen heilen dadurch, daß sie uns an den Traumkörper erinnern. Sie formen das Bewußtsein und den Tanz des Geistes.«[47] Die Aufmerksamkeit und Achtsamkeit des Therapeuten helfen dem Klienten, sich auf den Teil von sich einzustimmen, der immer achtsam ist. Er kann dann die Vergangenheit in der Gegenwart erleben und sich mit Hilfe der gegenwärtigen Achtsamkeit von ihr befreien, anstatt nur die Vergangenheit ohne Achtsamkeit wie in einer Schleife zu wiederholen.

Eine Heilung von Traumata kann nicht ohne Achtsamkeit für einen größeren Gesamtrahmen stattfinden. Der Klient durchlebt nicht einfach den Mißbrauch oder das traumatische Ereignis erneut, sondern widmet dem ganzen Umfeld große Achtsamkeit. Er wird nicht nur seine Emotionen und Empfindungen aus der Vergangenheit spüren, sondern auch die damaligen Motive und Gefühle des Täters. Er macht sich außerdem den Bezug zwischen dem zurückliegenden Trauma und seinem gegenwärtigen Leben bewußt.

Transzendenz oder spirituelle Befreiung können sich natürlich auch nicht ohne Achtsamkeit einstellen. Jack Kornfield, buddhistischer spiritueller Lehrer und klinischer Psychologe, warnt in seinem Buch *Frag den Buddha – und geh den Weg des Herzens* davor, die außergewöhnlichen Erfahrungen in der Meditation und nicht die Achtsamkeit für den Prozeß als ganzen zu betonen. Er schreibt: »Wenn solche [außergewöhnlichen] Zustände auftreten, geht es darum, sich der Erfahrung mit voller Bewußtheit zu öffnen und sie als einen Aspekt des Tanzes unseres menschlichen Lebens wahrzunehmen.«[48]

Kapitel 3

Die besonderen Bedürfnisse von Klienten in außergewöhnlichen Bewußtseinszuständen

Als Geburtshelfer bei dem psychospirituellen Entwicklungsprozeß, der sich in außergewöhnlichen Zuständen ereignet,
gibt der Therapeut dem, was aus sich selbst heraus passieren möchte, Raum, schützt es und fördert es.

Kategorien ethischer Probleme

In diesem Buch werden zwei große Gruppen ethischer Probleme erörtert. In der ersten Gruppe erscheinen die Fälle, deren ethische Normen sowohl für normale Therapien als auch
für Therapien mit außergewöhnlichen Bewußtseinszuständen
die gleichen sind. Ihre ethischen Richtlinien sind für beide
Bewußtseinszustände nützlich. Die Probleme in dieser Gruppe
scheinen jedoch besondere Beachtung zu erfordern, wenn man
auch bei intensiven, tiefgehenden Zuständen gewissenhaft arbeiten will.

Die zweite Gruppe umfaßt ethische Probleme, die normalerweise nicht in Therapien mit Klienten in normalen Bewußtseinszuständen auftreten, über die nachzudenken aber wichtig
sein könnte, wenn bei Klienten außergewöhnliche Zustände
herbeigeführt werden. Die Probleme in dieser Gruppe können
auch auf die Arbeit mit Klienten, die spontan in einen außergewöhnlichen Zustand geraten sind und intensive, tiefgehende
Erfahrungen machen, angewendet werden. Hierzu zählen z. B.

Klienten, die im Verlauf einer normalen Therapie intensive Wahrnehmungsveränderungen erleben.

Eine Ethik für alle Arten von Arbeit mit Hilfesuchenden

In beiden Bewußtseinszuständen ist ein therapeutischer Vertrag eine gute Grundlage, auf der man aufbauen kann. Der Vertrag enthält unter anderem eine Beschreibung der angewandten Methode und die Grenzen, die zum Schutz beider Seiten festgelegt werden.

Abmachungen zwischen Therapeut und Klient für alle Arten von therapeutischer Arbeit:

- Der Therapeut fügt dem Klienten keinen Schaden zu.
- Der Therapeut bewahrt Vertraulichkeit.
- Nach eingehender Beratung erhält der Therapeut vom Klienten eine Bestätigung des Therapievertrags.
- Beide sprechen offen miteinander.
- Beide halten sich an die getroffenen Vereinbarungen.
- Der Klient übt keine Gewalt gegen Menschen oder Eigentum aus.
- Beide gehen keine sexuelle oder romantische Beziehung miteinander ein.
- Beide einigen sich klar über Zeit, Ort und Dauer der Sitzung sowie den Preis.

Diese Abmachungen können beinhalten, daß beide, Klient und Therapeut, ehrlich zueinander sind und die miteinander getroffenen Vereinbarungen einhalten, daß der Klient während der Sitzungen keine Gewalt gegenüber Menschen oder Eigentum ausübt, daß sich weder Therapeut noch Klient sexuell oder romantisch verführerisch verhalten, daß der Therapeut dem Klienten keinen Schaden zufügen und den Inhalt der Sitzungen vertraulich behandeln wird (außer wenn er gesetzlich zu einer Meldung verpflichtet ist). Klient und Therapeut treffen klare Absprachen über Zeit, Ort und Dauer sowie über den Preis der Behandlung. Der Therapeut klärt den Klienten in ausreichendem Maße über die Art der Therapie auf, die er anwenden wird, so daß der Klient informiert ist, wenn er der weiteren Behandlung zustimmt.

Ethische Probleme, die besonders Klienten in außergewöhnlichen Zuständen betreffen

Therapeuten sind oft der Ansicht, daß sie keine Schwierigkeiten haben werden, sich in der Therapie ethisch korrekt zu verhalten. Außergewöhnliche Zustände können jedoch offenbar die sonst deutlich sichtbaren Fallgruben in einen unsichtbaren, tiefen Morast verwandeln. Eine derartige störende Verwandlung entsteht durch die Intensität der Arbeit, die Tiefe der Übertragung und der uneingestandenen Gegenübertragung, die größere Beeinflußbarkeit des Klienten sowie aufgrund anderer Faktoren, die ich erörtern werde.

In außergewöhnlichen Zuständen kommt es zu besonderen Situationen, die sich von denen in normalen Bewußtseinszuständen unterscheiden. Einige dieser Situationen haben bereits zu Prozessen, zu Kontroversen zwischen Therapeuten und zu Mißverständnissen zwischen Therapeuten und ihren Klienten geführt. »Syndrom der falschen Erinnerung« ist ein Begriff, der von einigen Klienten und ihren Angehörigen verwendet wird. Gemeint ist damit, daß Klienten, die sich während der Therapie an bereits vergessene Ereignisse erinnern, glauben, daß diese Erinnerungen von ihrem Therapeuten erfunden und ihm nahegelegt worden sind.

Ein Beispiel für eine wiedergefundene Erinnerung

Am Beispiel eines Klienten, der sich an einen Kindheitsmiß-
brauch erinnert, läßt sich eine Erfahrung in einem therapeutischen außergewöhnlichen Zustand gut veranschaulichen. Es
ist ein Beispiel, bei dem die allgemeinen ethischen Probleme
von außergewöhnlichen Bewußtseinszuständen, die durch therapeutische Maßnahmen herbeigeführt worden sind, diskutiert
werden können.

Oft treten während eines außergewöhnlichen Bewußtseinszustands frühe Erinnerungen wieder auf oder werden lebhaf-
ter. Außergewöhnliche Zustände können in der Praxis eines
Therapeuten auftreten, in einem Atem-Workshop, in einem
Trommelseminar für Männer, auf einer Massageliege, im Büro
eines Geistlichen. Wo auch immer es passiert, sind Regression
und ein Abreagieren möglich.

Aspekte ethischer Probleme bei der Arbeit mit
tiefgehenden Klientenerfahrungen
und außergewöhnlichen Zuständen:

- die Notwendigkeit eines therapeutisches Paradigmas,
  das die Phänomene außergewöhnlicher Zustände mit
  einschließt,
- die besonderen Fähigkeiten, die von einem Therapeuten oder Begleiter bei der Arbeit mit Erfahrungen
  in außergewöhnlichen Zuständen gefordert werden,
- die größere Notwendigkeit einer sicheren Behandlungssituation,
- das Potential für eine stärkere und schwierigere Übertragung und Gegenübertragung.

Die Anwendung eines
erweiterten therapeutischen Paradigmas

Die westliche Psychologie hat sich in erster Linie mit der Entwicklung eines Menschen von der Kindheit bis zur Gegenwart
und mit seinen Beziehungen zu sich und anderen beschäftigt.
Wenn Klienten von Erfahrungen berichten, die außerhalb der
Bereiche materieller Wirklichkeit liegen, über die normalerweise weitestgehende Übereinstimmung besteht, laufen sie
Gefahr, als wahnsinnig oder gestört eingestuft zu werden. Als
einige moderne Psychiater in den 50er Jahren entdeckten,
daß sie durch die Verabreichung psychedelischer Substanzen
außergewöhnliche Zustände herbeiführen konnten, war dies
der Beginn einer neuzeitlichen Bewußtseinserweiterung nicht
nur für die beteiligten Personen, sondern für die gesamte
Psychologie. Viele an den Forschungen Beteiligte, die diese
Substanzen einnahmen, machten Erfahrungen, die in den be-
stehenden wissenschaftlichen Denkvorstellungen keinen Platz
fanden.

Stanislav Grof war einer dieser frühen Forscher im Bereich
der Psychiatrie. Er studierte eingehend seine Notizen, die er
bei der Überwachung von annähernd 5000 LSD-Sitzungen gemacht hatte, und begann dann, eine Landkarte des erweiterten
Territoriums der Psyche zu entwerfen.

Grof stellte fest, daß Menschen, wenn sie einmal in einen
außergewöhnlichen Bewußtseinszustand geraten waren, vielfältige Erfahrungen machten. Viele dieser Erfahrungen brach-
ten sie über ihre persönliche Erinnerung, ihre persönliche
Identität und über den gegenwärtigen Raum und die aktuelle
Zeit hinaus. Einige der Versuchspersonen in diesen Sitzungen
waren Psychiatriepatienten, aber viele waren auch normale
und funktionstüchtige Menschen. Einige Versuchspersonen
waren Kollegen, die in der Arbeit mit außergewöhnlichen
Zuständen ausgebildet werden sollten, andere waren Krebs-
kranke und wieder andere befanden sich in einer Suchtbe-

handlung. Die Versuchspersonen aller Untersuchungsgruppen, »normal« und »unnormal«, erlebten unerklärliche energetische Phänomene, erlebten ihre eigene Geburt noch einmal, besuchten archetypische Bereiche und erhielten Zugang zu Informationen und Erkenntnissen, die ihnen bei normalem Bewußtsein oder in normalen Gesprächstherapien nicht zur Verfügung gestanden hätten.[49]

Grof unterschied zwei Kategorien von Erfahrungen in außergewöhnlichen Zuständen, die das psychologische Paradigma über den biographischen Bereich hinaus erweiterten. Er nannte diese zwei Kategorien *perinatal* und *transpersonal*.[50] *Perinatale* Erfahrungen stehen in Verbindung mit der Geburt des Betroffenen, *transpersonale* Erfahrungen gehen über die persönliche Identität, die psychische Wirklichkeit und kausalen Zusammenhänge hinaus.

Diesen Kategorien fügte Grof das Konzept der COEX-Systeme (aus »sytems of *c*ondensed *ex*perience«) hinzu. Ein COEX ist ein »System kondensierter Erfahrung«. In einem COEX sind biographische, perinatale und transpersonale Erfahrungen, denen normalerweise ein Element, eine Empfindung oder ein Gefühl gemeinsam ist, miteinander verknüpft. In einem außergewöhnlichen Zustand kann ein Mensch also einen Erstickungsanfall bekommen, dann das Gefühl des Erstickens während der Geburt (perinatal) noch einmal durchleben oder als Erwachsener von einem Straßenräuber erdrosselt werden (biographisch), er kann sich an frühere Inkarnationen erinnern oder sich mit einem Tier identifizieren, das nach Luft ringt (transpersonal). In diesem Fall verbinden das *Gefühl* zu ersticken und die *emotionale* Angst, beim nächsten Atemzug keine Luft zu bekommen, diese kraftvollen, gleichzeitig auftretenden Erinnerungen und Bilder.

Perinatale und transpersonale Aspekte der Wiedererlangung von Erinnerungen an die frühe Kindheit

Die Möglichkeit von COEX-Erfahrungen erweitert das psychologische Paradigma und dadurch auch die Brille, durch die wir das Beispiel der Wiedererlangung von Erinnerungen betrachten. Die traditionelle Psychologie unterteilt wiedererlangte frühe Kindheitserinnerungen in »wahr« und »nicht wahr«. Im Hinblick auf früheste Erinnerungen an Kindesmißbrauch wenden Skeptiker ein, daß das Gehirn eines Kleinkinds nicht darauf vorbereitet ist, solche Erinnerungen zu speichern. Dieses Modell bietet also nur zwei Möglichkeiten: Das Ereignis, an das Erinnerungen vorliegen, hat entweder stattgefunden oder nicht. Wenn es stattgefunden hat, wurde die Erinnerung entweder wiedererlangt oder nicht.

Die einen meinen, daß alle derartigen unterdrückten und später wiedererlangten »Erinnerungen« wahr sind. Andere behaupten, daß die Szenarien nicht wahr sind, weil der Betreffende sich sonst die ganze Zeit über an diese Ereignisse erinnert hätte. Es gibt jedoch eine dritte Möglichkeit, die entweder erzählerische Wahrheit, poetische Wahrheit oder archetypische Wahrheit genannt werden könnte.

Donald P. Spence, Autor des Buches *Narrative Truth and Historical Truth*, stellt in den Raum, daß »manches allein dadurch wahr werden kann, daß es in Worte gefaßt wird.« Sehen wir erst einmal die Vergangenheit in einer bestimmten Weise, so Spence, dann *wird* diese Sichtweise oder Erklärung zur Vergangenheit. Er argumentiert, daß viele unserer vorsprachlichen Erfahrungen keine Worte kannten, die ihnen zu der Zeit hätten zugewiesen werden können. Wenn ihnen später, entweder von uns selbst oder von unserem Therapeuten, bestimmte Worte zugewiesen werden, dann legen diese Aussagen die Erfahrung fest.[51]

Wenn man, um vorsprachlichen Erfahrungen Ausdruck zu geben, die dichterische Freiheit in Anspruch nimmt, kann man, wie Spence es nennt, einen »künstlerischen« statt einen »archäologischen« Ansatz zum Verständnis seines Leben akzeptieren.[52] Es ist einfacher, in einer persönlichen Geschichte künstlerische Wahrheit zuzulassen, wenn das Paradigma den perinatalen und transpersonalen Bereichen der Erfahrung genausoviel Glauben schenkt wie den biographischen.

Wenn wir perinatale und transpersonale Kategorien der Erfahrung einbeziehen, stellen wir fest, daß wir Erinnerungen auf drei Arten deuten können. Die erste Interpretation besagt, daß die wiedererlangten Erinnerungen auf tatsächlichen Geschehnissen beruhen, so wie der Klient sie erinnert. Die zweite Interpretation besagt, daß die Ereignisse nicht stattgefunden haben und vom Klienten, der dafür bewußte oder unbewußte Motive hat, erfunden wurden. Die dritte Interpretation, die durch das erweiterte Paradigma möglich wird, besagt, daß bestimmte »Erinnerungen« wirklich sein können, aber symbolisch konstruiert sind, um verschiedenen wahren Gefühlen, Empfindungen oder Erfahrungen Ausdruck zu geben. Persönliche Mythen in der Form solcher »Erinnerungen« stehen für die wirklichen Gefühle, Empfindungen oder Erfahrungen. Diese Möglichkeiten können außerdem mit außergewöhnlichen Erfahrungen, Abreagieren und Regression auf verwirrende Weise kombiniert werden.

Ich habe Hunderte von Sitzungen in außergewöhnlichen Zuständen (Atemtherapie) begleitet, dabei ging es auch um das Wiedererleben von Mißbrauch im Kindesalter. Ich glaube, daß die körperlichen Empfindungen und die Bedeutungen hinter diesen Bildern immer »wahr« sind, weil die Teilnehmer eine unzweideutige Realität der *Erfahrung* beschreiben. Sie sind *wahr*, ungeachtet dessen, ob die lebensgeschichtlichen Ereignisse genauso stattgefunden haben, wie sie erinnert wurden. Obwohl wir als Behandelnde selten wissen können, was vor so langer Zeit tatsächlich geschah, können wir durch Beobachtung und indem wir spüren, daß jemand Schmerzen und Szenen des Entsetzens durchmacht, intuitiv wissen, daß er mißbräuchliche oder grenzverletzende Situationen wiedererlebt.

Persönlicher Mythos und Mißbrauchserinnerungen

Es ist wichtig, daß das Paradigma, in das wir die Wiedererlangung von Erinnerungen stellen, Wahrheit nicht auf wörtliche oder beweisbare Fakten begrenzt. Normalerweise wissen wir nicht, welcher Teil der wiedererlangten Erinnerung die lineare Realität wortgetreu wiedergibt und welcher Teil eine mythische Darstellung der Realität ist. Mythos ist nicht Phantasie, sondern etwas, das die tatsächliche Wirklichkeit *symbolisiert*. Mythen, die in außergewöhnlichen Bewußtseinszuständen aus Symbolen und wirklichen Ereignissen im Unbewußten entstanden sind, können teils Faktum, teils emotionsbeladenes Symbol sein. Der Mythos ist wie Dichtung dazu erschaffen, die Wahrheit *genauer als allein durch Tatsachen* darzustellen.

Phantasien dagegen sind nur eine schöpferische Erfindung. Obwohl sie auch sinnbildlich sein können, sind Phantasien nicht leicht mit der subjektiven oder der eigentlichen Realität zu verwechseln. Betrachtet man die Bedeutung der Begriffe, so ist ein Mythos eine Verbindung von Realität und Metapher, während Phantasie Fiktion und Gleichnis ist.

Wir wissen, daß die verschiedenen Teile des Gehirns sich unterschiedlich verständlich machen. Die linke Gehirnhälfte teilt sich eher sprachlich und logisch mit, die rechte eher metaphorisch und nichtsprachlich oder künstlerisch. Beide Arten der Kommunikation sind sinnvoll, aber wir sollten die Sprache der einen nicht mit der Sprache der anderen Hälfte verwechseln. Wie das Sehen mit beiden Augen ermöglicht der Einsatz beider Arten von Sprache ein tieferes Verständnis einer Situation oder eines Menschen.

Wir erweitern unser Arbeitsparadigma, wenn wir den persönlichen Mythos als dritte Möglichkeit neben der Vorstellung, daß *etwas entweder geschehen ist oder nicht,* akzeptieren. Innerhalb eines erweiterten Paradigmas erforschen und bewerten Klient und Therapeut zusammen die Gefühle, Empfindungen, Gedanken und Intuitionen des Klienten. Rebecca Davies, die als Sozialarbeiterin an einem Zentrum für intensive Arbeit zur Wiedererlangung von Erinnerungen tätig ist, wird mit den Worten zitiert: »Wir sagen den Menschen nie, daß das, woran sie sich erinnern, wahr ist. Was aufgedeckt wird, ist eine Mischung aus Wirklichem und Unwirklichem – tatsächliche Ereignisse, verzerrte Darstellungen, Traummaterial, Phantasien.«[53]

Die Psychiaterin Judith Herman sagt: »Beide Therapiepartner müssen ein gewisses Maß an Unsicherheit, manchmal sogar das Fehlen grundlegender Informationen in Kauf nehmen.«[54] Eine Therapie lenkt die Aufmerksamkeit eines Klienten auf seinen inneren Heilungsprozeß und zielt nicht darauf ab, jemandem etwas zu beweisen: dem Therapeuten, der Familie, der Gesellschaft oder sogar einem kritischen Teil von sich. Wenn der Klient sich auf etwas außerhalb von ihm Liegendes konzentriert, kann er einen Kurzschluß in seinem Heilungsprozeß verursachen. Die Australische Gesellschaft für Psychologie (Australian Psychological Society Limited) schreibt in ihren »Richtlinien für die Berichte wiedererlangter Erinnerungen«:

Der Psychologe sollte zusammen mit dem Klienten die Bedeutung und die Folgen der Erinnerung für den Klienten besprechen, anstatt sich ausschließlich auf den Inhalt der berichteten Erinnerung zu konzentrieren.[55]

Es gibt keine Möglichkeit, gesichertes Wissen über den Sachverhalt eines sexuellen Mißbrauchs in der Kindheit zu erlangen. Es könnte vernünftig sein, den inneren Heilungsprozeß eine Zeitlang reifen zu lassen, bevor der Klient irgendeine äußere Handlung, wie z. B. die Gegenüberstellung mit dem Täter oder das Einreichen einer Klage, vornimmt. Die Amerikanische Psychiatrische Vereinigung (American Psychiatric Association) veröffentlichte eine *Erklärung zu Erinnerungen an sexuellen Mißbrauch,* in der es heißt:

Es ist nicht bekannt, wie man mit letzter Sicherheit zwischen Erinnerungen, die auf wahre Ereignisse zurückgehen, und solchen, die sich aus anderen Quellen herleiten, unterscheiden kann ... Einige Patienten werden mit undeutlichen Mißbrauchserinnerungen und ohne bestätigende Informationen alleingelassen. Psychiatrische Behandlung kann diesen Patienten helfen, sich auf die Unsicherheit hinsichtlich derart wichtiger emotionaler Probleme einzustellen.[56]

Zwei herausragende Psychiater und Autoren bestätigen, daß sie bei Klienten auf dramatische Weise beide Aspekte der Frage kennengelernt haben, ob die wiedererlangten Erinnerungen falsch oder richtig sind. Colin Ross, der sich auf schwere dissoziative Störungen und die Heilung von Traumata spezialisiert hat, und Stanislav Grof, dessen Lebenswerk die Erforschung außergewöhnlicher Zustände sowohl in klinischen Behandlungen als auch in Ausbildungssitzungen ist, hatten beide jeweils einen Klienten, von dem sie glaubten, daß er schmerzliche Erfahrungen aus der Kindheit in Mythen verpackte. Beide Fälle wurden später auf dramatische Weise von außen als faktisch wahr bestätigt. Die »Mythen« ihrer Klienten erwiesen sich als Tatsachen.

Demgegenüber erinnern sich beide Ärzte auch an Fälle, die zunächst wirkten, als ob die Berichte über eine bestimmte Art körperlicher Mißhandlung zutrafen. Die Klienten selbst entschieden nach mehreren Jahren Therapie, daß ihre Schilderungen von körperlicher Mißhandlung ihre eigenen mythischen Darstellungen eines emotionalen Mißbrauchs waren.[57] Der Mißbrauch war auch für diese Klienten nicht weniger »wirklich«, aber sie betrachteten ihn zu einem späteren Zeitpunkt anders als zu dem Zeitpunkt ihrer ersten Erinnerung.

Der perinatale Einfluß auf Mißbrauchserinnerungen

Die perinatalen und transpersonalen Erfahrungsebenen tragen zur weiteren Komplexität der Wahr-Falsch-Kontroverse im biographischen Bereich bei.[58] In unserer Gesellschaft erwägen wir nicht einmal die Möglichkeit von Geburtstraumata als plausible Erklärung für Anzeichen psychischer oder physischer Traumata. Bis ein Mensch die Gelegenheit hatte, sein Geburtstrauma wiederzuerleben und dessen starken Einfluß selbst direkt zu spüren, wird der Geburt normalerweise nicht die Beachtung geschenkt, die sie verdient. Die Geburt ist das erste lebensbedrohliche Trauma des Organismus und seine erste Erfahrung von Loslassen und Transformation (von einem symbiotischen, im Wasser lebenden Organismus zu einer unabhängigen Einheit).

Geburt als Ursache für körperliche Symptome und unbeschreibliche Gefühle mag unheimlich und unwahrscheinlich erscheinen. Es ist in Zuständen normalen Bewußtseins schwierig für uns, uns mit diesem Fötus oder neugeborenen Kind, das wir einmal waren, zu identifizieren. Ich kenne einen Mann, der jetzt seinem eigenen Entwicklungsprozeß gegenüber eine völlig veränderte Sichtweise einnimmt als zu dem Zeitpunkt, als er anfing, an seinen Kindheitsproblemen zu arbeiten. Er nahm mehrere Jahre lang an zahlreichen Sitzungen in außergewöhnlichen Zuständen teil, in denen er tiefgreifende Erfahrungen machte. In den ersten Sitzungen war er davon überzeugt, daß seine Mutter ihn als Kleinkind sexuell belästigt hatte. Als er seine innere Arbeit fortsetzte, stieß er auf eine überwältigende Wut und Erniedrigung. Er war sich des sexuellen Mißbrauchs so sicher, daß er seiner Mutter einen vernichtenden Brief schrieb. Er brach die Verbindung zu ihr ab und redete mehr als zwei Jahre lang nicht mit ihr, obwohl sie heftig protestierte und beteuerte, daß derartige Ereignisse nie vorgefallen seien.

Einige Jahre später erlebte er in mehreren Sitzungen in außergewöhnlichem Zustand seine Geburt noch einmal. Dabei

zeigte sich, daß seine Gefühle von Wut und Erniedrigung eher
mit seinem Geburtstrauma zusammenhingen als mit einem
späteren Ereignis. Auch die Erinnerungen an die Art der Be-
lästigungen schienen zunehmend mehr auf die Geburt hinzu-
weisen. Schließlich schrieb er seiner Mutter, nahm seine An-
schuldigungen zurück und versöhnte sich mit ihr. Seine derzeitige Erklärung ist, daß er einen persönlichen Mythos sexuellen Kindesmißbrauchs hervorgebracht hat, um die Kombination von Mißbrauch aus dem biographischen und dem perinatalen Bereich zu beschreiben und zu erläutern. Sein Mythos
war das Ergebnis einer Mischung aus schwerem emotionalen Mißbrauch während der Kindheit und der Erinnerung an
sein Geburtstrauma (körperlicher Mißbrauch im Bauch seiner
Mutter).

Der häufigste Grund, weshalb die Geburt nicht als Teil-
erklärung für einen COEX von Mißbrauchssymptomen oder
-vorstellungen in Betracht gezogen wird, ist, daß unsere Gesellschaft über Geburt so nicht nachdenkt. Als Kultur leugnen
wir (in einigen Kreisen noch bis vor kurzem), daß zelluläre Erinnerungen und fötales Bewußtsein möglich sind. Wenn die
therapeutischen Modelle erweitert werden und den perinatalen Bereich mit einbeziehen, haben Therapeuten und Klienten
größere Möglichkeiten, den Heilungsprozeß zu verstehen und
zu fördern.

Außer biographischen und perinatalen Einflüssen kann die
transpersonale Erfahrungsebene ein Faktor bei der Wiedererlangung von Erinnerungen sein. Es gibt viele Tore, durch die
das Transpersonale in den Mythos eines Klienten gelangen
kann. Alle Ereignisse der vergangenen Jahrhunderte sowie die
Künste und Religionen von Tausenden von Kulturen sind auf
der transpersonalen Ebene zugänglich. Menschen haben über
das kollektive Unbewußte (d. h. Erfahrungen aus früheren
Inkarnationen, Channeling, außersinnliche Eindrücke und
archetypische Bilder) Zugang zum Transpersonalen. Sogar
während der eigenen Lebenszeit kann sich ein Klient in dem
Maß in den Schmerz eines anderen Menschen eingefühlt

haben, daß die Grenzen verschwimmen. Er internalisiert die Erfahrung des anderen als seine eigene. Wenn er gehört oder gesehen hat, wie sein Bruder oder seine Schwester mißbraucht worden sind, kann er den Mißbrauch so nachempfinden oder sich so an ihn erinnern, als sei es ihm selbst passiert. Im außergewöhnlichen Zustand verschwimmen persönliche Grenzen. Die Selbstwahrnehmung und die Selbsterfahrung können völlig anders sein als normalerweise. Die Möglichkeiten für eine Beteiligung des Transpersonalen an einem COEX sind endlos und oft unerklärlich.

Die Arbeit mit Klienten in diesen Bereichen kann verwirrend sein. Klienten können perinatale oder transpersonale Arten von Erfahrungen machen oder sich mit Hilfe perinataler und transpersonaler Bilder symbolisch an Ereignisse erinnern. Dies kann noch verwirrender werden, wenn wir darauf bestehen, daß es nur eine kausale, konkrete Wirklichkeit gibt. Deshalb liegt der ethischen Arbeit mit Klienten in einem außergewöhnlichen Zustand ein erweitertes theoretisches Paradigma zugrunde. Therapeuten können Klienten bei dem Entwurf ihrer Lebensgeschichte als persönlichem Mythos helfen. Sie können Klienten unterstützen, indem sie sie dazu ermutigen, sich auf dem inneren Weg zur Heilung Zeit zu nehmen. Gleichzeitig können Therapeuten zur Vorsicht mahnen, wenn es darum geht, zu Handlungen in der äußeren Welt zu schreiten, die davon ausgehen, daß der innere Mythos mit der Realität übereinstimmt. In den meisten Fällen beruhen Erinnerungen an Kindesmißbrauch auf irgendwelchen realen Tatsachen. In den meisten dieser Fälle stimmen die Erinnerungen so, wie der Klient sie erinnert. Aber der wesentliche Punkt in der Therapie und die eigentliche Aufgabe des Therapeuten ist es, die innere Heilung des Klienten zu fördern, anstatt die Bestätigung von Fakten, Daten und Zeiten im Auge zu haben.

Grof und andere sind sich darüber im klaren, daß außergewöhnliche Zustände und perinatale und transpersonale Erfahrungen nicht pathologisch sind, sondern in Wirklichkeit Teile unseres normalen menschlichen Erbes darstellen. Darüber hinaus haben sie erkannt, daß diese Zustände und die Erfahrungen, die darin möglich sind, sehr heilsam sein können, wenn der Therapeut für deren außergewöhnlichen Inhalt offen ist.

Von der Offenheit des Therapeuten hängt es ab, wie normal sich der Klient bei derartigen Erfahrungen fühlt und ob der Klient zulassen kann, daß die Erfahrungen sich entwickeln und vertiefen. Wenn der Therapeut diese Zustände als krankhaft betrachtet, wird der Klient entweder einen entstehenden Prozeß abbrechen oder die Kritik in dem Gefühl internalisieren, daß auf der tiefsten Ebene seines Wesens mit ihm etwas nicht stimmt.

Die Fähigkeit des Therapeuten, die Theorie so zu erweitern, daß die aktuellen Details eines Klientenprozesses mit einbezogen werden, entscheidet, wie sicher sich der Klient fühlen wird, um über diese inneren Ereignisse zu sprechen und ganz in sie hineinzugehen. Mary Sykes Wylie schreibt:

> Blinder Gehorsam gegenüber einem bestimmten Therapiemodell wird zu ethischem Versagen, wenn der Therapeut dem Modell stets mehr Gewicht gibt als den Wünschen und Bedürfnissen des Klienten.[59]

Es gibt Momente, in denen Klienten vom Verstand her nicht genau wissen, was sie möchten, aber sie werden ihre Bedürfnisse verbal, körperlich und symbolisch zum Ausdruck bringen. Wenn therapeutische Standardmodelle den Bedürfnissen und Erfahrungen von Klienten nicht gerecht werden, bietet sich dem pragmatischen Therapeuten immer die Gelegenheit, festzustellen, was nicht funktioniert, und es zu ändern.

Stanislav Grof hatte seine transpersonalen Landkarten des Bewußtseins noch nicht entwickelt, als er in seinen ersten Jahren in der klinischen Psychiatrie die ersten Erfahrungen mit außergewöhnlichen Zuständen machte. Anstatt das therapeutische Paradigma zu erweitern, blieb er beharrlich wissenschaftlicher Beobachter, der sich keinem Modell anschließt, sondern das beobachtet, akzeptiert, fördert und dokumentiert, was in der Therapie hochkommt. Wir haben in der Nachfolge dieser frühen Forscher das Glück, daß die ehemals unerforschten Bereiche des Bewußtseins von den westlichen Wissenschaftlern Jung, Grof, Eliade und anderen auf einer Karte verzeichnet und benannt wurden. Wir sind jetzt im Besitz eines erweiterten Paradigmas, das nicht nur biographische Erfahrungen einbezieht, sondern auch perinatale und transpersonale. Ein derartiges Modell ist umfassend genug, die Erfahrungen mit einzubeziehen, die in den spontan auftretenden oder herbeigeführten außergewöhnlichen Zuständen unserer Klienten auftauchen.[60]

Das erweiterte Paradigma
in religiösen Bereichen anwenden

Die Notwendigkeit eines erweiterten Paradigmas, in dem spontan auftretende außergewöhnliche Zustände Platz finden, gilt für die Religion genauso wie für die Psychologie. Viele Menschen beschreiben ihre spontan auftretenden außergewöhnlichen Zustände oft als spirituelle Erfahrungen. Spirituelle Erfahrungen können direkte Zeugnisse des Geistes sein und eventuell Glaubenssätze religiöser Schriften erläutern.

Die meisten Urheber heiliger Schriften und Religionsbegründer legen ihren Aussagen persönliche spirituelle Erfahrungen zugrunde. Wenn ein Klient eine persönliche Erfahrung macht, die für ihn spirituell bedeutsam ist, wird sie sein Verständnis für seine Religion bereichern. Heutzutage berichten viele von Erfahrungen, die früher mystisch genannt wurden und nur bei wenigen Auserwählten auftraten (zumindest in der Geschichte der heutigen großen Religionen). Diese persönlichen spirituellen Erfahrungen können das spirituelle Bewußtsein eines Klienten über das rein intellektuelle Verständnis seiner Religion hinaus erweitern.

Religiöse Zeremonien oder spirituelle Retreats können jede beliebige Erfahrung dieser Art auslösen. Es kann passieren, daß Angehörige der traditionellen westlichen Religionen ihren Gemeindemitgliedern oder den Teilnehmern eines Retreats, die spontan in ekstatische Zustände geraten, kraftvolle Körperenergien spüren oder von außersinnlichen oder emotionalen Phänomenen überschwemmt werden, Beistand leisten müssen.

Es gibt Vorläufer für derartige außergewöhnliche Zustände in den schriftlich niedergelegten Erfahrungen jüdischer und moslemischer Propheten, christlicher Heiliger und den Mystikern des Hinduismus, Buddhismus und anderer Religionen. Wir denken jedoch nicht, daß sich diese Erfahrungen heutzutage bei normalen Menschen einstellen, die einen Tempel oder eine Kirche besuchen. Menschen, die mitten in einem heutigen Gottesdienst spontan in Ekstase geraten, werden sich eher auf dem Transport zu einer psychiatrischen Akutbehandlung wiederfinden, als daß sie sanft dabei unterstützt werden, ihre direkte spirituelle Verbundenheit intensiv zu spüren und zu achten. Geistlichen und Kirchenältesten fehlt in den meisten Fällen das Vorstellungsvermögen oder die Ausbildung, jemandem dabei zu helfen, eine derartige, wichtige spirituelle Erfahrung zu integrieren.

Einige der charismatischen christlichen Kirchen und manche östliche Religionen werden mit solchen Erfahrungen spielend fertig. Diese religiösen Gemeinschaften haben ein erweitertes Paradigma, das direkte spirituelle Erfahrungen in außergewöhnlichen Zuständen als normal und wünschenswert betrachtet. Ihre Interpretation der Schriften sieht vor, daß diese Phänomene während der Religionsausübung auftreten, ja, erwartet sie sogar. Viele der oben aufgelisteten Phänomene wurden zuerst in alten hinduistischen, taoistischen und buddhistischen Texten genannt und beschrieben. Selbst zeitlich noch weiter zurückliegende Völker, die noch keine Schrift besaßen, haben die spirituellen Erscheinungen außergewöhnlicher Zustände durchaus gekannt.[61]

Damals wurden Religion und Psychologie unter der Aufsicht des Stammesschamanen ausgeübt. Die wichtigste fachliche Empfehlung war die unter Beweis gestellte Fähigkeit des Schamanen, sich zum Wohle der Gemeinschaft zwischen normaler und außergewöhnlicher Realität hin- und herbewegen zu können.[62] Heutzutage haben sich Psychologie und Religion voneinander getrennt; beide haben die Realität und Wichtigkeit von außergewöhnlichen Zuständen geleugnet. Das erweiterte Paradigma schließt die Aufhebung dieser Spaltung ein und bemüht sich wieder um die menschlichen Fähigkeiten, die wir geleugnet haben.

Die Notwendigkeit besonderer Fähigkeiten eines Therapeuten

Die vielleicht wichtigste ethische Richtlinie im Zusammenhang mit der Herbeiführung außergewöhnlicher Bewußtseinszustände bei Klienten ist, daß der Therapeut oder Begleiter nur auf seinem Gebiet praktiziert. Zum Beispiel raten die Berufsverbände im Bereich der Hypnose ihren zertifizierten oder lizensierten Mitgliedern davon ab, die Technik anzuwenden, solange sie keine spezielle, angemessene Ausbildung und Übung in dieser Methode haben.

Eine gute Schulung für die Herbeiführung außergewöhnlicher Bewußtseinszustände setzt eine umfassende eigene Therapieerfahrung *als Klient* in außergewöhnlichem Bewußtsein voraus. Eine angemessene Ausbildung für die Behandlung dissoziativer Störungen und die Arbeit mit Holotroper Atemtherapie, Hypnose, schamanischen Techniken oder Augenfolgeübungen erfordert, daß der Behandelnde selbst außergewöhnliche Bewußtseinszustände erlebt hat. Die Kompetenz zur Anwendung dieser Techniken setzt die Vertrautheit mit den möglichen Erfahrungen voraus. Eine gründliche Beschäftigung damit, wie diese Praktiken in ein therapeutisches Denkmodell hineinpassen, ist notwendig. Es ist notwendig, daß der Behandelnde genügend Wissen und Erfahrung hat, um zu entscheiden, wann und wie bei Erfahrungen im außergewöhn-

lichen Zustand eingegriffen wird.[63] Stanislav Grof betont die
Wichtigkeit eigener Erfahrung bei der Ausbildung von Therapeuten:

> Wenn [Therapeuten] nicht in Tod- und Wiedergeburtserfah-
> rungen erfahren haben, wie es ist, ganz loszulassen, wenn
> sie nicht das Ringen nach Luft beim Wiedererleben der
> Geburt erfahren haben, wenn sie nicht die Auflösung von
> Schrecken oder tiefsitzenden körperlichen Schmerzen ge-
> fühlt haben, dann werden sie wahrscheinlich erstarren,
> wenn sie in den Sitzungen mit ihren Klienten diesen Dingen
> begegnen. Ihre eigene Angst, der Mangel an Selbstkenntnis
> und ungenügendes Vertrauen in den Prozeß können sich
> [dem Klienten] mitteilen und ihn davon abhalten, sich der
> Erfahrung voll hinzugeben und sie abzuschließen. Dies
> kann auch geschehen, wenn der [Therapeut] nach außen
> sichtbar nichts unternimmt, was den [Klienten]Prozeß stört.
> Aufgrund des außergewöhnlichen Bewußtseinszustands sind
> [Klienten] oft ungewöhnlich empfänglich für die Gedanken
> und Gefühle des [Therapeuten].[64]

Die Dauer einer derartigen Ausbildung (am besten zwei Jahre
oder länger) bietet die Gelegenheit, das Material, das während
der eigenen experimentellen Sitzungen auftaucht, zu bearbeiten und zu integrieren.

Die Notwendigkeit einer sicheren
Behandlungssituation

In außergewöhnlichen Zuständen sind Klienten beeinflußbarer und verletzlicher. Es ist wahrscheinlicher, daß sie Altersregressionen erfahren, körperliche Berührung als therapeutische Maßnahme benötigen und ihre persönlichen Wünsche,
Ängste und spirituellen Sehnsüchte stärker spüren. Sie sind im
allgemeinen nicht mit außergewöhnlichen Zuständen vertraut

und können große Schwierigkeiten beim Übergang zwischen normaler und außergewöhnlicher Realität haben, wenn sie sich in eine der beiden Richtungen bewegen.

Sicherheitsprobleme bei der Arbeit in außergewöhnlichem Zustand:

- größte Aufmerksamkeit für die persönlichen Faktoren und die äußeren Umstände,
- größere Beeinflußbarkeit des Klienten,
- Aufmerksamkeit gegenüber dem größeren Sicherheitsbedürfnis eines Klienten,
- Probleme mit dem Therapievertrag,
- die Muttersprache des regredierenden Klienten verstehen,
- Probleme mit Körperkontakt in der therapeutischen Beziehung,
- tiefgehende Erfahrungen integrieren,
- kognitive Dissonanz,
- körperliche bzw. psychospirituelle Krisen.

Wegen der bewußtseinserweiternden Wirkung außergewöhnlicher Zustände werden Klienten wahrscheinlich eher eine kognitive Dissonanz zwischen diesen und ihrer normalen Weltsicht spüren. Es kann sein, daß sie ein größeres Bedürfnis nach Verständnis, einem unterstützenden Netz und gezielter Entlastung haben.

Wenn im Inneren so große Veränderungen vor sich gehen, hat der Klient ein größeres Bedürfnis danach, sich in der äußeren Umgebung sicher zu fühlen und der therapeutischen Beziehung zu vertrauen. Dieser Abschnitt behandelt einige dieser Sicherheitsprobleme.

Es kann aufgrund der raschen Veränderungen, die mit der Arbeit in außergewöhnlichen Zuständen oft einhergehen, auch eher zu einer körperlichen bzw. psychospirituellen Krise, auch *spiritueller Notfall* genannt, kommen. Beispiele dafür sind ein vorübergehendes Nichtfunktionieren aufgrund der überwältigen Wirkung der kognitiven Dissonanz, Erscheinungen spontaner Energiefreisetzung oder eine Überflutung mit psychischen Inhalten. Das *Diagnostische und Statistische Handbuch* (DSM-IV) listet *Spirituelles oder Religiöses Problem* als eine diagnostische Kategorie auf, die diese Art psychospiritueller Krise mit einbezieht.[65]

Größte Aufmerksamkeit für die persönlichen Faktoren und die äußeren Umstände

In einer Therapiesitzung ist Sicherheit für die persönlichen Faktoren und die äußeren Umstände wichtig. In einer Sitzung mit außergewöhnlichen Zuständen werden sie zu entscheidenden Elementen. Die nachfolgende Definition von »persönlichen Faktoren« und »äußeren Umständen«, hier »Erwartungsrahmen« bzw. »Behandlungssituation« genannt, ist einer Diskussion über Klientenbedürfnisse in einer klinischen LSD-Sitzung entnommen. Diese Definitionen treffen auch auf viele Arten von Sitzungen zu, die mit Klienten in außergewöhnlichen Bewußtseinszuständen geführt werden wie Atemtherapie, Hypnose, Augenfolgeübungen, schamanische Trance usw.

Unter dem »Erwartungsrahmen« verstehen wir die Erwartungen, Motivationen und Absichten des Patienten in Hinblick auf die Sitzungen, die Auffassung des Therapeuten vom Charakter des LSD-Erlebens, das vereinbarte Ziel des psychedelischen Verfahrens, die Planung und Vorbereitung der Sitzungen und die spezifische Technik oder Lenkungsweise, die dabei angewendet wird. Unter der »Behandlungssituation« verstehen wir die unmittelbare dingliche und menschliche Umgebung und die konkreten Umstände, unter denen die Droge eingenommen wird.[66]

Gesellschaften, die regelmäßig außergewöhnliche Bewußtseinszustände als integralen Bestandteil ihrer religiösen und Hei-
lungsrituale einsetzen, umrahmen den außergewöhnlichen Bewußtseinszustand mit einer bestimmten Zeremonie und einem
Symbol. Der Rahmen hat sich aufgrund der mythischen und
spirituellen Tradition bei den Mitgliedern der Gesellschaft bereits tief eingeprägt. Die Situation (z. B. spezielle Lieder, Tänze,
Kostüme, Vision Quests, Fastenzeiten, Orte) für diese Zustände unterscheidet sich deutlich vom täglichen Leben der
Menschen. Der kulturelle Zusammenhang läßt wenig Raum
für eine Verwechslung der zwei Realitäten.

Bei den heutigen westlichen Therapiesitzungen in außergewöhnlichem Zustand gehört zum Erwartungsrahmen der
Therapievertrag (siehe S. 90) einschließlich einer umfassenden
Unterrichtung über die Art der Erfahrungen, die auftreten
können, Vereinbarungen über körperliche Berührungen, sexuelle Grenzen, Gewaltlosigkeit, Kosten, Zeit und Dauer der Sit-
zung(en), Verfügbarkeit des Therapeuten für weitere Sitzungen, Vertraulichkeit und die therapeutische Methode.

Größere Beeinflußbarkeit des Klienten

Die ethischen Probleme hinsichtlich der Klientenbeeinflußbar-
keit mögen ähnlich sein, aber sie unterscheiden sich aufgrund
ihrer tiefgehenden Erfahrungen *quantitativ* bei Klienten, die
sich in einem anderen Bewußtseinszustand befinden. Klienten
sind in diesen Zuständen empfindsamer und verletzlicher als
in normalen Bewußtseinszuständen. Ein Therapeut muß sich
noch mehr davor in acht nehmen, dem Klienten nicht seine
Werte aufzudrängen. Dies kann z. B. geschehen, wenn er len-
kende Fragen stellt. Wenn die inhaltliche Planung für eine Sitzung im außergewöhnlichen Zustand zu sehr festgelegt wird
oder ein Klient, der sich in einem außergewöhnlichen Zustand
befindet, analysiert oder belehrt wird (anstatt lediglich begleitet), kann der Therapeut dem Klienten das Recht nehmen,

selbst zu entscheiden. Wenn ein Therapeut einem beeinflußbaren Klienten in einem außergewöhnlichen Bewußtseinszustand eine bestimmte Sichtweise oder Richtung aufdrängt,
kann er den weiseren Plan des inneren Heilers des Klienten
stören. Brown und Fromm schreiben über den Klientenzustand
unter Hypnose:

> Die Tatsache, daß ein Mensch in Trance beeinflußbarer,
> weniger wachsam und deshalb vielleicht auch verletzlicher
> und weniger in der Lage ist, für sich selbst einzutreten, stellt
> zusätzliche ethische Anforderungen an den Hypnotiseur,
> um den hypnotisierten Menschen vor Schaden zu bewah-
> ren, der entweder durch die Suggestionen des Hypnotiseurs
> oder durch die starken Affekte verursacht werden kann, die
> ihn überwältigen könnten.[67]

Der Faktor Beeinflußbarkeit ist im Zusammenhang mit der
Wiedererlangung von Erinnerungen zu einem heißdiskutierten
Problem in Therapien geworden. Einige Therapeuten sind der
Ansicht, daß wir, indem wir den Wahrnehmungen unserer Patienten zustimmen oder nicht zustimmen, den Klienten daran
hindern, herauszufinden, was das tatsächlich Vorgefallene für
ihn bedeutet.

Die Harvard-Psychiaterin und Autorin mehrerer Bücher über
Traumata, Judith Lewis Herman, vertritt einen anderen Standpunkt, für den sich normalerweise Therapeuten einsetzen, die
Inzestopfer behandeln und oft selbst Überlebende eines Kindesmißbrauchs sind:

> Der moralische Standpunkt des Therapeuten ist ... von
> außerordentlicher Wichtigkeit. Es ist nicht ausreichend, daß
> der Therapeut »neutral« oder nichtwertend ist. Der Patient
> fordert den Therapeuten heraus, über seine eigenen Kämpfe
> zu reden. ... Die Rolle des Therapeuten besteht darin, ...
> eine Position moralischer Solidarität mit dem Überlebenden
> einzunehmen.[68]

Diese Solidarität kann als wichtige politische Funktion in einer Welt geschätzt werden, die erst vor kurzem damit begonnen hat, das Ausmaß des Mißbrauchs seiner Randgruppen, wie Frauen und Kinder, anzusprechen. Die Aussage bezieht sich jedoch auch auf Beeinflußbarkeit von seiten eines Klienten. Zum einen kann diese Art pro-aktiver Therapie dazu führen, daß der Therapeut Kindesmißbrauch vermutet, wo er nicht stattfand, oder daß ein beeinflußbarer Klient »Erinnerungen« erfindet. Weniger deutliche Aufforderungen können dem Klienten Reaktionen und psychisches Material entlocken, weil er den Therapeuten damit erfreuen möchte. Eine politische Stellungnahme des Therapeuten oder der Bericht über eine persönliche Erfahrung könnten einen Klienten, der sich bezüglich seiner verschwommenen Erinnerungen unsicher ist, dazu verleiten, sich »klarer« darüber zu werden, um sich mit dem Therapeuten solidarisch zu fühlen.

Ein Therapeut kann seine Werte ebenso durch Nichthandeln aufdrängen wie durch Handeln. Der Klient kann das Schweigen des Therapeuten dahingehend deuten, daß seine Erfahrung aus irgendeinem Grund nicht akzeptiert werden kann.

Der Klient kann auf eine Erinnerung, eine spirituelle Erfahrung oder eine andere außergewöhnliche Erscheinung stoßen, die der Therapeut nicht bestätigen kann. Frühere Inkarnationen, ritueller Mißbrauch, ekstatische Zustände, spirituelle Vorstellungen, emotionsgeladene Bilder oder Themen aus anderen Religionen, das Wiedererleben der Geburt, UFO-Entführungen oder Selbstmordtendenzen sind einige Beispiele für Erfahrungen, die der Therapeut vielleicht nur schwer bestätigen kann.

Der Therapeut, der von einer theoretischen Grundlage ausgeht, die die Phänomene außergewöhnlicher Zustände miteinbezieht, wird in der Lage sein, derartigen Erfahrungen gegenüber offen zu sein und sie ebenso zu akzeptieren wie die biographischen. Ein Therapeut, der darüber hinaus intensive eigene Erfahrungen in diesen Bereichen gemacht hat, wird mit

---

**Klientenerfahrungen, die ein Therapeut vielleicht nur
schwer bestätigen kann**

- Erfahrungen aus vergangenen Leben
- ritueller Mißbrauch
- multiple Persönlichkeitsstörungen
- ekstatische Zustände
- Außerkörperliche Erfahrungen
- Nahtoderfahrungen
- spirituelle Visionen und Vorstellungen
- alle Merkmale im Zusammenhang mit der Kundalini
- schamanische Heilungen
- Bilder aus einer anderen Religion als der des
  Therapeuten
- Wiedererleben der Geburt
- UFO-Entführungen
- Selbstmordtendenzen

---

außergewöhnlichen Bewußtseinszuständen vertraut sein und
die verschiedenen Möglichkeiten eher akzeptieren, ohne seine
persönlichen Vorlieben aufzudrängen.

Weil ein Klient im außergewöhnlichen Zustand leichter be-
einflußbar ist, besteht die Möglichkeit, daß das Mißtrauen
eines Klienten gegenüber seiner Intuition, seinen Gefühlen,
Empfindungen und seiner Erinnerung wieder verstärkt wird.
Auf der anderen Seite bieten sich mehr Gelegenheiten, ihn zu
bestärken, indem man seinen inneren, instinktiven Anweisungen in der Therapie vertraut und sie bestätigt.

Jede normale Therapiesitzung besteht aus einem Wechsel-
spiel zwischen der Lenkung der Heilung (Behandlungsplanung,
Empfehlungen, Hausaufgaben) und dem Sich-entfalten-Lassen
(nicht-direktive Therapie). In einer Sitzung mit außergewöhnlichen Zuständen sind direktive Eingriffe normalerweise weder
angemessen noch sinnvoll. Sie werden wahrscheinlich eher

schaden. Therapeuten der Holotropen Atemarbeit sind z. B.
besonders darin geschult, von Interventionen abzusehen, die
auf Annahmen oder Analysen basieren.[69] Wenn sie vorher
eine therapeutische Ausbildung gemacht haben, müssen sie
sich den Reflex, zu intervenieren, abtrainieren. Die Rolle des
Therapeuten in den Sitzungen in außergewöhnlichem Zustand
besteht darin, den Klienten in seinem Prozeß zu bestärken und
ihm zu folgen, nicht, ihm mit der Terminplanung des Therapeuten in die Quere zu kommen.

Die Haupttätigkeit des Therapeuten ist eher die einer Heb-
amme als die eines Strategen. Als Geburtshelfer bei einem psychospirituellen Entwicklungsprozeß, der sich in außergewöhnlichen Zuständen ereignet, gibt der Therapeut dem, was aus
sich selbst heraus passieren möchte, Raum, schützt und fördert es. Bei Hypnose, geführter Imagination, schamanischen
Methoden oder einer Seelenrückholung kann es eine festge-
legte Tagesordnung geben, die Therapeut und Klient zusammen aufgestellt haben, als der Klient noch in normalem Bewußtseinszustand war. Sogar in diesen Fällen wird der Therapeut für Fingerzeige offen sein, die in außergewöhnlichen
Zuständen unvorhersehbar aufkommen und anzeigen, daß der
Prozeß des Klienten sich auf andere Weise entfalten möchte,
als sie beide erwartet haben.

Größere Sicherheitsbedürfnisse beim Klienten

Dieses Thema wird in Kapitel 5 eingehend untersucht. Klienten, die sich in das unbekannte Territorium intensiver Gefühle,
wiedererlangter Erinnerung und tiefgreifender spiritueller Erfahrungen begeben, brauchen einen sicheren Rahmen. Mehr
noch als Klienten in einer normalen Therapie benötigen sie
Vertrauen zu ihrer Umgebung und zu dem oder den Menschen,
die bei ihnen sind. Wenn die therapeutischen Vereinbarungen
klar sind und das therapeutische Bündnis sich vertrauenswür-
dig anfühlt, kann der Klient innere Erforschungen riskieren.

Probleme bezüglich des Therapievertrags

Mit der Unterzeichnung eines Therapievertrags gibt der Klient seine Zustimmung, bevor er sich einer therapeutischen Behandlung unterzieht. Der Therapievertrag setzt voraus, daß der Klient weiß, was der Therapeut tun wird und wie das Vorgehen ihn möglicherweise während und nach der Behandlung beeinflußt. Bei den meisten Therapien in gewöhnlichem Zustand spricht der Therapeut mit dem Klienten darüber, wie er vorgeht, was vom Klienten erwartet wird und wie der Klient von der Therapie profitieren wird. Pope und Vasquez beschreiben einen Therapievertrag folgendermaßen:

> Ein Therapievertrag ist der Versuch, sicherzustellen, daß das vom Patienten geforderte Vertrauen wirklich gerechtfertigt ist, daß die Macht des Therapeuten nicht absichtlich oder aus Unachtsamkeit mißbraucht wird und daß die Fürsorge des Therapeuten auf eine Art und Weise zum Ausdruck gebracht wird, die der Patient deutlich versteht und wünscht.[70]

Wenn der Therapeut dem Klienten die Informationen gibt, die für den Therapievertrag zu Beginn einer gewöhnlichen Therapie notwendig sind, kann er ihn gleichzeitig auch über die Arbeit unter außergewöhnlichen Bedingungen informieren. Es ist jedoch oft sinnvoller, die zusätzlichen Erläuterungen erst im späteren Verlauf der Behandlung zu geben, bevor man zu Sitzungen in außergewöhnlichen Bewußtseinszuständen übergeht, die durch therapeutische Maßnahmen herbeigeführt wurden.

Zu diesem Zeitpunkt kann der Therapeut dann den Therapievertrag erweitern. Der Klient, der bereits weiß, daß die Vertraulichkeit durch die Gesetzgebung in bestimmten Fällen aufgehoben ist oder daß es verhindert werden wird, daß er sich selbst oder anderen Schaden zufügt, wird verstehen, daß diese

Ausnahmen auch für Informationen gelten, die unter außergewöhnlichen Bedingungen enthüllt werden. Dadurch kann der
Therapeut vermeiden, daß der Klient später behauptet, er habe
eine Information »unbewußt« (was bedeuten soll: gegen seinen
Willen) preisgegeben, während er sich in einem außergewöhnlichen Zustand befand.

In die Vereinbarung mit dem Klienten können weitere
Abmachungen aufgenommen werden, wie z. B. die, daß er die
Räumlichkeiten während einer Sitzung nicht verlassen und den
Anweisungen des Therapeuten in einem Notfall (wie z. B. bei
einem Erdbeben oder Feuer) unmittelbar Folge leisten wird.
Der Therapeut kann auch deutliche Angaben dazu machen,
wie er mit einer Einweisung des Klienten in eine Klinik um-
gehen wird, falls eine Betreuung des Klienten für eine gewisse
Zeit notwendig werden sollte.

Beispiele für Vereinbarungen, die ein Therapeut treffen
könnte:
- Ich werde Ihre körperlichen und sexuellen Grenzen nicht
verletzen. Sie dürfen darum bitten, berührt oder festgehalten zu werden, wenn Sie dies wünschen. Ich werde dem
nachkommen, wenn es mir angenehm ist, das zu tun.
- Wenn ich glaube, daß Ihnen körperliche Berührung guttun
könnte, und Sie mich nicht darum bitten, werde ich Sie, bevor ich es tue, fragen, ob es für Sie in Ordnung ist, wenn ich
Sie berühre.
- Ich nehme DM 80,– pro Stunde für eine normale Behandlung. Diese Sitzung kann eineinhalb bis zwei Stunden
dauern, so daß der Preis DM 120,– bis DM 160,– betragen
wird.
- Ich werde heute abend telefonisch erreichbar sein, wenn Sie
mich brauchen sollten. Ich werde meinen Anrufbeantworter
bis 23 Uhr stündlich abhören, so daß Sie sich darauf verlassen können, daß ich Sie spätestens eine Stunde nach Ihrem
Anruf zurückrufen werde. Wir treffen uns für eine einstün-
dige Nachbesprechung am Dienstag um 15 Uhr.

Beispiele für Vereinbarungen, die der Klient treffen kann:

• Es ist mir klar, daß ich Kissen benutzen kann, um meinen Zorn und meinen Ärger zum Ausdruck zu bringen, und daß ich meinen Ärger ganz ausleben darf, wenn er hochkommt. Ich bin dafür verantwortlich, daß weder Menschen noch Sachen zu Schaden kommen, wenn ich meinen Ärger äußere.

• Ich verpflichte mich, mit meinem Therapeuten keine sexuelle Beziehung anzufangen.

• Ich werde die Sitzung nicht verlassen, bis sie (zum vereinbarten Zeitpunkt) vorüber ist.

• Wenn der Therapeut mir sagt, daß ein Notfall (Erdbeben, Feuer, usw.) vorliegt, werde ich den Anweisungen des Therapeuten Folge leisten.

Ein Therapievertrag für Sitzungen im außergewöhnlichen Zustand unterscheidet sich bezüglich des Umfangs wegen der erheblichen Vorbereitungen, die notwendig sind, bevor ein Klient in diesen Zustand hineingeführt wird. Er unterscheidet sich qualitativ, weil es schwierig ist, dem Klienten die Erfahrungen eines außergewöhnlichen Bewußtseinszustands zu beschreiben, bevor er sie gemacht hat. Vor allem die Lebendigkeit der Bilder, die Tiefe der Empfindungen und Gefühle und die Auswirkungen dieser Erfahrungen auf unser Selbstbild und unsere Weltanschauung sind schwierig zu vermitteln. Dennoch kann sich ein Klient durch Lektüre oder einen Vortrag mit der inneren Kartographie und ihren Auswirkungen hinlänglich vertraut machen, um einen Therapievertrag zu unterzeichnen.

Wenn ein außergewöhnlicher Zustand unerwartet und spontan auftritt, bleibt während eines normalen Bewußtseinszustands vielleicht keine Zeit mehr, um den Klienten darauf vorzubereiten. Es kann einen Therapeuten aus dem Gleichgewicht bringen, daß eine Verständigung in normalem Bewußtsein plötzlich nicht mehr möglich ist. In diesem Fall kann der Therapeut bei der ersten passenden Gelegenheit die einschlägigen Grundregeln und Grenzen laut hersagen, auch wenn der Klient keine sichtbaren Reaktionen zeigt. Kathryn Steele, Direktorin einer Klinik für Patienten mit dissoziativen Störungen in Atlanta, Georgia, benutzt bei Multiplen Persönlichkeiten eine Technik, die sie für effektiv hält, obwohl sie wie eine einseitige Kommunikation aussieht. Wenn sie alle Persönlichkeiten, die in einem Körper leben, ansprechen möchte, sagt sie:»So, *alle* einmal herhören!« Erst dann teilt sie allen Persönlichkeiten in ihrem Klienten mit, was sie ihnen sagen möchte.[71] Es gibt einige Beispiele dafür, wie man einem Klienten wichtige Informationen zukommen lassen kann, auch wenn er sich in einem außergewöhnlichen Zustand befindet, in dem er nicht sprechen oder reagieren kann:

• Diese Sitzung wird in eineinhalb Stunden vorüber sein. Dann werden wir eine Entscheidung treffen müssen, ob Sie bei normalem Bewußtsein wieder normal funktionieren oder ob Sie eine weitere Betreuung benötigen.
• Ich muß jetzt für kurze Zeit weggehen, aber hier ist Chris, mein Assistent. Chris wird bei Ihnen bleiben, bis ich zurück bin. Ich komme zurück.
• Ich bin Ihr Masseur. Sie befinden sich in meiner Praxis. Sie sind 25 Jahre alt. Sie sind nicht drei Jahre alt. Ihr Vater ist nicht hier. Er kann Ihnen nicht wehtun. Es kann sein, daß Sie den Mißbrauch noch einmal erleben, aber das geschieht nicht wirklich. Wenn Sie irgend etwas brauchen, sagen Sie es mir, oder geben Sie mir ein Zeichen.

Die Muttersprache eines regredierten Klienten verstehen

Wenn der Therapeut die Muttersprache des Klienten nicht versteht, ist zu überlegen, ob jemand, der die Sprache des Klienten spricht, bei der Sitzung anwesend sein sollte. In einem regredierten Zustand oder wenn er tief mit seinen Gefühlen verbunden ist, kann es für den Klienten schwierig sein, eine Sprache anzuwenden, die er erst später gelernt hat, wes-

halb er auf seine Muttersprache zurückgreift. Wenn niemand
da ist, der versteht, was er sagt oder was er braucht, kann
sich das Gefühl, vernachlässigt zu sein oder nicht verstanden
zu werden, noch stärker einprägen. Bei der Arbeit in einer
Gruppe, wie z. B. bei der Atemarbeit oder in einem schamanischen Seminar, werden die Therapeuten normalerweise jemanden finden, der die Muttersprache des Klienten spricht und
dabei sein kann.

Probleme mit der körperlichen Berührung in therapeutischen Beziehungen

Berührung ist bei der therapeutischen Ethik immer ein wichtiger Punkt. Manche sind der Ansicht, daß ein Therapeut einen
Klienten niemals berühren sollte; andere praktizieren Psychotherapie über den Körper. Zwischen diesen beiden extremen
Positionen sind viele weitere möglich. Beide Extreme dieses
Spektrums halten es gerade dann für besonders wichtig, ihre
Standpunkte bezüglich Berührung beizubehalten, wenn man
mit beeinflußbaren Klienten in therapeutisch herbeigeführten
außergewöhnlichen Bewußtseinszuständen arbeitet. Es wird
auch deshalb vor Berührungen gewarnt, weil Mißverständnisse
oder Unklarheiten bei der Übertragung oder Gegenübertragung oder bei erhöhter sexueller Anziehung möglich sind.

Der psychoanalytische Standpunkt besagt z. B., daß Berührung Bewußtheit und Heilung verhindert. Psychoanalytiker
glauben, daß ein Klient tief in seinem Inneren wahrscheinlich
körperliche Berührung braucht. Sie glauben jedoch, daß Psychotherapie ihm letztendlich mehr nützt, wenn sie ihm hilft, die
Intensität seiner Bedürfnisse und deren Ursachen in Worte zu
fassen (d. h. vollständig in das Erwachsenenbewußtsein zu integrieren). Dadurch, daß er seine Bedürfnisse und Gefühle aus-
spricht, wird er entdecken, was ihn daran gehindert hat, diese
Bedürfnisse in seinem täglichen Leben zu befriedigen. Psychoanalytiker behaupten außerdem, daß in Fällen, in denen die

körperliche Berührung durch den Therapeuten zu einem rituellen Teil der Behandlung wird, die Bedürfnisse des Klienten zeitweise befriedigt werden, ihm aber unbewußt bleiben. Dies wiederum führe dazu, daß die Bedürfnisse weiterhin bestehen.

Eine normale Therapie wird meistens auch dann sehr wirksam sein, wenn der Therapeut den Klienten nicht berührt. Es gibt Momente, in denen ein Therapeut einen Klienten nicht berühren sollte; deshalb wurde es als unethisch betrachtet, den Klienten überhaupt zu berühren. Diese Logik ist nicht haltbar. Sie ignoriert die Augenblicke, in denen es auch in der normalen Therapie wichtig ist, einen Klienten zu berühren. Wenn wir mit einem Klienten in einem außergewöhnlichen Bewußtseinszustand arbeiten, gibt es gewisse Situationen, in denen es unethisch wäre, den Klienten nicht zu berühren. Hier folgen einige Beispiele dafür, wann das der Fall sein könnte:

- Der Therapeut sorgt für eine schützende Berührung, wenn der Klient in seine Kindheit regrediert ist und den Verlust der mütterlichen Zuwendung noch einmal durchlebt. Der Klient fühlt sich geborgen und sicher und kann seinen Schmerz über die frühe Verlassenheit spüren.
- Der ausgebildete Begleiter sorgt für einen körperlichen Druck, um die Körpererinnerung zu steigern. So leistet der Begleiter z. B. auf Bitte des Klienten Widerstand, indem er eine Hand auf eine schmerzende Stelle am Arm des Klienten legt. Der Klient drückt gegen den Arm des Begleiters und erhöht dabei die Spannung, bis die Energie freigesetzt wird. Der Klient kann mit derartigen körperlichen Symptomen Gefühle und visuelle Erinnerungen in Verbindung bringen.
- Ein Gemeindemitglied verspürt existentielle Angst, und die tröstende Hand seines Geistlichen hilft ihm, dem Prozeß zu vertrauen.

Wenn z. B. ein Klient regrediert ist und dabei dem ursprünglichen Trauma begegnet ist, nicht berührt und geliebt worden zu sein, hat er jetzt die Möglichkeit, diese Erfahrung zu korri-

gieren. Wenn er allen Mut zusammengenommen hat, darum
zu bitten, daß man ihn festhält, und der Begleiter oder der
Therapeut sich weigert, das zu tun, verstärkt dies das Trauma
von Vernachlässigung und Zurückweisung. Wenn ein Trauma
noch einmal *zellulär* durchlebt und erinnert wird, kann der
Klient Berührung benötigen, um diese Empfindung zu verstärken oder die Angst vor diesem Prozeß zu lindern. Bei dem
ersten der beiden folgenden Beispiele linderte die Berührung
die Angst davor, das Trauma der Vernachlässigung (Trauma
aufgrund von Mangel an Zuwendung) noch einmal zu durchleben, beim zweiten verstärkte die Berührung das Trauma
eines Übergriffs (Trauma aufgrund einer aktiven Verletzung):

• Eine junge Frau kam als Baby gleich nach der Geburt, die
  sehr schwer verlief, einige Wochen in den Brutkasten und
  mußte daran anschließend mehrere Monate getrennt von
  ihrer Mutter in der Klinik bleiben. Während ihrer Kindheit
  wurde sie körperlich und sexuell mißbraucht. Ich hielt sie
  bei zahlreichen Atemtherapiesitzungen fest, während sie in
  ihre Kindheit regredierte und ununterbrochen weinte. Aufgrund der fürsorglichen Umgebung konnte diese Frau die
  tiefsitzende Angst und Trauer fühlen, die durch den Mangel an Geborgenheit und durch die Trennung verursacht
  waren. Bei unserem letzten Treffen erfuhr ich, daß in ihren
  Atemtherapiesitzungen allmählich weniger die hilflose, kindliche Trauer zum Ausdruck kam und statt dessen mehr ihre
  Wut über ihren Mißbrauch als älteres Kind.

• In einer anderen Atemtherapiesitzung durchlebte eine Frau
  noch einmal das Trauma, als kleines Kind wiederholt von
  Verwandten vergewaltigt worden zu sein. Ihr Körper erinnerte sich daran, daß das Gitter am oberen Ende des Bet-
  tes gegen ihren Kopf drückte. Sie legte meinen Handbal-
  len auf diese Stelle ihres Kopfes und drückte darauf. Dies
  verstärkte das Gefühl derart, daß sie die schreckliche
  Szene noch einmal vollständig wiedererleben (abreagieren)
  konnte.

Berührung ist oft ein wesentlicher Bestandteil von Erfahrungen im außergewöhnlichen Zustand, besonders um einem Klienten beim Abschluß mit einer Erfahrung zu helfen. Während traditionelle Therapiemodelle es als schädlich betrachten können, einen Klienten zu berühren, kann es für einen Klienten in außergewöhnlichem Bewußtseinszustand schädlich sein, *nicht* berührt zu werden.

Mary Dale Scheller, klinische Sozialarbeiterin und ausgebildete Masseurin, hält es manchmal für notwendig, in eine Gesprächstherapie Berührung zu integrieren, um *keinen Schaden zuzufügen*:

> Ich glaube, ein gut ausgebildeter Therapeut sollte einige Methoden aus den körperorientierten Therapien kennen, die er einsetzen kann, wenn es nötig wird, besonders, wenn er mit Klienten arbeitet, deren Traumata eine körperliche Ursache haben. Außerdem sollten Kliniker, die sich mit den ethischen und klinischen Problemen der Berührung befassen, mit den negativen Auswirkungen der Vermeidung von Berührung sowie mit der Erörterung ihres Nutzens vertraut sein.[72]

Sicherlich ist es schwierig, jemanden wirksam und gefahrlos zu berühren, wenn die Probleme der Übertragung und Gegenübertragung auch romantische Vorstellungen und Sexualität, Ko-Abhängigkeit oder Feindseligkeit umfassen. Wenn es in der therapeutischen Beziehung nicht um diese Punkte geht oder wenn die beteiligten Personen sich klar abgrenzen, treten diese Bedenken jedoch in den Hintergrund.

Die Frage der angemessenen Berührung ist auch dann weniger relevant, wenn die Arbeit in einer Gruppe stattfindet. Das Problem der Berührung stellt sich z. B. bei einer Gruppensitzung in Holotroper Atemarbeit anders dar als in einer Einzelsitzung. Grof schreibt:

> Das Problem des Körperkontakts wird wesentlich durch die Tatsache vereinfacht, daß wir fast immer im Rahmen von

Gruppen arbeiten. Die Gründe und die Regeln für diese Art
der therapeutischen Hilfe werden ausführlich dargelegt und
von der Gruppe als Bestandteil des therapeutischen Vor-
gehens akzeptiert. Welcher Körperteil berührt wird, hängt
vom Erfahrungsprozeß des Klienten bzw. der Klientin ab,
nicht von der Entscheidung des Therapeuten. Außerdem erfolgt jeder Körperkontakt vor den Augen aller anderen.
Diese Situation unterscheidet sich damit wesentlich von der
Einzelarbeit im Rahmen einer Privatpraxis.[73]

Auch die Art der Berührung ist ein Problem. Wenn der Therapeut den Klienten berührt, um eine korrigierende Erfahrung
zu ermöglichen, wird das authentische Gefühl des Therapeuten durch die Berührung übertragen. Ob sie zögerlich oder der
Form halber erfolgt, wird der Klient wahrscheinlich spüren.
Wegen der erhöhten Empfindsamkeit des Klienten in diesem
Zustand wird der Klient viel eher die Ängste des Therapeuten
spüren und mitbekommen, wenn die Zuwendung nicht au-
thentisch ist. Was Carl Rogers »bedingungslose positive Zuwendung« nennt, ist in einer Sitzung im außergewöhnlichen
Zustand sehr wichtig. Seine Klientenzentrierte Therapie bringt
bei Klienten in normalem Bewußtseinszustand bedingungslose positive Zuwendung durch Anwesenheit und sprachliche
Reaktion zum Ausdruck. Wenn ein Klient sich in einer Altersregression oder in einem transpersonalen Zustand außergewöhnlichen Bewußtseins befindet, oft mit geschlossenen Augen,
können wir bedingungslose positive Zuwendung und Mitgefühl wirksamer und direkter durch Anwesenheit und Berührung zum Ausdruck bringen als durch Sprechen.

Tiefgehende Erfahrungen integrieren

Sicherheit zu geben bedeutet, den Klienten sowohl auf den
Eintritt in einen außergewöhnlichen Zustand als auch auf
seine Rückkehr zu normalem Bewußtsein und dem täglichen

Leben vorzubereiten. Weil die außergewöhnliche und gewöhnliche Welt so unterschiedlich sind, kann der Übergang schwieriger sein, wenn Klienten nicht vorbereitet sind.

Wie können wir als Therapeuten Klienten darauf vorbereiten, diese Erlebnisse, die von den meisten Angehörigen unserer Kultur als extrem und unwahrscheinlich betrachtet werden, zu integrieren? Die moderne Kultur geht völlig in der normalen Realität in ihren Gegensätzen Wahrheit und Lüge, Ursache und Wirkung sowie Gut und Böse auf. Eine unserer Aufgaben als Therapeuten, die mit außergewöhnlichen Zuständen arbeiten, besteht darin, die andere, außergewöhnliche Realität, die unsere Klienten erfahren haben, zu bestätigen und die Klienten gleichzeitig darauf vorzubereiten, daß ihr soziales Umfeld diese Realität verleugnen wird. Dies gilt ebenfalls für »spirituelle« und transpersonale Erfahrungen sowie für Kindesmißbrauch und andere Traumata. Menschen, die völlig auf das normale Bewußtsein konzentriert leben, sind durch die Erscheinungen außergewöhnlicher Zustände, die ihr Leugnen oder ihr Glaubenssystem bedrohen, oft verängstigt. Therapeuten, die sich bedroht fühlen, können auf ihre Klienten mit Zurückweisung oder Strafmaßnahmen reagieren.

Wenn ein Therapeut einem Klienten hilft, während eines außergewöhnlichen Erfahrungszustands eine gewisse Verletzlichkeit zu erlangen, ist der Therapeut auch entsprechend verantwortlich dafür, dem Klienten beim Übergang zurück zur normalen Realität zu helfen. Hat er dem Klienten einmal gezeigt, wie das Tor zur außergewöhnlichen Realität zu öffnen ist, ist der Therapeut ethisch verpflichtet, dem Klienten zu helfen, daß er lernt, wie am Ende der Sitzung dieses Tor wieder geschlossen wird.

Der Therapeut kann mit dem Klienten besprechen, wie er mit anderen über seine außergewöhnlichen Erfahrungen reden kann. Nachdem sie erörtert haben, wie der Klient entscheiden kann, wem er diese Erfahrung mitteilen möchte, kann der Therapeut empfehlen, daß der Klient sich nur langsam, schrittweise öffnet und dabei abwägt, wieviel jemand wirklich über seine Erfahrung wissen möchte.

Er kann sich auch allgemein äußern. Vielleicht hatte der Klient eine Erinnerung an eine frühere Inkarnation als Inquisitor zur Zeit der Spanischen Inquisition, in der er die Ähnlichkeit zwischen dieser Rolle und dem Schmerz und der Wut bemerkte, die der Täter, der ihn als Kind mißhandelt hat, bei seiner Mißhandlung empfunden haben muß. Wenn dieser Klient die Szene und die Gefühle beschreiben und außerdem hinzufügen würde, wie das Wiedererleben eines derartigen Schreckens ihm geholfen hat, einen Teil seiner eigenen Mißbrauchsgeschichte zu integrieren, würde er den Zuhörer emotional sehr belasten. Vielleicht hat sein Zuhörer nur einfach gefragt: »Was ist heute in der Therapie passiert?« oder »Wie war das Seminar, an dem du letztes Wochenende teilgenommen hast?« Der Therapeut könnte dem Klienten für diese Situation empfehlen, seine Erzählung damit zu beginnen, daß er eine wichtige Erfahrung gemacht habe, die ihm geholfen habe, etwas in seinem Leben besser zu verstehen. Ist der Zuhörer immer noch interessiert, könnte er fortfahren, daß es seine Mißbrauchsgeschichte betraf oder daß er intensive Gefühle empfunden habe. Wahrscheinlich werden nur wenige Menschen weiter interessiert und in der Lage sein, alle Details und das Ausmaß der Auswirkung dieser Erfahrung zu verstehen.

Der Therapeut kann mit dem Klienten darüber sprechen, wie er in der Zeit unmittelbar nach der Sitzung fürsorglich und liebevoll mit sich umgehen kann. Er kann z. B. ein heißes Bad empfehlen und Vitamin C oder daß der Klient viel Flüssigkeit zu sich nimmt und sich ausruht, sich in die Stille zurückzieht, um Tagebuch zu schreiben oder zu malen, um seine Erfahrungen aus dem außergewöhnlichen Zustand so in sein normales Leben zu integrieren.

Der Therapeut ist auch dafür verantwortlich, darauf zu achten, daß der Klient am Ende der Sitzung sicher in sein normales Bewußtsein zurückgekehrt ist und z. B. in der Lage ist,

Auto zu fahren. Der Therapeut sollte außergewöhnliche Sitzungen so planen und ansetzen, daß für die Rückkehr zum normalen Bewußtsein ausreichend Zeit zur Verfügung steht. Normalerweise dauert eine derartige Behandlung länger als eine 50-Minuten-Stunde – realistischer sind eineinhalb bis zwei Stunden oder länger. Herman beschreibt Klufts (1989) »Drittelregel«, nach der eine Sitzung, in der abreagierende Arbeit zur Heilung eines Traumas stattfindet, in drei Teile gegliedert wird. Diese Einteilung ist auch für die Bearbeitung anderer Erlebnisse im außergewöhnlichen Zustand sinnvoll. Kluft strukturiert die Sitzung so, daß die Arbeit im außergewöhnlichen Zustand im ersten Drittel beginnt und im zweiten Drittel ihre größte Intensität erreicht und zum Abschluß kommt. Im letzten Drittel der Sitzung gibt der Therapeut dem Klienten Zeit, sich neu zu orientieren und zum normalen Leben zurückzukehren.[74]

Kognitive Dissonanz

Das Potential für kognitive Dissonanzen ist bei der Arbeit in außergewöhnlichen Zuständen größer als sonst. Kognitive Dissonanzen erhöhen dann wiederum das Potential für eine somatische oder psychospirituelle Krise. Wissen und Verständnis, das man in einem außergewöhnlichen Zustand erlangt hat, kann eine kognitive Dissonanz zu den Werten und Verhaltensweisen des Klienten im normalen Alltagsbewußtsein hervorrufen. Es kann für den Klienten schwierig sein, den Widerspruch der offensichtlich gegensätzlichen Gedankengebäude zu ertragen.

So kann z. B. die plötzliche Einsicht, daß er mißbraucht wurde, seinem liebgewonnenen Glauben gegenüberstehen, daß er eine glückliche Kindheit hatte. Der Glaube an einen liebenden Gott ist vielleicht schwer mit der überwältigenden Begegnung mit dem Schmerz und dem Leiden im Leben zu vereinbaren. Vielleicht gelangt der Klient zu der Ansicht, daß einige seiner angenehmen, vertrauten Vorstellungen von Glück und Schmerz, richtig und falsch oder Freude und Leid sein neues komplexeres Verständnis nicht mehr zutreffend beschreiben.

Wenn der Klient nicht in der Lage ist, diese Konflikte auszuhalten, kann es geschehen, daß er das normale Leben nicht mehr bewältigt, solange er an diesen Widersprüchen arbeitet. Der Konflikt kann sich körperlich, psychisch oder spirituell äußern. Die Fähigkeit, einen Widerspruch auszuhalten, ist ein schmaler Grat der sprituellen Entwicklung. Ein Zen-Koan ist der Versuch, den Geist mit einem Widerspruch oder Rätsel so in die Enge zu treiben, daß das Bewußtsein das kleinere Paradigma des Verstandes übersteigt. Erfahrungen im außergewöhnlichen Zustand fordern das begrenzte Glaubenssystem des normalen Zustands heraus und dienen auf diese Weise dem gleichen Zweck. Es gibt verschiedene therapeutische Möglichkeiten, einem Klienten zu helfen, mit dem Widerspruch zu wachsen, ohne daran zu zerbrechen.

Somatische oder psychospirituelle Krise

Wenn ein Klient keine gute Selbstwahrnehmung hat oder sein normales Leben nicht zufriedenstellend bewältigt, ist er vielleicht kein guter Kandidat für die Arbeit im außergewöhnlichen Zustand. Wenn er bereits in großem Ausmaß kognitive Dissonanzen erlebt oder mit außergewöhnlichen Bewußtseinszuständen arbeitet, ob in einer Schwitzhütte am Wochenende oder bei einer halben Stunde Augenfolgeübungen, kann er von zusätzlicher Arbeit in außergewöhnlichem Zustand überwältigt werden. Es ist immer empfehlenswert, mit dem Klienten vor einer Sitzung abzuwägen, ob die Arbeit im außergewöhnlichen Zustand zweckmäßig und der Zeitpunkt gut gewählt ist.

Ist der Klient in seinem Alltag bereits übermäßig belastet? Freut er sich schon aufs Mitmachen, oder zögert er, sich jetzt auf experimentelle außergewöhnliche therapeutische Arbeit einzulassen? Hat er in seinem Umfeld Freunde und Familienangehörige, die ihn unterstützen und auffangen, wenn er für kurze Zeit desorientiert ist? Hat er sich flexibel gezeigt, wenn er kurz in außergewöhnliche Bewußtseinszustände eingetreten (z.B. in einer geführten Meditation) und dann wieder zu normalem Funktionieren zurückgekehrt ist?

Manchmal können Sitzungen im außergewöhnlichen Zustand, auch wenn der Zeitpunkt gut gewählt ist, recht unerwartet zu einer transformativen, körperlichen oder psychospirituellen Krise (spiritueller Notfall) führen. Bei manchen Menschen vollziehen sich Transformationen nicht in kleinen Schritten, sondern in dramatischen Sprüngen.

Ist der Klient in seinem normalen Leben übermäßig belastet? Gelegentlich ist eine stille Meditation, eine geführte Imagination oder eine Atemtherapiesitzung genau das richtige, um eine Öffnung herbeizuführen. Zur zusätzlichen Sicherheit können Therapeut und Klient zusammen einen Handlungsplan aufstellen, der für den recht seltenen Fall einer Krise auch eine stationäre Einweisung mit einbezieht.

Einen Klienten in Hinblick auf seine Bereitschaft für die Arbeit in außergewöhnlichem Zustand beurteilen

- Ist der Klient erpicht darauf, mitzumachen?
- Hat der Klient Familienangehörige und Freunde, die ihn unterstützen?
- Hat der Klient die Fähigkeit gezeigt, flexibel in einen außergewöhnlichen Zustand einzutreten und wieder zum normalen Zustand zurückzukehren?
- Ist der Klient im Augenblick gestreßt, übermüdet oder überlastet?

Das Bedürfnis des Klienten nach Geborgenheit, sexuellem Kontakt und spiritueller Verbundenheit

In einem außergewöhnlichen Zustand hat ein Klient oft starke Bedürfnisse nach Geborgenheit, sexuellem Kontakt und spiritueller Verbundenheit.[75] Aufgrund dieser persönlichen Wünsche und spirituellen Sehnsüchte kommt es daher leichter zu einer Übertragung. Außer der lebensgeschichtlichen Übertragung, bei der der Klient im Therapeuten seine Mutter, seinen Vater oder seinen Geliebten sieht, kann der Klient auch archetypische Bilder und Eigenschaften, die von göttlich oder gottähnlich bis zu dämonisch reichen, auf den Therapeuten projizieren. Die starken Energien, die einem außergewöhnlichen Zustand innewohnen, können alles mögliche heraufbeschwören, von Unklarheiten in der therapeutischen Beziehung bis hin zu hartnäckigen Verführungsversuchen und Grenzverletzungen durch den Klienten. Ein Klient kann den Therapeuten verehren oder sich seinetwegen verfolgt fühlen, was deutlich über das hinausgeht, was im allgemeinen bei Therapien im Normalzustand anzutreffen ist.

Bei einem hypnotisierten Menschen entwickeln sich schnell sehr starke Übertragungen. Zur moralischen Verantwortung gehört hier also zusätzlich, daß man die Neigung des Klienten zu gehorchen nicht ausnutzt. Mißbrauch der Übertragungssituation durch Therapeuten umfaßt Nötigung, sexuelle Verführung oder den Klienten dahingehend zu beeinflussen, daß er sich verhält oder handelt, wie er es sonst nicht getan hätte.[76]

Subtile Gegenübertragungsprobleme

Es ist viel über das Bedürfnis des Klienten geschrieben worden, durch die therapeutische Beziehung grundlegendes physisches, emotionales oder spirituelles Vertrauen zu erlernen oder wiederaufzubauen. Der Therapeut sollte sich durch die Verletzlichkeit eines Menschen in einem außergewöhnlichen Zustand in seiner Ehre angesprochen fühlen. Es ist die Pflicht des Therapeuten, sowohl die Übertragung als auch die Gegenübertragung zu erkennen und wirksam mit ihr zu arbeiten.

Zur Gegenübertragung gehören Gefühle wie Skepsis, Schuld, Haß, Verachtung, Ekel, Sadismus, Voyeurismus, Erregung, Eifersucht und Neid, aber auch extreme Formen von Zuneigung, Liebe, Besorgtheit und der Wunsch, der herausragende, alleswissende Heiler zu sein. Sie kann auch Situationen umfassen, in denen ein Therapeut körperliche Empfindungen und Symptome des Klienten körperlich spüren oder sich über Träume und außersinnliche Wahrnehmung intuitiv mit dem Klienten verbinden kann.[77]

Auch wenn das bewußte Ausdehnen von Grenzen und die Gegenübertragung bis zu einem gewissen Grad für das Verständnis dessen, was beim Klienten vor sich geht, sehr hilfreich sein können, wird es durch die außergewöhnlichen Zustände für den Therapeuten noch schwieriger zu wissen, wann er die Grenze zu Verstrickung und Ko-Abhängigkeit und damit schließlich zum Schaden des Klienten überschreitet. Außergewöhnliche Zustände können die gemeinsame therapeutische Arbeit auch in einer Aura der »Besonderheit« erscheinen lassen, die die Grenzen verwischen kann, die bei der Arbeit in normalem Bewußtseinszustand klar und leicht zu beachten sein mögen.

Geld, Sexualität und Macht

Die Arbeit mit Klienten in außergewöhnlichen Zuständen hat nicht zur Folge, daß wir einen völlig neuen Ethikkodex benötigen. Es ist wichtig, die alten ethischen Grundregeln über Geld, Sexualität und Macht weiterhin auch dann anzuwenden, wenn die Klienten im außergewöhnlichen Zustand sind. Es wird in dem Zusammenhang hilfreich sein, sich den alten Problembereichen Geld, Macht und Sexualität mit größerer

Achtsamkeit zu nähern, mit einer gesteigerten Sensibilität für diese bekannten Probleme, in einer Weise, wie wir sie bisher nicht gesehen haben, auf sie zuzugehen und eine Reihe neuer Problempunkte hinzuzufügen, die bei der Arbeit mit Klienten in außergewöhnlichen Bewußtseinszuständen besonders zu beachten sind.

Meistens betreffen die ethischen Probleme einer normalen Therapie Geld, Sexualität und Macht. Auch wenn die meisten Ethikkodizes in den Überschriften der einzelnen Abschnitte die Begriffe Geld, Sexualität und Macht nicht verwenden, bezieht sich die Mehrheit der genannten ethischen Prinzipien auf diese Bereiche. Bei der Überprüfung ethischen Fehlverhaltens durch Berufskollegen geht es fast immer um eines oder mehrere dieser Probleme. Nachfolgend sind einige der Verhaltensweisen angeführt, die bei Angehörigen therapeutischer Berufe im allgemeinen als unethisch betrachtet werden.

Geld, Sexualität und Macht scheinen eine *tiefere Oktave* und eine *höhere Oktave* zu haben. In dem Bereich, den ich die tiefere Oktave nenne, sind die Probleme klarer. Sie beziehen sich auf greifbare Realität, erkennbares Verhalten und Fakten. Die Verletzung einer ethischen Richtlinie oder ein Übertragungs- oder Gegenübertragungsproblem sind im allgemeinen recht offenkundig für jemanden, der Ethikkodizes kennt oder etwas von psychischer Dynamik versteht. Therapeuten, die unethisch handeln, werden dazu zumeist durch persönliche Wünsche oder Ängste verleitet. Sie möchten z. B. mehr Geld (persönlicher Wunsch oder Begierde) und setzen bei einem Klienten auch dann die Behandlung fort, wenn er nicht mehr davon profitiert. Therapeuten können auch befürchten (persönliche Angst), daß sie in diesem Monat ihre Rechnungen nicht bezahlen können, was sie dazu verleiten kann, Versicherungsabrechnungen zu fälschen, um mehr Gebühren zu kassieren.

Im Bereich der höheren Oktave von Geld, Sexualität und Macht sind die Kennzeichen spärlicher. Spirituelle Sehnsüchte und Ängste vermischen sich mit persönlichen Wünschen und

Ängsten zu einem verwirrenden Ganzen. So wird z. B. das persönliche Verlangen nach Sexualität zu einer spirituellen Sehnsucht nach mystischer Sexualität und spiritueller Vereinigung. Wenn ein Problem aus dem Bereich Geld, Sexualität und Macht einen Schimmer von Transpersonalität bekommt, erhält es die Unwiderstehlichkeit eines spirituellen oder inneren Dranges, der sehr verwirrend ist.

Einige unethische Verhaltensweisen in bezug auf Geld:

- einen Klienten, der nicht von der Therapie profitiert, weiterbehandeln, um weiterhin Geld zu bekommen,
- unangemessen hohe Gebühren nehmen,
- die Gebührenstruktur nicht aufdecken,
- von einem Klienten Geld leihen.

Der Therapeut kann der Ansicht sein, daß er derjenige ist, der durch Sexualität die hohen spirituellen Ziele seines Klienten verkörpern kann, und umgekehrt. Dies ist ein überzeugendes Beispiel für eine Gegenübertragung, weil normale Realität und außergewöhnliche Realität (Mythos und spirituelle Energien) miteinander verwoben sind. Spirituelle Entwicklung erscheint

---

Einige unethische Verhaltensweisen
in bezug auf Sexualität:

- Sexualkontakt,
- sexuelle Belästigung,
- auf romatische Vorstellungen eines Klienten auf eine Weise reagieren, die den Klienten glauben läßt, daß die Verliebtheit auf Gegenseitigkeit beruht und daraus eine Beziehung außerhalb der Therapie entstehen könnte.

als *gut*. Sexuelle Phantasien erscheinen als *gut*. Die Beziehung im außergewöhnlichen Zustand erscheint als *gut*. Der Therapeut weiß, daß Mißbrauch von Sexualität und Macht *schlecht* ist, aber er möchte nicht glauben, daß spiritueller Sex Machtmißbrauch ist.

In seinem Buch *Verbotene Nähe* schreibt Peter Rutter über männliche Therapeuten: »Wenn sie von ihren sexuellen Phantasien berauscht sind, können sie leicht magische Gefühle von Stärke und Unverletzbarkeit entwickeln, die ihr Urteilsvermögen vernebeln. ... Er empfindet entweder, daß die Außenwelt ihm nichts anhaben kann oder daß die sexuelle Beziehung, die er sucht, so wichtig ist, daß sie jedes Risiko wert ist.«[78]

Einige unethische Verhaltensweisen in bezug auf Macht:

* unangemessene Einflußnahme auf eine Entscheidung oder eine Handlung eines Klienten, wie z. B. die Frage, welcher spirituelle Weg verfolgt werden sollte,
* Ausnutzen von Klienten, um eigene Interessen zu fördern,
* vertrauliche Mitteilungen eines Klienten bekanntgeben,
* sich hinter Übertragung verstecken (z. B. die Rolle des Heilers beanspruchen).

Selbst, wenn gegen Therapeuten wegen ihrer spirituellen oder sexuellen Verbindungen zu Klienten Disziplinarmaßnahmen ergriffen werden, kann es sein, daß sie noch der Ansicht sind, nichts Falsches getan zu haben. Das Disziplinarverfahren erscheint ihnen *unfair*. *Gut* und *schlecht*, *fair* und *unfair* können mit sehr verwirrenden Vorstellungen verbunden sein.

Die meisten Fälle sexuellen Fehlverhaltens im Zusammenhang mit außergewöhnlichen Zuständen, die mir bekannt ge-

worden sind, haben mich überrascht. Ich glaube, daß die betreffenden Therapeuten von ihrem Handeln selbst überrascht
waren. Es handelte sich um Therapeuten, die das Gefühl hatten, daß sie niemals körperlichen Begierden erliegen würden,
die sich für spirituelle Begierden dann aber unerwartet, anfällig
zeigten. Ihre persönliche Wünsche und Ängste waren mit spirituellen Sehnsüchten und spirituellen Ängsten vermischt. Rutter erklärt das in seinem Buch: »Der Akt der Verschmelzung
kann auf die intensivste Art unsere tiefsten biologischen, emotionalen und geistigen Sehnsüchte erfüllen. ... Die erotische
Energie unserer Phantasien kann ein Ausdrucksmittel unserer
tiefsten unerotischen Sehnsüchte sein.«[79]

Den drei großen persönlichen Problemen Geld, Sexualität
und Macht habe ich vier weitere Bereiche hinzugefügt. Es handelt sich um Bereiche, in denen Therapeuten, die mit Klienten
in außergewöhnlichen Zuständen und mit transpersonalen
Themen arbeiten, aufgrund einer möglichen Vermischung von
persönlichen Wünschen, Ängsten und spirituellen Sehnsüchten auf ethische Fallgruben treffen können. Ich nenne die vier
zusätzlichen Bereiche: Liebe, Wahrheit, Einsicht und Einssein.
Diese sieben Bereiche werden in den folgenden Kapiteln erörtert.

Kapitel 4

Ein Modell zur Untersuchung
unserer anfälligen Stellen

Dieses Modell beinhaltet die paradoxe Wahrheit, daß zu
spirituellem (und ethischem) Wachstum regelmäßige Praxis
und Entwicklungsarbeit gehören, es aber gleichzeitig jederzeit möglich ist, von dem Leiden sofort erlöst und befreit zu
werden.

Ich habe ein Modell entworfen, das ethische Probleme bei der
Arbeit mit Klienten sowie die Anfälligkeit von Therapeuten
für ethisches Fehlverhalten beschreibt, z. B. wenn Klienten tiefgehende und intensive Erfahrungen machen. Dieses Modell ist
besonders für diejenigen von uns geeignet, die ihre eigenen
Gegenübertragungen in Therapiesituationen untersuchen wollen, vor allem wenn sie mit außergewöhnlichen Bewußtseinszuständen und transpersonalen Problemen arbeiten.
   Das Modell basiert einerseits auf dem System der Chakren,
das dem Kundalini-Yoga und dem Hinduismus entnommen
ist, andererseits auf dem Buddhismus. Weitere Vorstellungen,
die den Lehren aller großen Religionen gemeinsam sind, wurden sinngemäß den Originalschriften entnommen und dienten
als Arbeitsgrundlage für dieses Buch. Dieses Modell beinhaltet
die paradoxe Wahrheit, daß zu spirituellem (und ethischem)
Wachstum regelmäßige Praxis und Entwicklungsarbeit gehören, es aber gleichzeitig jederzeit möglich ist, von dem Leiden
sofort erlöst und befreit zu werden.
   Das Modell zur Untersuchung unserer ethischen Probleme
ist jedoch keineswegs ein religiöses Modell – weder im traditionellen noch im grundlegenden Sinn. Ich habe vielmehr in

der uns vertrauten Form ein Modell entworfen, das die ethischen Probleme, die in Therapiesituationen auftauchen, mit einbeziehen kann und mit dessen Hilfe wir sie uns näher anschauen können.

Das Modell und seine Metaphern

Den Yoga-Schriften zufolge hat der Körper eine Reihe feinstofflicher Energiezentren (traditionsgemäß sieben), die *Chakren* genannt werden. Diese Zentren entsprechen den physischen Nervengeflechten des Körpers. Ein zentraler Energiekanal, Sushumna genannt, dessen körperliche Entsprechung die Wirbelsäule ist, verbindet diese feinstofflichen Energiezentren miteinander. Gemäß diesem System schlummert die schöpferische Lebenskraft des menschlichen Körpers am unteren Ende der Wirbelsäule. Im Sanskrit nennt man die schöpferische Lebenskraft *Kundalini.*

Wenn die Kundalini erwacht, beginnt sie ihre Reise die Shushumna hinauf durch die Hauptchakren. Die Kundalini-Shakti steht für das Prinzip des offenbarten Bewußtseins (d. h. Materie und Energie). Die Shakti bewegt sich von ihren dichteren Manifestationen in den unteren Chakren nach oben und bringt ihre Energie in jedem Chakra unterschiedlich zum Ausdruck. Zum Schluß verschmilzt das verfeinerte und transformierte Bewußtsein im Scheitel- oder siebten Chakra mit Shiva. Shiva ist eine Metapher für das Prinzip nicht-manifesten Bewußtseins (die Vorstellung der Leere, aus der sich alles manifestiert). Die Verbindung von Shiva und Shakti symbolisiert die Einheit aller Energie- und Bewußtseinsformen.

Diese Bewegung der Kundalini-Kraft ist ein Prozeß körperlicher und emotionaler Reinigung und spiritueller Entwicklung, mit der gleichzeitig eine Verwandlung einhergeht. Wenn die Kundalini aktiv wird und sich in den Chakren bewegt, entdeckt der betreffende Mensch neue Fähigkeiten und trifft auf neue Herausforderungen. Der Weg der Kundalini durch die

Chakren verläuft nicht immer linear – vom ersten Chakra zum zweiten, zum dritten und so weiter; die Energie ist vielmehr mal in dem einen, mal in dem anderen Chakra aktiv. In diesem Modell zur Untersuchung unserer ethischen Probleme können in einer beliebigen Therapiesituation die Themen verschiedener Chakren aktiv sein, ohne Rücksicht auf Linearität.

Das Konzept der rechten Beziehung

Der Buddhismus lehrt, daß wir von unserem Leid erlöst werden, wenn wir aufhören, an unseren Ängsten und Wünschen festzuhalten. Der achtfache Pfad empfiehlt rechtes Verstehen, rechtes Denken, rechtes Reden, rechtes Handeln, rechtes Leben, rechtes Streben, rechtes Gedenken und rechtes Sichversenken.[80] Das Wort *recht* ist vielleicht nicht ganz das richtige deutsche Wort für diese Vorstellung. *Recht* wie es hier gebraucht wird, bedeutet eher Angemessenheit, Liebe und Aufrichtigkeit als Vollkommenheit oder das Gegenteil eines eher willkürlich verstandenen »Falsch«.

Ich fasse alle diese Aspekte zu dem Konzept der rechten Beziehung zusammen und verwende die Sushumna als die Gerade, die die rechte Beziehung darstellt. Die rechte Beziehung achtet darauf, daß alle beteiligten Aspekte gleichermaßen beachtet werden, unversehrt sind und daß für ihr spirituelles Wachstum gesorgt wird. Ich verwende die Sushumna, den zentralen Kanal durch die Chakren, als Weg der rechten Beziehung. (Vergleiche die Übersicht *Für ethisches Fehlverhalten anfällige Stellen von Therapeuten*, S. 115). Die Gerade symbolisiert unsere klare therapeutische Absicht, sich um andere zu kümmern und unsere Sache gut zu machen. Die Shushumna veranschaulicht die rechte Beziehung zum Geist dadurch, daß die Linie gerade verläuft und sowohl mit der Materie als auch mit dem Bewußtsein verbunden ist. Sie beschreibt die bewußteste Ausdrucksform menschlicher Energie in all ihren Ausprägungen. Verläuft die Linie gerade, werden weder der The-

rapeut noch der Klient durch Ängste, Wünsche und Sehnsüchte von ihrer therapeutischen Absicht und ihrem Entwick-
lungsstreben abgelenkt. Die gerade Linie der Sushumna symbolisiert auch die rechte therapeutische Beziehung zwischen
Therapeut und Klient. In einer rechten Beziehung streben wir
nach Ganzheitlichkeit, indem wir unsere eigenen Problembereiche durchlaufen und die Energie der spirituellen Entwicklung eines Klienten auf ihrem natürlichen Weg begleiten. Dies
läßt sich auch mit dem christlichen Begriff » Hüter« ausdrük-
ken. Der Weg der rechten Beziehung ist auch der christliche
Pfad, Verantwortung für Energie und Ressourcen zu übernehmen. Das Wort »Hüter« beinhaltet auch, daß man bewußt
und angemessen Anteil nimmt.

Die menschliche Energie bewegt sich vom ersten Chakra
ausgehend auf das Ziel zu, sich mit dem Geist im siebten
Chakra zu vereinigen. In dem Bild der Yogis bewegt sich
Shakti (Materie und Energie) auf die rechte Beziehung mit
Shiva (Geist) zu, indem sie sich in jeder menschlichen Energie-
form (wie sie von den Chakren wiedergegeben wird) mani-
festiert und sie beherrscht. Jedes Chakra hat seine besonderen
Eigenschaften, und wenn unsere menschliche oder spirituelle
Energie darin wirksam wird, verändert sie sich. Menschliche
oder spirituelle Energie im Chakra der Sexualität kommt als
sexuelle Energie zum Ausdruck. Menschliche oder spirituelle
Energie im Chakra der Macht, kommt als Ermächtigung zum
Ausdruck. Jedes Chakra verändert seine Gestalt und die Pro-
bleme, auf die die hindurchfließende Energie trifft. In diesem
Modell habe ich die sieben Chakren Geld, Sexualität, Macht,
Liebe, Wahrheit, Erkenntnis und Einssein genannt. Das ent-
spricht dem, was man gemeinhin jedem dieser Chakren an
Eigenschaften zuschreibt.[81]

Christliche Traditionen haben diesem Modell einige Hinweise für professionelles ethisches Verhalten (siehe Kapitel 13)
beigesteuert, die uns auf dem Pfad der rechten Beziehung halten sollen. Dazu gehört die wahrhaftige Anteilnahme (»Und
wie ihr wollt, daß euch die Leute tun sollen, so tut ihnen

auch!«[82]) und die Bereitschaft, unsere eigene Motivation zu erforschen (»Was siehst du aber den Splitter in deines Bruders Auge und nimmst nicht wahr den Balken in deinem Auge?«[83]). Viele andere Religionen steuern das spirituelle Prinzip der Demut (Bereitschaft, um Hilfe zu bitten und zu lernen) und Wahrheit (Authentizität) bei.

Das Modell *Für ethisches Fehlverhalten anfällige Stellen von Therapeuten* bietet uns eine Übersicht über die somatische oder psychospirituelle Reise und weist uns auf Schlaglöcher und Ablenkungsmanöver hin, die uns unterwegs auflauern können. Um das Modell zu verstehen, kann es hilfreich sein, sich die Sushumna der rechten Beziehung als vertikal gestrecktes Gummiband vorzustellen. Die Ängste, Wünsche und spirituellen Sehnsüchte, die zu jedem Chakra gehören, warten jeweils am Rand. Jedes Chakra hat seine eigenen anfälligen Stellen für das Anhaften an Wünschen, Sehnsüchten und Ängsten. In einer Situation, in der es um ethisches Verhalten geht, sind in der Regel die Probleme von zwei oder mehr Chakren betroffen. Das Gummiband läßt sich in die eine oder andere Richtung ziehen. Der daraus folgende Zickzackkurs erschwert den Energiefluß und eine klare Kommunikation. Wenn wir die Probleme jedoch erkennen, können wir objektiver werden und Abstand gewinnen. Zu wissen, wo wir vom Pfad abgekommen sind, hilft uns bei der Neuorientierung und Begradigung des Pfades hin zur rechten Beziehung, die wir zu Beginn unserer therapeutischen Beziehung anstrebten.

Wenn ein Therapeut feststellen sollte, daß er bis zum Hals in derartigem Schlamassel steckt, kann er seinen Kopf hinausstrecken und sich das Modell mit den sieben Chakren anschauen. Das wird ihm hoffentlich helfen herauszufinden, welche Angst, welcher Wunsch oder welche spirituelle Sehnsucht ihn in Bann gezogen hat und ihn vom Kurs abkommen ließ. Jedem dieser Chakren ist im folgenden ein Kapitel gewidmet. Jedes Kapitel enthält Vorschläge, die dem Therapeuten helfen sollen, die Suche nach dem geeigneten Einsatz der Energien dieses Chakras aufzunehmen. Jeder Therapeut befindet

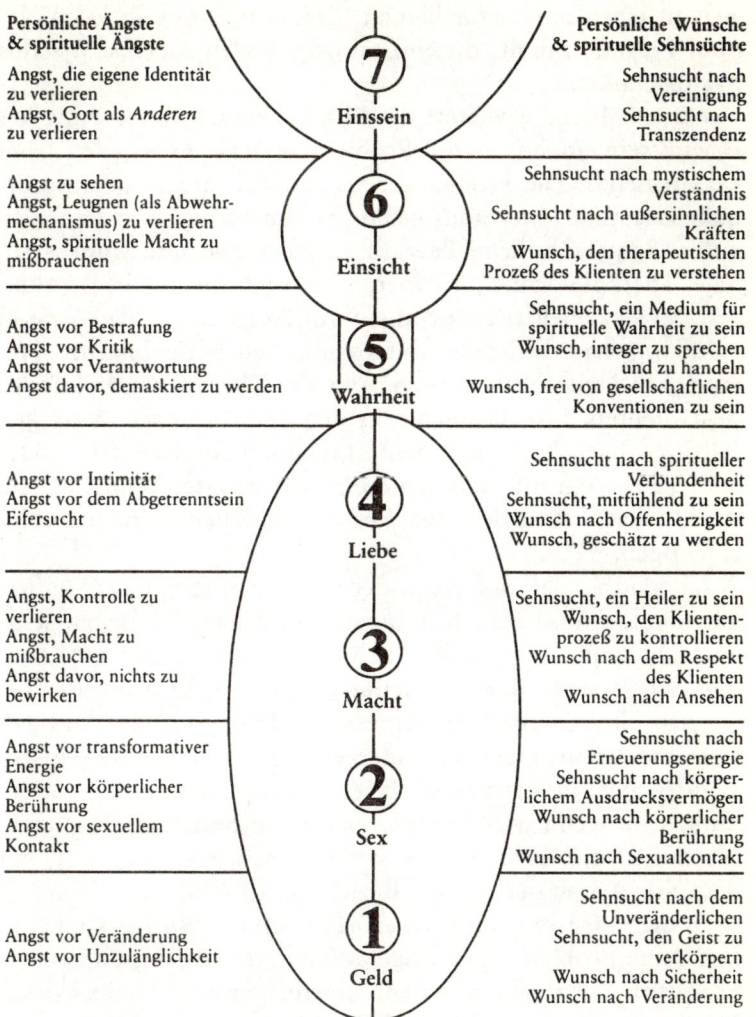

Persönliche Ängste & spirituelle Ängste		Persönliche Wünsche & spirituelle Sehnsüchte
Angst, die eigene Identität zu verlieren Angst, Gott als *Anderen* zu verlieren	**(7)** Einssein	Sehnsucht nach Vereinigung Sehnsucht nach Transzendenz
Angst zu sehen Angst, Leugnen (als Abwehrmechanismus) zu verlieren Angst, spirituelle Macht zu mißbrauchen	**(6)** Einsicht	Sehnsucht nach mystischem Verständnis Sehnsucht nach außersinnlichen Kräften Wunsch, den therapeutischen Prozeß des Klienten zu verstehen
Angst vor Bestrafung Angst vor Kritik Angst vor Verantwortung Angst davor, demaskiert zu werden	**(5)** Wahrheit	Sehnsucht, ein Medium für spirituelle Wahrheit zu sein Wunsch, integer zu sprechen und zu handeln Wunsch, frei von gesellschaftlichen Konventionen zu sein
Angst vor Intimität Angst vor dem Abgetrenntsein Eifersucht	**(4)** Liebe	Sehnsucht nach spiritueller Verbundenheit Sehnsucht, mitfühlend zu sein Wunsch nach Offenherzigkeit Wunsch, geschätzt zu werden
Angst, Kontrolle zu verlieren Angst, Macht zu mißbrauchen Angst davor, nichts zu bewirken	**(3)** Macht	Sehnsucht, ein Heiler zu sein Wunsch, den Klientenprozeß zu kontrollieren Wunsch nach dem Respekt des Klienten Wunsch nach Ansehen
Angst vor transformativer Energie Angst vor körperlicher Berührung Angst vor sexuellem Kontakt	**(2)** Sex	Sehnsucht nach Erneuerungsenergie Sehnsucht nach körperlichem Ausdrucksvermögen Wunsch nach körperlicher Berührung Wunsch nach Sexualkontakt
Angst vor Veränderung Angst vor Unzulänglichkeit	**(1)** Geld	Sehnsucht nach dem Unveränderlichen Sehnsucht, den Geist zu verkörpern Wunsch nach Sicherheit Wunsch nach Veränderung

Für ethisches Fehlverhalten anfällige Stellen von Therapeuten

sich in einer unterschiedlichen Situation, weshalb jedes Kapitel Fragen enthält, die ihn anregen sollen, über sich selbst nachzudenken.

Dieses Modell erweitert die Möglichkeiten für ein ethisches Bewußtsein, indem es die Problembereiche eines jeden Chakras benennt. Die Probleme beziehen sich nicht nur auf normale Zustände und traditionelle Therapieformen, sondern auch auf außergewöhnliche Bewußtseinszustände und transpersonale Therapieformen, Körperarbeit und spirituelle Beratungen. Sie beziehen sich vor allem auf Augenblicke der Tiefe in jeder wahrhaft heilenden therapeutischen Beziehung. In einer ethischen Helferbeziehung erlaubt der Therapeut der Energie des Klienten, ihre Probleme in den verschiedenen Bereichen selbst zu lösen. Der Therapeut unterstützt den Klienten, achtet aber genau darauf, daß seine eigenen Ängste, Wünsche und spirituellen Sehnsüchte den Prozeß des Klienten nicht beeinträchtigen.

Ich glaube, daß fast jeder, der mit Klienten in einem außergewöhnlichen oder auch in normalem Zustand arbeitet, seine Sache gut machen will. Wir nehmen Anteil an unseren Klienten. Wir wollen, daß sie Heilung erlangen, Erkenntnisse gewinnen, die gewünschte Verhaltensänderung erzielen und daß sich ihre Erfahrungen in außergewöhnlichen Bewußtseinszuständen positiv auswirken. Wir wollen in der rechten Beziehung sein, wenn wir eine therapeutische Beziehung beginnen. Normalerweise ist uns alles willkommen, was uns hilft, mit dem Klienten in der rechten Beziehung zu sein.

In den nächsten Kapiteln erörtere ich einzeln jedes Chakra und seine Probleme und zeige anhand von Beispielen, welche Probleme einem Therapeuten, Geistlichen oder Heilpraktiker bei der Arbeit mit Klienten begegnen können. Ich bespreche diese Themenbereiche unter den Stichwörtern Gegenübertragung (die spirituellen Sehnsüchte, persönlichen Wünsche und Ängste des Therapeuten) und Übertragung (die spirituellen Bedürfnisse, persönlichen Wünsche und Ängste des Klienten). In jedem Kapitel mache ich Vorschläge, wie man die Energie jedes Chakras in einem therapeutischen Rahmen nutzen kann und sich nicht von seiner therapeutischen Zielsetzung abbringen läßt.

Alle sieben Kapitel enthalten eine Liste mit Fragen, die zur Selbstreflexion anregen sollen. Ein Therapeut kann den Eindruck haben, daß die therapeutische Beziehung vom Weg abgekommen ist – sich irgendwo zwischen wirkungslos und schädlich bewegt –, aber vielleicht nicht wissen, wo sie den Pfad verlassen hat. Die Fragen am Ende eines jeden Kapitels können für den Therapeuten eine Hilfe sein, seine Selbsterforschung zu beginnen.

Kapitel 5

Geld

Erst wenn wir uns der Veränderung hingeben, können wir
unser Leben materiell, emotional und spirituell meistern.

Geld – Das erste Chakra

Hinter den Problemen des ersten Chakras steckt Veränderung.
Veränderung, Austausch (Geld) und Sicherheit sind auch die
vorherrschenden Probleme dieses Chakras. Ich habe nur deshalb beschlossen, dieses Chakra »Geld« zu nennen, weil unethische Handlungen mit Geld als Symbol für Veränderung,
Austausch und Sicherheit zusammenhängen.

Das Problem der Sicherheit umfaßt Veränderungen und die
Haßliebe, die wir zur Veränderung haben. Wir wollen Veränderung, doch gleichzeitig fürchten wir sie. Veränderungen bedeutet, daß man das Alte und Bekannte für das Neue und Unbekannte aufgibt. Spirituelle Transformation ist Veränderung.

Christina Grof schrieb: »Mein ganzes Wesen verlangte nach
etwas, das ich nicht benennen konnte. ... Das, was Jung als
unseren geistigen Durst nach Ganzheit, nach der Vereinigung
mit Gott bezeichnete, ist ein fundamentaler Trieb, der große
Macht in unserem Leben hat. Der Drang, unser wahres Selbst
kennenzulernen, löst eine Art göttlicher Unzufriedenheit in uns
aus.«[84] Wir wollen spirituelle Entwicklung und fürchten sie
gleichzeitig, weil wir wissen, daß Veränderung heißt, etwas zu
verlieren, um etwas Neues zu bekommen.

Es wird leicht vergessen, daß spirituelle Sehnsüchte im
ersten Chakra symbolisch ihren Anfang nehmen. Es ist die

Stelle, an der wir – die wir uns offensichtlich vom Geist getrennt haben – aufwachen und unsere bewußte Suche nach der Verschmelzung mit dem Unveränderlichen aufnehmen. Es ist die Stelle, an der wir anfangen zu erkennen, daß wir den Geist verkörpern wollen. Wir wollen uns mit dem Ewigen identifizieren.

Gegenübertragung – Spirituelle Sehnsüchte und Ängste im Zusammenhang mit Geld, Veränderung und Sicherheit

Wenn ein Klient erwacht und seine spirituelle Reise antritt, erinnert sich der Therapeut vielleicht an seine eigenen spirituellen Sehnsüchte.

Als Therapeuten reagieren wir unter Umständen ganz unterschiedlich auf das Erwachen unseres Klienten. Wir werden vielleicht angeregt, unsere eigene spirituelle Praxis zu vertiefen. Wir wollen den Klienten vielleicht dazu anregen, seine spirituelle Entwicklung auf die gleiche Weise vorzunehmen, wie wir es getan haben oder wie wir es unserer Meinung nach hätten tun sollen. Paradoxerweise widersteht der eine materiell orientierte Teil eines Therapeuten beiden Reaktionen und ist schlichtweg unsicher. Dieser Teil in uns fürchtet die Veränderung als solche. Er möchte Sicherheit und will, daß die Dinge so weiterlaufen wie bisher. Dieser Teil von uns ahnt, daß Veränderungen und Transformationen Verlust bedeuten.

Ein Therapeut kann vor dem spirituellen Fortschritt seines Klienten Angst haben. Er mag Angst davor haben, daß die Veränderungen, die er in dem Klienten beobachtet, ihn zwingen könnten, seine Auffassung von spirituellen und psychischen Belangen zu verändern. Das spirituelle und psychologische Moment mögen auf neue Weise zusammenwirken und seine Vorstellung von der menschlichen Psyche, d. h. seine Arbeitsgrundlage, bedrohen.

Ein Therapeut oder spiritueller Begleiter vergleicht vielleicht seinen spirituellen Fortschritt mit dem seines Klienten und wird eifersüchtig auf diesen. Der Klient zeigt deutliche Anzeichen, die auf eine spirituelle Veränderung hindeuten. Vielleicht bewegt sich sein Körper spontan, oder er hat Visionen, und seine Meditationen gelingen ihm mühelos und werden immer ausgedehnter. Der Begleiter sehnt sich vielleicht ebenfalls nach solchen Ergebnissen.

Gegenübertragung – Persönliche Wünsche und Ängste im Zusammenhang mit Geld, Veränderung und Sicherheit

Geld ist eine Metapher für die Probleme körperlicher, geistiger, emotionaler und spiritueller Sicherheit oder des Überlebens. Dieses Chakra betrifft persönliche Ängste vor materieller Entbehrung. Aus der Angst vor materieller Knappheit entsteht der Wunsch nach allem, was der Klient anbieten kann, um dieses Verlangen zu befriedigen. Der Therapeut möchte z. B. einen zahlenden Klienten behalten, obwohl er eigentlich die Therapie beenden oder den Klienten an jemand anderen überweisen sollte. Der Therapeut möchte ein Geschenk annehmen, das der Klient ihm anbietet. Er nimmt von dem Klienten eine Gefälligkeit an, wie z. B. einen Kredit, um ein neues Therapiezentrum zu bauen.

Im ersten Chakra schwingt unterschwellig eine Form von Bedürftigkeit mit. Vielleicht braucht der Therapeut den Klienten, damit dieser ihm Komplimente macht und sein ungenügendes Selbstwertgefühl stärkt. Vielleicht möchte der Therapeut, daß der Klient ihm Zugang zu anderen Einkommensquellen verschafft, wie z. B. zu einer lehrenden oder einer beratenden Tätigkeit. Der Therapeut könnte wollen, daß der Klient andere Klienten zu ihm schickt. Der Therapeut möchte vielleicht ein attraktives Tauschgeschäft machen als Gegenleistung für die Therapie oder kostenlose Ratschläge z. B. von

Ärzten oder Rechtsanwälten erhalten, die bei ihm Klienten sind. Bei all diesen Bedürfnissen geht es um Gefühle des Mangels. In jedem dieser angenommenen Fälle hat der Therapeut das Gefühl, entweder nicht genügend Geld oder nicht genügend Fähigkeiten zu haben, sich das leisten zu können, was er neben seinem Beruf und der therapeutischen Beziehung zu Klienten noch braucht.

Therapeuten haben möglicherweise Angst vor der eigenen Unzulänglichkeit (»Ich bin als Therapeut nicht gut genug«) oder vor der Unzulänglichkeit auf spirituellem Gebiet (»Ich habe nicht lange genug meditiert, um zu wissen, wie ich ihm helfen kann«). Der Therapeut ist von dem Fortschritt und den spirituellen Fähigkeiten des Klienten möglicherweise dermaßen beeindruckt, daß er im Vergleich seinen eigenen Fortschritt und seine eigenen Fähigkeiten abwertet (»Ich hatte bisher noch keine Anzeichen für das Erwachen der Kundalini-Energie«). Er mag dann von dem Klienten abhängig sein, der ihn bestätigt und lobt und damit sein Selbstwertgefühl aufbaut.

Übertragung im Zusammenhang mit Geld, Veränderung und Sicherheit

Eltern können die Beziehung ihres Kindes zu Gott beeinflussen. Wenn das Kind sie liebt und ihnen vertraut, kann es sich eher einen vertrauenswürdigen, liebenden Gott vorstellen. In gleicher Weise kann der Therapeut, indem er noch einmal die Rolle der Eltern übernimmt, die Quelle für das zunehmende Vertrauen des Klienten sein. Wenn sich dieses Vertrauen entwickelt, kann es sich sogar auf die Beziehung des Klienten zu Gott, dem Geistigen oder seiner Höheren Macht übertragen. Die Vertrauenswürdigkeit des Therapeuten und seine Fähigkeit, in der rechten Beziehung zum ersten Chakra zu stehen, ermöglichen dem Klienten, allmählich im spirituellen Bereich Sicherheit zu verspüren, durch die er seinen Prozeß vertiefen kann.

Vielleicht macht der Klient den Therapeuten für Veränderungen (und damit Verluste) oder für seine schwierige oder erfreuliche spirituelle Öffnung verantwortlich. Er mag dem Therapeuten starke spirituelle Kräfte zuschreiben bzw. vorwerfen. Eine solche Situation schneidet auch Probleme an, die mit dem dritten Chakra in Zusammenhang stehen (siehe *Kapitel 7*). Im ersten Beispiel schiebt der Klient dem Therapeuten die Verantwortung für seinen therapeutischen Prozeß zu. Im zweiten Beispiel wird dem Therapeuten das Verdienst der Heilung zugeschrieben.

- Dir habe ich es zu verdanken, daß ich an meine schreckliche Kindheit erinnert wurde! Wenn du nicht die Hypnose eingesetzt hättest, hätte ich niemals diese schmerzvolle Erfahrung gemacht.
- Du bist derjenige, der Teile meiner Seele wiederentdeckt hat. Jetzt fühle ich mich ganz und geheilt. Dir habe ich das alles zu verdanken!

Die Energie von Geld, Veränderung und Sicherheit richtig nutzen

Zu einer Therapie in normalem Bewußtseinszustand gehört Veränderung. Eine Therapie in außergewöhnlichem Bewußtseinszustand kann gelegentlich eine radikale und schnelle Veränderung bewirken. Psychospirituelle Krisen und Transformationen können Auswirkungen auf das Einkommen, sexuelle Wünsche und aggressive Impulse haben, die es notwendig machen, daß der Klient therapeutisch oder anderweitig unterstützt wird. Wenn sich bei dem Klienten in vielen Bereichen plötzliche Veränderungen ergeben, ist ein klarer und stabiler therapeutischer Vertrag besonders wichtig. Das Bedürfnis des Klienten nach eindeutigen Richtlinien in puncto Gebühren, sexuelle Grenzen, Gewaltlosigkeit, Methoden, Vertraulichkeit, Zeit, Ort und Verfügbarkeit des Therapeuten ist größer als normal.

Grundregeln (Meta-Abmachungen) und feste Vereinbarungen über den therapeutischen Prozeß geben sowohl dem Therapeuten als auch dem Klienten Meta-Sicherheit (Sicherheit bezüglich der Sicherheitsvereinbarungen). (Vergleiche *Kapitel 3*.) Diese Meta-Sicherheit bietet einen gewissen Schutz, wenn ein Klient seine psychische Sicherheit aufgibt, um die Veränderung anzugehen. Der Klient verliert möglicherweise auch einen Teil seiner physischen Sicherheit, wenn er Veränderungen in der Arbeitssituation, der Partnerschaft oder einen Umzug erlebt.

Paradoxerweise muß man sich zuerst der Veränderung ausliefern, damit man dann sein Leben materiell, emotional und spirituell meistern kann. Der Therapeut überträgt seine eigene Bereitschaft, zu vertrauen und Veränderungen hinzunehmen, auf den Klienten. Unglücklicherweise überträgt er ihm normalerweise aber auch sämtliche Ängste, die er in diesem Bereich aufweist. Wenn es dem Therapeuten bei der Bewältigung eines bestimmten Problems an Erfahrung mangelt, kann das Fortschritte seines Klienten verhindern. Dem Therapeuten wird es schwerfallen, den Klienten irgendwohin zu begleiten, wo er selbst noch nicht war. Stanislav Grof schreibt dazu: »Die Furcht vor dem Tod, dem Wahnsinn und dem völligen Verlust der Selbstbeherrschung sind nur einige hervorstechende Beispiele. Wenn der Therapeut sich mit diesen Themen nicht erfolgreich auseinandergesetzt hat, werden die Erscheinungen, die aus dem tiefen Unbewußten des Patienten aufsteigen, bei ihm selbst Problemzonen aktivieren und erschwerende emotionale und psychosomatische Reaktionen auslösen.«[85]
Der Therapeut kann den Sicherheitsbedürfnissen des Klienten große Aufmerksamkeit schenken. Er kann klare Abmachungen treffen und sie einhalten. Er kann dem Klienten sein eigenes Vertrauen in den inneren Prozeß, der bei dem Klienten gerade seinen Anfang nimmt, vermitteln und ihn dazu ermutigen, der im Entstehen begriffenen Veränderung zu vertrauen und sich ihr hinzugeben.

Wenn der Therapeut selbst Bedürftigkeit verspürt, kann dies eine mentale Reaktion auf seine Angstgefühle sein. Viel-

leicht verteidigt er sich gegen seine eigene Angst vor der Unzulänglichkeit. Es kann aber auch sein, daß der Klient Ängste
in diesem Bereich unterdrückt hat.

Der Therapeut kann dem Klienten bestätigen, daß er in seinem Leben gerade einen größeren Wandlungsprozeß durchmacht, und ihm Informationen über ähnliche Prozesse bei
anderen Menschen verschaffen, indem er ihm Literatur und
andere Quellen empfiehlt.[86] Der Therapeut kann den Klienten
darin unterstützen, sich auf seine innere Entwicklung zu konzentrieren, anstatt seine Angst vor Veränderung und seinen
Wunsch nach Sicherheit auf seine äußere Umgebung, den Therapeuten eingeschlossen, zu übertragen.

Selbstreflexionen zum Thema Geld, Veränderung und Sicherheit

* Habe ich ganz allgemein Angst vor Veränderungen? Und in
  diesem speziellen Fall?
* Was sind jetzt die nächsten Schritte auf meinem psycho-
  spirituellen Weg? Was genau hält mich davon ab, diese
  nächsten Schritte zu gehen?
* Gestehe ich mir selbst ein, daß ich spirituelle Sehnsüchte habe?
* Kann ich mich erneut zu Gewohnheiten und Übungen verpflichten, die mich meinen spirituellen und therapeutischen
  Zielen näherbringen und meine Entwicklung fördern, ohne
  den Klienten hineinzuziehen?
* Habe ich das Gefühl, zuwenig Geld zu haben?
* Habe ich das Gefühl, beruflich nicht kompetent genug zu
  sein? Wenn ja, inwiefern?
* Habe ich das Gefühl, meine spirituellen »Errungenschaf-
  ten« seien unzureichend? Wenn ja, inwiefern?
* Habe ich auf irgendeine Weise, entweder bewußt oder unbewußt, versucht, einen Klienten zu benutzen, um mir einen
  finanziellen Vorteil zu verschaffen, mich sicherer zu fühlen
  oder ein höheres Selbstwertgefühl zu erlangen?

Querverbindungen zwischen Geld, Veränderung und Sicherheit und Problemen anderer Chakren

In gewissem Sinne können sich die Probleme Veränderung und Unsicherheit durch die Probleme aller Chakren hindurchziehen. (Siehe *Kapitel 6 bis 11*.) Die Angst des Klienten vor Veränderung in jeder Therapiesituation und die Angst des Therapeuten vor seiner eigenen Verwandlung oder der des Klienten kann bei all diesen Problemen eine Rolle spielen. Ebenso ist die Sehnsucht nach dem Unveränderlichen die Kraft, die eine Transformation vorantreibt und dafür sorgt, daß bei den schwierigen Problemen jedes Chakras ein Prozeß stattfindet.

Geld steht als Problem normalerweise nicht in Verbindung mit den anderen Chakren, außer wenn es das dritte, die Macht betrifft. (Siehe *Kapitel 7*.) Das Gefühl, Mangel zu leiden oder nicht zu genügen, hat jedoch oft Auswirkungen auf die anderen Chakren, indem es jeder Eigenschaft eine Note der Entbehrung verleiht (z. B. ungenügender Sexualtrieb oder sexuelle Fähigkeiten, unzulängliche Kompetenz oder Macht, zuwenig Mitgefühl und die Unfähigkeit, die Wahrheit zu erkennen oder zu sagen, Erkenntnisse zu haben oder spirituelle Vereinigung zu erlangen).

Kapitel 6

Sexualität

Wird aber die Beziehung in sexueller Hinsicht ausgelebt, so
ist sie nicht mehr nur das Gefäß, in welchem sich der Heilungsprozeß abspielt, sondern sie wird Selbstzweck. Dadurch
wird die Therapie zerstört.[87]   *Adolf Guggenbühl-Craig*

Sexualität – Das zweite Chakra

Sexuelle Energie ist spirituelle Energie. Wenn spirituelle Energie anfängt, in dem psychophysischen Chakra zu wirken, das
wir Sexualität nennen (das zweite Chakra), nimmt sie die
Form sinnlicher Gefühle, sexueller Empfindungen, entfesseln-
der Gedanken und tiefgehender Gefühle an bzw. äußert sich
körperlich. Der Geist bewegt sich durch den Körper, und der
Körper hat Empfindungen. Wenn die Energie aus einem anderen Chakra in das zweite Chakra gelangt, ändert die menschliche oder spirituelle Energie nicht ihre eigentliche Natur, sondern ihre Gestalt.
   Die Energie in diesem Chakra wirkt erneuernd und trans-
formativ. Wir alle wollen mehr Energie und streben nach mehr
Lebenskraft. Menschen, deren Energie sich in diesem Chakra
bewegt, haben eine gesteigerte Lebenskraft und eine nahezu
unbegrenzte Libido. Diese Menschen sind attraktiv. Sie wirken anziehend und haben eine charismatische Ausstrahlung.
Etwas an ihnen gibt einem das Gefühl, daß das Leben mehr
ist als nur Materie, daß Menschen vom Geist erfüllt sind. Sie
vermitteln einen Optimismus und einen Überschwang, nach
denen andere Menschen sich sehnen.

Gegenübertragung – Spirituelle Wünsche und Ängste im Zusammenhang mit Sexualität

Therapeuten sehnen sich möglicherweise selbst danach, spirituelle Sexualität zu erleben. Klienten, deren Energie sich im zweiten Chakra befindet, mögen ihre Lebensenergie auf scheinbar sexuelle (körperliche) Weise ausdrücken, aber der spirituelle Anteil ist wichtiger. Sie strahlen Lebenskraft und das Geheimnis dieser Lebenskraft aus.

Rein körperliche Libido ist nicht annähernd so attraktiv. Körperliche Begierde hängt eher mit persönlichen Wünschen und dem Versuch zusammen, diese zu befriedigen. Die Art spiritueller Sexualität, die ich hier meine, ist Teil eines transpersonalen Verwandlungsprozesses. Sie ist die Sehnsucht nach einer Vereinigung, die uns über unsere persönliche, abgetrennte Identität erhebt. Sie ist die Hingabe an die spontanen, mächtigen und regenerierenden Kräfte in uns und um uns. Ein Therapeut, der bei seinem Klienten einen solchen Prozeß beobachtet, sehnt sich vielleicht danach, ihn selbst zu erleben. Er mag versucht sein, das zu erreichen, indem er mit dem Klienten, der zu dieser Energie Kontakt hat, sexuell verkehrt.

Therapeuten wünschen sich möglicherweise auch, daß sich der spirituelle Anteil der Sexualität eines Klienten auf sie selbst richtet. Ein Therapeut mag Ehrfurcht vor dieser Energie empfinden. Therapeuten können den bewußten oder unbewußten Wunsch haben, das Göttliche in sich zu erkennen. Wenn ein Klient an ihrer Stelle das Göttliche in ihnen erkennt, fällt es ihnen schwer zu widerstehen.

Klienten, die sich in einem Prozeß befinden, der das zweite Chakra betrifft, behandeln ihren Körper häufig, als wäre er heilig. Mit Hilfe ihrer Körper verehren sie das Heilige. Sie erleben intensiv die Sinnlichkeit des Lebens als ein herrliches Geschenk. Sie verehren spontan (normalerweise ohne es verehren zu nennen) sowohl die Kraft, die in ihnen aufsteigt, als auch den Körper anderer Menschen, mit denen sie zu tun

haben, wenn sie ihrer Hingabe auf diese Weise Ausdruck verleihen. Die Gelegenheit, an einer derartigen Verehrung teilzunehmen, ist fast unwiderstehlich.

Abgesehen von den tiefen spirituellen Sehnsüchten, können
Therapeuten auch tiefe spirituelle Ängste vor dieser mächtigen
Energie haben. Der Therapeut hat vielleicht das Gefühl, er
habe einen Tiger am Schwanz gepackt. Diese Verwandlungs-
energie bleibt im ersten Chakra noch im Verborgenen. Im
zweiten Chakra kommt sie mehr zum Vorschein. Wenn dieses Erwachen zu beängstigend wird, *unterdrückt* es der Klient
und zeigt Anzeichen klinischer Depression. Der Klient ist vielleicht ängstlich und deprimiert, und dem Therapeuten mag es
ebenso gehen. Der Therapeut versucht vielleicht unbewußt,
die vorwärtstreibende Lebenskraft des Klienten zu unterdrükken, weil sie ihm Angst macht. Ein Therapeut berichtet:

• Vor sieben Jahren befand sich einer meiner Klienten in einer
  spirituellen Krise. Er bewältigte den Alltag problemlos, sah
  aber in außergewöhnlichen Bewußtseinszuständen regelmäßig Dämonen. Seine Visionen erinnerten mich an meinen
  eigenen sexuellen Mißbrauch, den ich zu dem Zeitpunkt
  jedoch noch nicht angehen wollte. Ich legte ihm nahe, un-
  bedingt Psychopharmaka zu nehmen. Irgendwie war mir
  wohl klar, wenn auch nicht in vollem Umfange, daß ich ihm
  diesen Vorschlag mir zuliebe machte. Wenn er angefangen
  hätte, Psychopharmaka zu nehmen, hätte er vielleicht seinen transformativen Prozeß abgebrochen und hätte nach
  längerer Einnahme eine Spätdyskinesie (Schmatz- und Kau-
  bewegungen) riskiert. Zum Glück beendete er die Therapie
  bei mir und suchte sich jemanden, der ihm in seinem Prozeß beistehen konnte. Ich habe daraus gelernt, Ängste, die
  Klienten in mir auslösen, besser wahrzunehmen, anzuerkennen und therapeutisch zu behandeln.

Vielleicht äußert der Klient tiefsitzende Gefühle wie Wut und
Kummer, die für den Therapeuten schwierig sind. Zum Beispiel:

- Wenn mein Klient anfinge, seine Wut wirklich zu zeigen, könnte mir das Angst machen. Ich würde ihn dazu bringen wollen, seine Wut »konstruktiv« zu »kanalisieren«, anstatt sie in der Sitzung auszuleben.
- Mein Klient ist traurig über sein menschliches Schicksal, zu dem sowohl das Mysterium zu leben als auch das Mysterium zu sterben gehören. Sein Kummer wird zu einem Wehklagen, das an den Kern meiner eigenen unerlösten existentiellen Traurigkeit geht. In dem Versuch, mir selbst Erleichterung zu verschaffen, bemühe ich mich, ihn wieder »aufzubauen«, ihn mit religiösen Schriften oder Philosophie zu trösten, anstatt ihm zuzugestehen, daß er diesen wahrhaftigen Schmerz fühlt, der mich quält!

Trauer und Wut sind Gefühle, die wehtun, doch sind gelegentlich auch Freude und Ekstase schwer zu ertragen. Wenn ein Therapeut bei einem Klienten auf diese Gefühle trifft, kann der nur allzu offensichtliche Unterschied zwischen seiner eher ruhigen Gefühlslage und den Schwingungen des Klienten sowohl spirituelle Sehnsucht als auch Versagensangst auslösen.

Gegenübertragung – Persönliche Wünsche und Ängste im Zusammenhang mit Sexualität

Wenn die Energie anfängt, sich im zweiten Chakra zu äußern, werden Klienten häufig sexuell attraktiv. Sie wirken spontan verführerisch, wenn sie auch nicht die üblichen Spielchen treiben. Der Therapeut mag sich, wie zuvor beschrieben, aufgrund seiner eigenen spirituellen Sehnsüchte unwiderstehlich angezogen fühlen, eventuell auch aufgrund körperlicher Begierden.

Klienten erzählen von ihren lebhaften sexuellen Träumen und Phantasien. Jemand, der sich gerade mit seinem zweiten Chakra auseinandersetzt, kann in seinen Phantasien Visionen von Sexualorganen haben. Diese Bilder können eine Zeitlang

immer wieder auftreten. Der Klient hat vielleicht sexuelle
Empfindungen, die ihn über längere Zeiträume hinweg oder
andauernd erregen. Yogis und Mystiker haben von Zeiten
ihrer spirituellen Praxis berichtet, in denen sie fast ständig
erregt waren. Vielleicht war die Selbstgeißelung der Mönche
im Mittelalter zum Teil dazu gedacht, ein natürliches Phänomen der spirituellen Praxis zu unterdrücken, das sie für Flei-
scheslust hielten. Eine mir bekannte Klientin hatte ständig
Phantasien und Träume von Sexualorganen. Menschen, die mit
den sexuellen und körperlichen Erscheinungen der spirituellen
Entwicklung nicht vertraut sind, mögen diese Phänomene per-
vers oder zumindest merkwürdig vorkommen.

Wenn ein Klient derartige sexuelle Phänomene erlebt, neigt
der Therapeut möglicherweise dazu, nach irgendwelchen
äußeren Umständen zu suchen (einem Menschen, zu dem der
Klient sich hingezogen fühlt), um diese ungebremste Erregung
zu erklären. Wenn er die Öffnung der Energien des zweiten
Chakras nicht versteht, neigt der Therapeut vielleicht sogar
dazu zu glauben, der Klient fühle sich zu seinem Therapeuten
hingezogen.

Sexualität ist ganz allgemein in unserer Kultur etwas Pro-
blematisches. Mit Hilfe von Sexualität läßt sich von Blue Jeans
bis zu Autos alles verkaufen, vielleicht, weil wir uns als Gesellschaft sexuell unterdrückt und nicht erfüllt fühlen. Wenn
wirkliche Sexualität – vitale körperliche Energie, verbunden
mit ihrer spirituellen Quelle – in seiner Praxis auftaucht, ist
der Therapeut schnell verloren.

Es ist interessant, daß viele Werbespots im Fernsehen heutzutage spirituelle Bilder und Konzepte in Verbindung mit sexuellen Bildern einsetzen, um ihre Produkte zu verkaufen. Werbe-
agenturen haben offensichtlich die Werbewirksamkeit spiritueller Sehnsüchte entdeckt. Sie mischen auch ganz geschickt
archetypische Bilder, die spirituelle Sehnsüchte hervorrufen,
mit Bildern, die die Sinnlichkeit und Sexualität ansprechen.

Wenn der Klient offen herausfordernd oder einfach nur sexuell anziehend ist, fühlt sich ein Therapeut häufig angespro-

chen und reagiert darauf. Sexualität ist sicherlich der Bereich, in dem die meisten ethischen Verstöße auftreten. Die meisten Klagen, die vor einem Gericht oder einer Ethikkommission gegen Therapeuten erhoben werden, betreffen Vergehen gegen Gesetze und Kodizes, die Sex zwischen Klienten und Therapeuten verbieten. (Siehe *Kapitel 14.*)

Bei einem Therapeuten könnte es aufgrund seiner Ängste auch zu einer Gegenübertragung in seinem Sexualchakra kommen. Er erlebt vielleicht, wie sich die Sexualität eines Klienten spontan und kraftvoll entfaltet, und reagiert darauf, indem er die therapeutischen Zügel psychisch fester zieht. Der Therapeut hat vielleicht Angst davor, daß bei ihm selbst derartige unkontrollierte, spontane sexuelle Gefühle hochkommen. Er denkt vielleicht, daß sich diese Art von Energien nicht mit ethischem Verhalten vereinbaren lassen. Möglicherweise verurteilt der Therapeut aus moralischer Sicht Handlungen, die der Klient als Reaktion auf seine sexualisierten spirituellen Energien unternimmt. Wenn der Klient plötzlich eine leidenschaftliche Affäre beginnt, die eine langjährige und sichere Ehe gefährdet, könnte der Therapeut dieses Verhalten von einem philosophischen oder theologischen Standpunkt aus nicht gutheißen. Der Therapeut hat womöglich sogar das Gefühl, daß seine eigene stabile Partnerschaft durch die Kraft der sexuellen oder spirituellen Leidenschaft bedroht ist und er deshalb andere Schwerpunkte setzen oder Dinge verändern sollte.

Sexualität hängt häufig mit Wut und Feindseligkeit zusammen. Grof äußert sich zu dieser Verbindung in seiner Beschreibung des dritten Geburtsstadiums, wenn der Fötus sowohl Aggression als auch sexuelle Erregung spürt.[88] Wenn es beim Prozeß eines Klienten um diesen Zusammenhang geht, kann es für einen Therapeuten, der selbst unter sexuellem Mißbrauch gelitten hat, besonders schwierig sein, objektiv zu bleiben.

Körperliche Berührung ist ein Bereich, in dem sowohl Übertragungen als auch Gegenübertragung vorkommen. Gegner einer Berührung durch den Therapeuten weisen darauf hin, daß der Therapeut nicht immer seine eigenen tiefsten Beweggründe kennt, wenn er auf die Berührung eines Klienten reagiert oder sie selbst initiiert. Wenn er den Klienten unbewußt berührt, ist das vielleicht unwissentlich der erste Schritt auf dem Weg zu unethischem Verhalten. (Siehe auch *Kapitel 3*.) Auf der anderen Seite fürchtet sich möglicherweise der Therapeut selbst vor Körperkontakt. Wenn dem so ist, ist er vielleicht nicht bereit, den Klienten zu berühren, wenn der Klient wirklich eine therapeutische, korrigierende Berührung braucht. Da der Therapeut sich über seine eigenen Bedürfnisse im Zusammenhang mit Berührungen nicht im klaren ist, wird er unsicher sein, ob in einer bestimmten Situation eine Berührung angebracht ist oder nicht. Die Angst vor körperlicher Berührung könnte Therapeuten davon abhalten, einen Klienten zu berühren, wenn dieser in ein Kindheitsstadium zurückgekehrt ist und das ursprüngliche Trauma, nicht berührt und geliebt zu werden, noch einmal durchlebt und eine Berührung angebracht wäre. Wenn der Therapeut nicht bereit ist, einen Klienten zu berühren, der ein solches Trauma erneut durchlebt, kann dies für die Therapie schädlich sein – und zur Verstärkung des Traumas beitragen. Den Klienten in einer solchen Situation *nicht* zu berühren prägt erneut dessen Empfinden, bedingungslos *abgelehnt* zu werden, gewissermaßen *unberührbar* zu sein, und kann manchmal unethisch sein.

Umgekehrt, wenn Therapeuten die Werte des New Age, wie Umarmen und Berühren, übernommen haben, haben sie vielleicht das Gefühl, den Klienten immer umarmen und berühren zu müssen, zumindest als Antwort auf seine Annäherungsversuche. Sie folgen dabei vielleicht nicht ihrer Intuition, die ihnen sagt, daß eine Umarmung bei bestimmten Klienten und in bestimmten Situationen nicht angemessen ist.

Wenn der Therapeut weiß, daß er in seinem eigenen Leben ein Defizit an Körperkontakt und folglich ein tiefes Bedürfnis danach hat, berührt zu werden oder Geborgenheit zu geben, dann weiß er auch, daß er sich im Hinblick auf körperliche

Berührung im Rahmen einer Therapiesituation unsicher fühlen wird. Als Säuglinge brauchen wir alle Körperkontakt, um uns zu entwickeln. Körperkontakt ist auch bei älteren Menschen und Kranken wichtig. Der Mensch scheint körperliche Berührungen zu brauchen und normalerweise auch zu wünschen. Wenn der Therapeut auf einen Menschen voller Lebensenergie trifft, möchte er vielleicht körperlich mit dieser Quelle an Lebenskraft verbunden sein. Indem er den Klienten berührt, reagiert der Therapeut vielleicht auf sein Bedürfnis, die Energie des Klienten körperlich zu erfahren.

Übertragung im Zusammenhang mit Sexualität

Ein Klient, der sich in einem Prozeß des zweiten Chakras befindet, könnte auch religiöse Gefühle haben. Wie ich schon erwähnt habe, drückt sich seine spirituelle Sehnsucht als eine Sehnsucht nach körperlicher Vereinigung aus. Er idealisiert vielleicht seinen Therapeuten und sieht in ihm den göttlichen Liebhaber. Genauer gesagt, sieht er ganz realistisch das Göttliche in bestimmten Menschen, neigt aber dazu, das Menschliche an ihnen nicht zu sehen. In seinen Phantasien spielen vielleicht archetypische Bilder eine Rolle. Er sieht in seinem Therapeuten womöglich Shiva oder Krishna. Er hält ihn vielleicht für einen großartigen Heiler oder Lehrer und möchte ihm zuliebe alles tun, was er verlangt.

Diese Art erotischer Vorstellungen ist auf indischen Tempeln zu sehen und symbolisiert sowohl die esoterische Vereinigung von Materie und Geist als auch die spirituelle Entwicklung, die durch die tatsächliche sexuelle Vereinigung von zwei Menschen möglich ist. Das Ritual tantrischer Verehrung ist eine Form, das anzuerkennen und ihm Ausdruck zu verleihen. Tantra erfordert jedoch sowohl einen passenden und gleichwertigen Partner als auch die Selbstdisziplin einer spirituellen Praxis. Das tantrische Ritual kann nach langer Übung das spirituelle und das körperliche Potential zu einer Vereinigung enthalten und kanalisieren. Die Energie des Sexualchakras kann sowohl eine solche Visualisierung auslösen als auch die Vorstellung, der Therapeut sei ein tantrischer Meister oder Partner, der darauf wartet, den Klienten zu unterweisen oder zu erfüllen.

Diese starke Übertragung kann in einer therapeutischen Beziehung großes Unheil anrichten. Es ist für den Therapeuten gelegentlich schon schwer genug, zu akzeptieren, daß auf ihn die Rolle der Mutter, des Vaters oder eines anderen realen Menschen aus dem Leben eines Klienten übertragen wird. Es kann eine ziemliche Belastung für den Gleichmut des Therapeuten darstellen, wenn er damit leben und arbeiten muß, daß auf ihn die eigene göttliche Natur des Klienten oder das Bild einer Gottheit übertragen wird, vor allem, wenn zu den Vorstellungen des Klienten sexuelle Unterwürfigkeit gehört.

Klienten können von einer liebevollen Berührung des Therapeuten in der Therapie in Verlegenheit gebracht werden. Wie der Klient die therapeutische Berührung interpretiert, hängt von der Art und dem Ausmaß der Übertragung ab.

• Eine Frau berichtet davon, wie mitten in ihrem Prozeß eine verwirrende Veränderung eintrat. Sie war in der Sitzung in ein Kindheitsstadium regrediert. Der Begleiter hielt sie und gab ihr Geborgenheit, und plötzlich spürte sie, wie sie an einen ausgesprochen sexuellen Ort »geschleudert« wurde. Es brachte sie völlig durcheinander, sie sprach aber später mit dem Begleiter darüber, und die Sitzung nahm einen konstruktiven Ausgang.

Eine Regression in frühere Lebensstadien sowie das Bedürfnis nach Geborgenheit kann bei Klienten, die als Kinder sexuell mißbraucht wurden, mit sexueller Erregung einhergehen. Kindliche Bedürfnisse und sexuelle Erregung können beteiligt sein, wenn ein Klient ein COEX erlebt, wobei er Elemente seiner postnatalen Lebensgeschichte und seiner Geburt verbindet. Solche Vermischungen können sowohl dem Klienten als auch dem Therapeuten Schwierigkeiten bereiten. Sie können auch Gelegenheit zu einer Heilung bieten, wenn der Therapeut weiterhin offen sein und Geborgenheit vermitteln kann, ohne Angst vor den sexuellen Gefühlen des Klienten zu haben oder sexuell auf die Erregung des Klienten zu reagieren.

Es mag schwierig sein, vorherzusehen, welcher Art die Übertragung des Klienten sein kann und wie der Klient auf Körperkontakt reagieren könnte. In den genannten Beispielen hingen Geborgenheit und Sexualität auf verwirrende Weise miteinander zusammen. In anderen Fällen empfindet der Klient die Berührung des Therapeuten vielleicht als unsensibel und gefühllos, vor allem, wenn er bisher Körperkontakt so erfahren hat. Die Berührung mag sich für den Klienten sogar gönnerhaft oder verletzend anfühlen. Wenn der Klient die Berührung des Therapeuten als sexuelle Belästigung, romantischen Verführungsversuch oder Gleichgültigkeit interpretiert, kann der Therapeut zusätzlich zu den therapeutischen juristische Probleme bekommen.

Die Energie der Sexualität richtig nutzen

Wenn der Therapeut aufgrund seiner Attraktivität oder der des Klienten äußerlich handelt, kann das den Fokus des Klienten von dem inneren Weg seiner Energie abbringen. Der Prozeß, der in Wirklichkeit ein innerer, psychospiritueller ist, wird unterlaufen, wenn der Therapeut den Klienten zu sexuellem Kontakt ermuntert, um seine persönlichen Bedürfnisse zu befriedigen. Die Gründe, weswegen man mit einem Klienten nicht sexuell verkehren sollte, unterscheiden sich nicht wesentlich von denen in einer gewöhnlichen Therapie. Klienten, die ihrem Heiler oder spirituellen Lehrer vertrauen, sind verletzt, wenn diese Person ihre eigenen Interessen vor das Wohl des Klienten stellt.

Somit kommen uns die ethischen Kodizes und Gesetze, die Geschlechtsverkehr zwischen Therapeuten und Klienten un-

tersagen, an einem Punkt gut zustatten, an dem die Energie
nicht nur sexueller, sondern spiritueller Natur ist und somit
um so unwiderstehlicher. Auch wenn sie sexuelle Verfehlun-
gen nicht verhindern, eignen sie sich doch gut dafür, uns Zeit
und eine Pause zum Nachdenken über uns zu geben, bevor wir
Dinge tun, die Schaden anrichten.

Wenn sich der Klient in einem außergewöhnlichen Bewußtseinszustand befindet, kann der Therapeut ihn darin bestärken, die Augen geschlossen zu halten und sich auf seinen inneren Prozeß zu konzentrieren. Ausgedehnter Augenkontakt
zwischen dem Therapeuten und einem Klienten in außergewöhnlichem Bewußtseinszustand führt häufig zu einer verwirrenden Auflösung von Grenzen sowie zu erotischer Übertragung und Gegenübertragung.[89] Dem Leser ist vielleicht von
bewußtseinserweiternden Drogen her das Phänomen vertraut,
daß jemand, der eine bewußtseinserweiternde Droge genommen hat, das Gesicht eines anderen Menschen anschaut und
dabei erlebt, daß es sich in eine Projektion aus dem Unbewußten des Halluzinierenden verwandelt. Der Gesichtsausdruck
des anderen kann eine Gestalt annehmen, von der sich der
Klient innerlich verfolgt fühlt (z. B. die eines Dämonen oder
eines Feindes). Das Gesicht mag die Erscheinungsform eines
Verwandten annehmen, mit dem den Klienten noch unerle-
digte Dinge verbinden. Oder das Gesicht verwandelt sich in
eine Gottheit, der sich der Klient unterwirft und nach der er
sich sehnt.

Diese Art Halluzinationen können in einem außergewöhnlichen Zustand besonders ausgeprägt sein, wenn jemand LSD
genommen hat. Die gleiche Wirkung kann auch ganz leicht
unter Hypnose oder im Anschluß an eine Massage auftreten.
Unter diesen Umständen könnte der Klient gewisse nicht greifbare Eigenschaften, wie z. B. Liebe oder etwas Göttliches, auf
den Therapeuten projizieren, sie in ihm sehen oder an ihm
spüren. Der Klient mag die Eingebung haben, daß er und der
Therapeut in einem früheren Leben eine Beziehung zueinander
hatten. Der Klient bekommt dann vielleicht das Gefühl, die

therapeutische Beziehung sei eine Wiedervereinigung der zwei Parteien mit der gleichen Rollenverteilung wie in ihrem »früheren Leben«.

Der Therapeut kann diese Projektionen therapeutisch nutzen, wenn der Klient auf eine solche Übertragung entsprechend vorbereitet wurde und nur eine geringe Gegenübertragung vorhanden ist. Doch auch wenn diese Bedingungen erfüllt sind, wird der rechtschaffene therapeutische Weg schlüpfrig, sobald in einem außergewöhnlichen Zustand das Sexualchakra beteiligt ist. Die Halluzination, die so schwach ist, daß sie nicht als Halluzination empfunden wird, stiftet Verwirrung zwischen der inneren und der äußeren Wirklichkeit.

Gruppenarbeit kann die Macht einer solchen Bindung auflösen und die Grenzen zwischen der außergewöhnlichen Realität und der gewöhnlichen Realität deutlich machen. Wenn der Klient einer Gruppe oder einem Dritten von seinen Halluzinationen oder seiner Bindung an den Therapeuten berichtet, können die anderen dem Klienten klarmachen, daß die Projektion seiner eigenen Psyche entspringt. Indem er offen darüber spricht, kann er seiner Phantasie die Macht entziehen. Er kann die Vorstellung, daß die Beziehung zu dem Therapeuten eine Liebesbeziehung oder eine normale, private Freundschaft mit der gegenseitigen Erwartung gleichwertiger Partner sei, leichter aufgeben.

• Eine Frau, die an einer Reihe von Sitzungen in außergewöhnlichem Zustand teilnahm, fühlte sich von einem Mann zutiefst sexuell angezogen, als er sie zwischen den Sitzungen massiert hatte. Sowohl die Klientin als auch der Therapeut hatten klare Grenzen gezogen. Der Therapeut hörte ihr zu, betrachtete seine Beziehung zu der Klientin aber nicht als eine sexuelle. Die Klienten erzählte in der Gruppe von ihren Gefühlen, obwohl es sie sehr verlegen machte. Im Verlauf ihrer weiteren außergewöhnlichen Erfahrung entdeckte sie die Verbindung zwischen ihrem ursprünglichen Bedürfnis, körperlich akzeptiert zu werden,

und der Anziehungskraft des Therapeuten, der ihren Körper annahm, ohne ihn zu verurteilen. Mit dieser Erkenntnis lösten sich die Phantasien und ihre Faszination plötzlich
auf.

Eine Einzelsitzung ist ein heikler Ort, um diese Art der Übertragung in den Griff zu bekommen. In diesem Rahmen ist es
schwieriger, zu einem guten Resultat zu gelangen, da man
über seine Verliebtheit mit dem Menschen spricht, in den man
verliebt ist. Pope und Bouhoutsos weisen in ihrem Buch *Als
hätte ich mit einem Gott geschlafen. Sexuelle Beziehungen
zwischen Therapeuten und Patienten* darauf hin, daß ein Therapeut keineswegs dagegen gefeit ist, persönlich zutiefst be-
glückt darauf zu reagieren, daß ein Klient ihn sexuell attraktiv
findet oder in ihn verliebt ist. Der Therapeut nimmt vielleicht
Dinge persönlich, die im Grunde nicht ihm als Menschen gelten. Die Übertragung kann in der Biographie des Klienten be-
gründet sein (mit Bezug auf die Geschichte seiner Partner-
schaften) oder archetypischer Natur (d. h., der Klient projiziert auf den Therapeuten den Archetyp des göttlichen Liebhabers). Wenn die Anziehungskraft auf Gegenseitigkeit beruht
und der Therapeut reagiert, als hätten sie sich unter Umständen kennengelernt, die nichts mit einer beruflichen Beziehung
zu tun haben, kann sich das ziemlich zum Schaden des Klienten auswirken.[90] Um angemessen mit der Situation umzugehen, kann der Therapeut seine eigene Gegenübertragung genauer unter die Lupe nehmen. Er kann den Klienten auf das
Unpersönliche einer Übertragung aufmerksam machen und
ihm helfen, die Symbolik seiner spezifischen Übertragung zu
erforschen.

Übertragung und Körperkontakt

Körperkontakt kann, wie wir gesehen haben, in einer therapeutischen Beziehung sowohl angemessen als auch notwendig
sein, vor allem, wenn der Klient in ein Kindheitsstadium re-

grediert ist oder sich in einem außergewöhnlichen Bewußtseinszustand befindet. Die Energie dieses Chakras angemessen
zu nutzen könnte bedeuten, daß man das Risiko auf sich
nimmt, dem Klienten entscheidende, liebevolle Berührungen
zukommen zu lassen.

• Ein Gemeindemitglied gerät während eines Gottesdienstes
  in einen ekstatischen Zustand, steht auf und fällt heftig
  zuckend nach hinten um. Es braucht die Berührung des
  Geistlichen und anderer Gemeindemitglieder, um sich geborgen zu fühlen, zu spüren, daß sein Erlebnis von den
  anderen akzeptiert wird, und um sich danach in Ruhe zu
  erholen.

Körperkontakt kann aber auch Übertragungs- und Gegenübertragungsphänomene verschlimmern. Wenn der Klient in
einer Gesprächstherapie um Körperkontakt bittet, sollte sich
der Therapeut fragen, ob es angemessen ist, diesen Klienten
in dieser Situation und zu diesem Zeitpunkt der Therapie zu
berühren.

• Wirkt es sich negativ auf die Therapie aus, wenn man dem
  Klienten in dieser Situation Körperkontakt vorenthält?
• Gibt es klare sexuelle Grenzen in dieser therapeutischen Beziehung?
• Glaubt der Therapeut, daß der Klient oder seine Familie
  seine therapeutische Berührung als sexuellen Annäherungsversuch mißverstehen könnte?

Wenn der Therapeut alle diese Fragen erwogen hat und sich
dann entschließt, den Klienten zu berühren, kann er die Reaktion des Klienten auf die Berührung genauestens überwachen.
Er kann die Atmung des Klienten beobachten, um zu erkennen, ob es einen Moment gibt, in dem der Klient Widerstand
leistet oder sich zurückhält. Er sollte auf jedes Zögern achten
und die Berührung so lange unterbrechen, bis der Klient er-

neut darum bittet oder bis er mit dem Klienten erneut besprochen hat, was in der Situation angemessen ist.[91]

Therapeuten sollten ihre eigenen Sehnsüchte, Wünsche und
Ängste im Hinblick auf ihren Körper, körperliche Sexualität,
spirituelle Sexualität, Körperkontakt und Lebensenergie untersuchen. Da das zweite Chakra Fallgruben enthält, die sowohl für die Therapie als auch für die Ausübung des Berufes ausgesprochen gefährlich sind, können Therapeuten sich
vorbeugend nach einer entsprechenden Schulung und Beratung umsehen. Sie sollten sich selbstverständlich nach Hilfe
umschauen, wenn sie bei sich erste Anzeichen für Sehnsüchte,
Wünsche oder Ängste, die von einem Transformationsprozeß
des Klienten in diesem Chakra ausgelöst werden, erkennen.
Therapeuten sollten außerdem ihre Einstellung zu dem Transformationsprozeß auf ihrem eigenen spirituellen Weg untersuchen.

Ein Therapeut, der erkennt, daß er in den Klauen einer ero-
tischen Gegenübertragung gefangen ist, kann sich eine gute
Supervision verschaffen. Auf diese Weise verhindert er nicht
nur unethisches Verhalten und rechtliche Schwierigkeiten,
sondern kann unter Umständen sogar mit Hilfe seiner eroti-
schen Gegenübertragung dem Klienten dazu verhelfen, ein Gespür für seine Sexualität zu entwickeln. Die Sozialarbeiterin
Mary Dale Scheller zitiert Elizabeth Kassoff, die (1990) über
den Wert der Akzeptanz erotischer Übertragung und Gegenübertragung, die jedoch nicht sexuell ausgelebt wird, Vorträge
gehalten hat. Scheller sagt:

> Kassoffs Argument läuft darauf hinaus, daß es einem Klien-
> ten, dessen Sexualität traumatisiert oder nie entwickelt
> wurde, guttun kann zu erfahren, daß er von einem anderen
> Menschen als emotionales oder sexuelles Wesen erlebt wird.
> Eine Therapie sollte ein sicherer Ort sein, das zu lernen,
> denn in einer Therapie können Nähe und Intimität existie-
> ren und geschätzt werden, ohne daß es zu sexuellem Kon-
> takt kommt.[92]

In dem Harvard Mental Health Newsletter 1984 stellt Kenneth S. Pope eine Statistik vor, die auf einer anonymen Umfrage beruht und besagt, daß sich fast 90 % aller Therapeuten schon mal von einem Patienten sexuell angezogen fühlten und mehr als die Hälfte aussagte, daß sie in einer Therapie erregt waren. Er plädiert für:

> Schulungen für Graduierte, regelmäßige Fortbildung, formale Supervisionen und ... das Loslassen eines unrealistischen Selbstbildes ..., um diese Gefühle zu verstehen und sie auf eine Art zu handhaben, die dem Patienten nicht schadet.[93]

Erotische Übertragungen zu akzeptieren und erotische Gegenübertragungen anzuerkennen kann in einer Therapie schon unter normalen Umständen schwierig genug sein. Besonders schwierig ist es, wenn spirituelle Ehrfurcht und gemeinsame transpersonale Erfahrungen mit hineinspielen. Eine Beratung bei jemandem, der mit dieser Art von therapeutischer Beziehung hinreichend Erfahrung hat, ist wichtig. Ich formuliere in diesem Buch nicht viele unmißverständliche Aussagen, aber an dieser Stelle möchte ich es gerne tun: Wenn spirituelle Sehnsüchte und Ängste sowie außergewöhnliche Bewußtseinszustände in einer Klientenbeziehung kombiniert mit erotischer Übertragung und Gegenübertragung auftreten, wird der Therapeut, Geistliche, Heilpraktiker oder Betreuer feststellen, daß eine langfristige, kompetente Beratung für eine erfolgreiche Therapiebeziehung bzw. ein gutes Ergebnis unabdingbar ist.

Selbstreflexionen zum Thema Sexualität

* Fühle ich mich von dem Klienten angezogen?
* Bin ich empfänglich für die Bewunderung meines Klienten?
* Hat der Klient um Körperkontakt gebeten, oder bin ich derjenige, der die Initiative ergreift?

- Habe ich das starke Bedürfnis, jemanden zärtlich zu berühren oder berührt zu werden?
- Habe ich Angst davor, jemanden zu berühren oder berührt zu werden?
- Glaube ich, daß ich der Bitte um eine schützende Berührung *immer* nachgeben sollte?
- Wenn ich den Klienten berühre, überprüfe ich dann genau seine Reaktionen?
- Neige ich dazu, den Verwandlungsprozeß zu bremsen, vor allem, wenn er mit Sexualität zu tun hat?
- Hat das nächste Risiko auf meiner eigenen psychospirituellen Reise mit Körperkontakt oder Sexualität zu tun?
- Ist eine Berührung des Klienten in diesem Fall therapeutisch sinnvoll oder schädlich? Ist es therapeutisch sinnvoll oder schädlich, den Klienten nicht zu berühren?
- Kann ich mit meinem Klienten problemlos über seine sexuellen Gefühle und Phantasien reden und mich mit ihm an seiner neu entdeckten körperlichen oder spirituellen Sexualität erfreuen?
- Ist meine sexuelle Energie zur Zeit geschwächt? Strahle ich Anzeichen einer klinischen Depression aus?
- Verurteile ich aus moralischen Gründen die Phantasien oder das Sexualverhalten meines Klienten?
- Ermuntere ich meinen Klienten dazu, seinen Prozeß als einen innerlichen anzusehen?
- Würde es meinem Klienten helfen, wenn ich ihm gestehen würde, daß ich mich von ihm angezogen fühle, während ich uns beiden gleichzeitig versichern würde, daß ich meine Faszination nicht sexuell ausleben werde?
- Habe ich vor mir selbst Rechenschaft darüber abgelegt, warum mein normaler ethischer Kodex in diesem besonderen Falle nicht gelten sollte?

Querverbindungen zwischen Sexualität und Problemen anderer Chakren

Ethisches Fehlverhalten steht häufig mit Sexualität in Zusammenhang. In vielen ethisch schwierigen Fällen, in denen es nicht zu einem Sexualverhalten kam, schwangen durchaus romantische Untertöne und verwirrende Zweideutigkeiten mit.

Sexualität ist der Weg, auf dem wir gewöhnlich zu Vereinigung gelangen. Wir fühlen uns von dem angezogen, was uns fehlt, um uns ganz fühlen zu können. Deshalb verwenden wir Sexualität häufig unbewußt dazu, uns das zu verschaffen, was wir wollen: Geld, Macht, Liebe, Wahrheit und Einsicht. Vielleicht versuchen wir, unser Bedürfnis nach Ganzheit zu erfüllen, indem wir uns mit einem Klienten verbinden, der eine dieser Eigenschaften zeigt. (Siehe *Kapitel 1* sowie *3* bis *10*.)

Wenn sich jemand mit Sexualität als vorrangigem ethischen Problem beschäftigt, sei er auf den Abschnitt über Ehrlichkeit uns selbst gegenüber in *Kapitel 13* verwiesen. Er mag sich vielleicht auch die Abschnitte über das Unterschätzen der Macht außergewöhnlicher Bewußtseinszustände und die uneingestandene Sehnsucht nach Liebe und spiritueller Verbundenheit in *Kapitel 12* anschauen.

Kapitel 7

Macht

Betrachtet man Macht als die Befähigung, das Leben anderer zu verbessern, erweitert das das enge gesellschaftliche Verständnis einer eher traditionellen Vorstellung von
Macht.[94]

Pythia S. Peay

Macht – Das dritte Chakra

Das dritte Chakra symbolisiert die Sehnsucht, etwas zu verändern und Aufgaben zu meistern. Es ist die Stelle, an der
wir unsere Ängste, Bedürfnisse, Wünsche und spirituellen
Sehnsüchte mit Mitteln verknüpfen, um diese Ziele zu erreichen. Weil zur Bewältigung von Aufgaben Kontrolle nötig ist,
handelt es sich beim dritten Chakra auch um Kontrollprobleme. Macht, Herrschaft und Kontrolle können dazu dienen,
daß andere ihre eigenen Fähigkeiten entdecken. Macht, Herrschaft und Kontrolle können jedoch auch zum Selbstzweck
werden, der auf Kosten anderer erreicht wird.

Gegenübertragung – Spirituelle Sehnsüchte und Ängste im Zusammenhang mit Macht

Therapeuten sehnen sich nach der Macht, zur Heilung eines
Klienten beizutragen. Geistliche und Therapeuten sehnen
sich danach, denen, die in ihrer Obhut stehen, zu einer besse-
ren Lebensqualität zu verhelfen. Transpersonale Therapeu-

ten möchten ihre Fähigkeiten einbringen, um Bewußtsein und Achtsamkeit zu erhöhen. Sie möchten dem Klienten helfen, seinen Bezugsrahmen zu erweitern und mit existentiellen Problemen fertig zu werden, wobei sie die eigenen Erfahrungen des Klienten dazu nutzen, seinen Glaubens- und Wertvorstellungen Form zu geben. Spirituell ausgerichtete Therapeuten tragen die tiefe Sehnsucht in sich, ihre ganze spirituelle Macht mit Integrität und Urteilsvermögen einzusetzen, um denen zu helfen, die bei ihnen Unterstützung suchen.

Therapeuten können in ihrem Machtchakra auch auf Angst vor spiritueller Macht stoßen. Sie können hin und her schwanken: Am Anfang fühlen sie sich ohnmächtig und erfolglos.

- Ich kann meinem Klienten nicht helfen. Ich bin kein Schamane. Ich kann nicht mit ihm in andere Welten reisen und ihn beschützen.

Dann wiederum fürchten sie, daß sie zuviel Macht haben und diese mißbrauchen könnten.

- Ich weiß, was bei meinem Klienten als nächstes passiert. Es ist fast so, als ob ich es bestimmen würde und er meine Gedanken läse, so daß er dann weiß, was er als nächstes zu tun hat.

Gegenübertragung – Persönliche Wünsche und Ängste im Zusammenhang mit Macht

Die Sehnsucht, etwas zu bewirken und Meisterschaft zu erlangen, ist die höhere Oktave (spirituelle Sehnsucht) der Macht. In der tieferen Oktave (persönliche Wünsche und Ängste) der Macht möchte ein Mensch nicht nur etwas bewirken und Meisterschaft erlangen, sondern auch einen Einfluß auf die Ansichten anderer haben. Er möchte, daß die anderen, Kollegen und Klienten, ihn für etwas besonderes halten und wunderbar finden. Er benötigt Bewunderung oder Anerkennung zur Bestätigung seiner Meisterschaft.

Therapeuten wünschen sich natürlich den Respekt des Klienten. Wenn sie jedoch davon abhängig sind, ihn zu bekommen, werden sie von ihrem Bedürfnis nach einem bestimmten Klientenverhalten kontrolliert. In der Transaktionsanalyse (TA) beschreibt Eric Berne eine Dynamik, ein »Spiel« (ein vorhersagbares dynamisches Muster zwischen Menschen), das er *Sie sind wirklich wundervoll, Herr Professor!*[95] nennt. Bei dieser Interaktion sucht der Therapeut Anerkennung und Ansehen. Er benötigt sie so sehr, daß er, um sie zu bekommen, bereit ist, den Klienten (Studenten) zu entmachten. »Ich bin wundervoll«, stimmt der Therapeut zu, und du, der Klient, bist nicht *so* wundervoll, deshalb hast du die Rolle, mir zu erzählen, wie wundervoll ich bin. Die Tatsache, daß nur eine Seite (der Therapeut) bedingungslos wundervoll ist und nicht auch die andere (der Klient), ist spirituell ungesund. Wenn ein Therapeut diese Haltung einnimmt, neigt er dazu, im Machtchakra den Weg der rechten Beziehung zu verlassen, auch ohne daß der Klient es tut.

Die Energie im Machtchakra wird durch den Wunsch zu kontrollieren oft von ihrem Weg des Dienens und der Meisterschaft abgebracht. Therapeuten sind vielleicht der Ansicht, daß sie wissen sollten, worauf der Prozeß hinausläuft. Bei der Arbeit in außergewöhnlichen Zuständen können sie es aber einfach nicht wissen. Sie sind nicht in der Lage, die Richtung eines Prozesses vorherzusagen. Jeder Versuch, es dennoch zu tun, kann sich negativ auf die Behandlung auswirken. Der Versuch, den Prozeß zu antizipieren und vorherzusehen, kann der natürlichen Richtung, die der innere Heiler des Klienten eingeschlagen hat, in die Quere kommen.

Ein Therapeut erzählte seinem Supervisor: »Ich bin nicht der Ansicht, daß ich für diesen Klienten genug tue.« Er beschrieb die Situation ausführlicher, und der Supervisor antwortete: »Ich glaube, wir unterschätzen den enormen Wert, den allein das Zuhören hat, wenn wir, soweit es uns möglich ist, auf ihn eingestimmt sind und uns in ihn einfühlen.«[96]

Wenn Therapeuten bei ihrer Arbeit im außergewöhnlichen Zustand ein bestimmtes Ergebnis erwarten, dann meinen sie, etwas falsch gemacht zu haben, wenn im Prozeß des Klienten etwas Unvorhergesehenes passiert. Wenn sich etwas Unvorhergesehenes und *Negatives* ereignet, fühlt sich der Therapeut vielleicht verantwortlich und schuldig. Ist das unerwartete Resultat *positiv*, fühlt sich der Therapeut möglicherweise unzulänglich, weil er es *nicht* verursacht oder *nicht* erwartet hat. Auf der anderen Seite können Therapeuten leugnen, daß ein Ereignis sie überrascht hat und auf subtile Weise für sich in Anspruch nehmen, daß sie es ausgelöst haben. Jede dieser Reaktionen ist das Ergebnis des Anhaftens an der Macht.

Therapeuten wollen vor ihren Klienten vielleicht als jemand dastehen, der für sein Geld etwas *tut*. Sie wollen den Respekt des Klienten und den Status als Heiler. Sie glauben, es sich dadurch zu verdienen, daß sie etwas leisten und tun. In den traditionellen Therapiesystemen, die für die Arbeit mit Klienten in normalem Bewußtseinszustand entwickelt wurden, wurden wir als Therapeuten dazu ausgebildet, Antworten zu wissen, Strategien zu verfolgen und Techniken anzuwenden. Beim Übergang zur therapeutischen Arbeit im außergewöhnlichen Zustand kann es sein, daß man das Nur-Anwesendsein und das Vertrauen auf den Prozeß nicht als angemessene Therapie ansieht. Innerhalb des therapeutischen Rahmens für unerwartete Ereignisse und einen größeren Bezugsrahmen Raum zu schaffen scheint uns nicht genug zu sein.

In den sogenannten New-Age-Therapien wird *Tun* noch immer gepriesen, wenn auch eher heimlich. In einer wundervollen Monographie mit dem Titel *Doing, Not Doing* heißt es:

Diese [transpersonalen] Therapien scheinen noch auf der traditionellen Grundannahme zu beruhen, daß der Therapeut zumindest im Hintergrund noch verantwortlich ist und den Fluß des therapeutischen Prozesses irgendwie steuern muß. Selbst Modelle des sogenannten Neuen Paradigmas fassen diese wichtige Beziehung (der Therapeut als

Experte) in eine nicht-traditionelle und ein wenig »alterna-
tive« Terminologie. Zum Beispiel: »Ich (der Therapeut) bin
nur ein Kanal. Ich bin nicht derjenige, der heilt, sondern
Gott. Ich setze meinen Verstand nicht ein; ich stimme mich
intuitiv auf das Wesen des Klienten ein, usw.«[97]

Jeanne Achterberg erörtert in ihrem Buch *Die heilende Kraft
der Imagination* die Arbeit von Lawrence LeShan und erklärt:

> Der Heiler versucht nicht, dem zu Heilenden »etwas zu
> tun«; er/sie versucht lediglich, zu verbinden, zu verschmel-
> zen, mit ihm/ihr eins zu werden. Das Herzstück des Hei-
> lungsvorganges ist tiefe, intensive Fürsorge oder Liebe, die
> auf den zu Heilenden ausgerichtet ist..., es reicht aus, ein-
> fach mit dem ausdrücklichen Wunsch, heilen zu wollen,
> »dort« zu sein, damit die Heilung stattfindet.[98]

Nicht-tun ist nicht so einfach, wie es klingt. Es geht bei dieser Art Arbeit im wesentlichen darum, gekonnt nicht zu handeln. Auch wenn Therapeuten bei der Arbeit in außergewöhnlichen Zuständen genau das Richtige tun, indem sie *nicht tun*,
können sie doch an sich zweifeln. Diese Haltung kann von
einem Klienten gespiegelt werden, der sich in der außergewöhnlichen Realität ebenfalls auf fremdem Terrain fühlt und
schnell das Gefühl verinnerlicht, daß nicht alles so verläuft, wie
es sollte.

Wenn wir uns als Therapeuten vor der spontanen, transformativen Energie der außergewöhnlichen Zustände fürchten,
kann unsere Angst, indem sie mit der Angst des Klienten vor
der eigenen oder der transpersonalen Macht mitschwingt, den
Prozeß des Klienten stoppen. Wir können dem Klienten verbal, durch Gesten, emotional oder intuitiv vermitteln, daß es
gefährlich ist, weiterzumachen. Wir könnten ihm aber auch
vermitteln, daß es gefährlich ist, *ohne uns* weiterzumachen. In
diesem Fall dienen unsere sorgfältig abgesteckten Grenzen
mehr unserem eigenen Wohl als dem unserer Klienten.

• Ein Klient möchte eine Vision Quest machen, aber der Therapeut (der sich davor fürchtet, allein in den Bergen zu übernachten) sagt dem Klienten, daß er für eine derartig kraftvolle Erfahrung noch nicht bereit sei.

Auch wenn Therapeuten nicht der Ansicht sind, daß sie wissen *sollten*, wohin der Prozeß des Klienten sich gerade bewegt, können sie Angst vor dem Unvorhersehbaren haben. Sie wehren sich vielleicht dagegen, überrascht zu werden, und versuchen, den Klientenprozeß zu kontrollieren, anstatt zu riskieren, daß sich in ihrer Praxis etwas Unvorhergesehenes ereignet.

Übertragung im Zusammenhang mit Macht

Der Klient kann alle Ereignisse im Verlauf seiner Entwicklung der *Magie* des Therapeuten zuschreiben. Der Therapeut kann zum Archetyp des Magiers werden, zum Schöpfer fremder Welten, zu dem, der Energien channelt, und zu dem, der Wunderbares hervorbringt. Eine derartige Situation beschreibt die Bibel bei der Versuchung Christi durch den Teufel.[99] Der Teufel beabsichtigte, Christus weitreichende Macht zu verleihen. Der Klient erklärt sich bereit, seinem Therapeuten das unendliche Mysterium und die Macht der außergewöhnlichen Realität zuzuschreiben. Christus lehnte ab, aber einflußreiche spirituelle Führer sind durch diese große Versuchung oft ins Straucheln geraten. Außer Geistliche sind auch Therapeuten und Körpertherapeuten recht anfällig dafür. Sie könnten der Versuchung erliegen, Macht zu besitzen, die sie nicht für sich beanspruchen können.

Einer meiner Klienten hatte unglaubliche transpersonale Erfahrungen. Weder seine gesellschaftliche Prägung noch vorhergehende Lebenserfahrungen haben ihn auf die Möglichkeiten dieser menschlichen Erfahrungen vorbereitet. Die Erfahrungen begannen in einer Hypnosesitzung mit seinem Therapeuten. Für ihn hat der Therapeut die Rolle von Pawlows

Glocke übernommen: Weil er die spirituelle Nahrung der
außergewöhnlichen Zustände in der Gegenwart dieses Therapeuten erhielt, wurde der Therapeut die Vorbedingung und in
der Vorstellung des Klienten der Katalysator oder die Ursache
für diese Erfahrungen.

Adolf Guggenbühl-Craig, ein Jungscher Psychotherapeut,
wies darauf bereits 1971 in seinem wundervollen Buch *Macht
als Gefahr beim Helfer* hin. Er warnt:

> Die Zauberer-Zauberlehrlings-Phantasien der Patienten be-
> einflussen auch den Therapeuten sehr stark. Es beginnt sich
> in ihm selber im Unbewußten der Zauberer oder der Retter
> zu konstellieren. Er selber beginnt von sich den Eindruck zu
> haben, er sei tatsächlich jemand mit übernatürlichen Kräf-
> ten, fähig, durch seine Magie Überirdisches zu bewirken.[100]

Wann immer Therapeuten in der therapeutischen Beziehung
Macht beanspruchen, die sie nicht haben, entmachten sie den
Klienten. In Wirklichkeit sind sie keine Heiler. Heilung ereignet sich in ihrer Gegenwart nur – weil sie aus dem Weg gehen
oder weil sie den Klienten ermutigen, das, was geschehen will,
zuzulassen. Die Erfahrungen und die Heilung gehen jedoch
nicht auf ihr *Tun* zurück.

Das Machtchakra hat auch eine eigene Version der Co-Abhängigkeit. Der Therapeut *will* vielleicht *Heiler* und *Magier* sein.
Wenn er diese Übertragung annimmt, kann er sich auf dem
Karpmanschen Dreieck[101] als *Retter* eingeordnet haben. In dem
Drama-Dreieck sind die drei Rollen *Retter, Verfolger, Opfer*
austauschbar. Wenn jemand eine der drei Rollen übernimmt,
kann es passieren, daß er plötzlich in eine der anderen Rollen
wechselt, weil die Rollen untrennbar miteinander verbunden
sind. Wenn z. B. der Retter der Magier und Überbringer wun-
dervoller rettender Welten ist, ist der Klient das Opfer, weil er
sich selbst entmachtet hat. Der Klient läßt seine eigene innere
Weisheit, den inneren Magier oder die Höhere Macht unberück-
sichtigt, wenn er diese Rolle auf den Therapeuten projiziert.

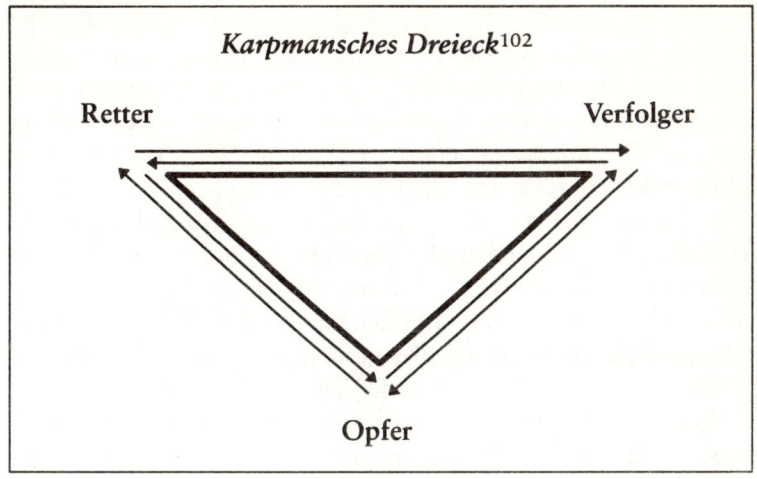

Karpmansches Dreieck[102]

Retter

Verfolger

Opfer

Der Klient ist auch deshalb Opfer, weil er von seinem Therapeuten betrogen worden ist. Der Therapeut hat die Projektion
angenommen und sie nicht sofort zurückgewiesen. Er hat
nicht gesagt: »Das steht mir nicht zu. Der Magier ist ein Teil
von *dir*.« Weil der Therapeut behalten hat, was ihm nicht
gehört, und dadurch den Klienten entmachtet hat, hat er von
seiner Rolle als Retter zum Verfolger gewechselt. Der Klient
erkennt vielleicht zu einem bestimmten Zeitpunkt, daß der
Therapeut nicht im Interesse des Klienten, sondern aus seinem
Bedürfnis heraus gehandelt hat, als Heiler zu gelten. Wenn er
dies erkennt, kann der Patient die Rolle des Verfolgers übernehmen, und der Therapeut wird zum Opfer.

Der Therapeut kann auch dann die Rolle des Opfers übernehmen, wenn der Prozeß des Klienten einen schwierigen Verlauf nimmt. Wenn der Therapeut die Rolle des Magiers annimmt, hat der Klient das Recht, dem Therapeuten Vorwürfe
zu machen, sobald er dem Klienten keine angenehmen therapeutischen Erfahrungen mehr verschafft. Der Klient kann
den Therapeuten außerdem dafür verantwortlich machen, daß
er in eine Phase schnellen psychospirituellen Wachstums eintritt und vorübergehend in der normalen Realität nicht rich-

tig funktioniert. Der Klient könnte der Ansicht sein, daß der Therapeut etwas tun könnte, um seine Situation zu verbessern, und sich bewußt dafür entscheidet, es zu unterlassen. Der Klient kann plötzlich seine Meinung dahingehend ändern, daß der Therapeut schließlich doch kein Magier, sondern in Wirklichkeit unfähig ist, auch als Therapeut.

Der Klient, der die Opferrolle gespielt hat, wird oft auch zum Verfolger, wenn sein Unmut über den Therapeuten einen bestimmten Punkt erreicht. Der Klient kann ärgerlich werden, weil er herablassend, wie ein Kind behandelt oder auf andere Weise klein gehalten wird. Wenn dies geschieht, kann sich die Rollenverteilung so verschieben, daß der Therapeut zum Opfer wird.

Wenn wir uns als Therapeuten des Drama-Dreiecks bewußt sind, kann uns das Wissen um die Konsequenzen der Retter- oder Opferrolle glücklicherweise davor bewahren, zu schnell in die attraktive Rolle des Retters zu schlüpfen.

Die Energie der Macht richtig nutzen

Ein Therapeut, dessen Energie sich gerade im Machtchakra äußert, kann seine tiefen Sehnsüchte, anderen Menschen zu helfen, erfüllen und einen Beitrag zu ihrem Leben leisten. Er kann sowohl seine Berufung zu dieser Art von Arbeit als auch seine tiefe, fürsorgliche Motivation bestätigen.

Der Therapeut kann seine Macht in der therapeutischen Beziehung dazu nutzen, Raum zu geben, wenn ein Klient zögert, über das hinauszugehen, was er kennt. Er kann einen Klienten dazu ermutigen, sich nach einer Erfahrung, die seine Weltanschauung verändert hat, wieder in einen außergewöhnlichen Zustand zu wagen. Der Therapeut kann dem Klienten sagen, daß er bei ihm sein wird, wenn er sich in unbekanntes Territorium vorwagt. Der Therapeut kann dem Klienten sagen, welche Möglichkeiten seiner Ansicht nach der Klient selbst hat, Macht zu erlangen, und welche Fähigkeiten er hat, diese Macht in seinem Leben kreativ und weise einzusetzen.

Der Therapeut kann Schutz bieten, wenn ein Klient Angst hat. Wenn der Klient sich nicht bereit fühlt, kann der Therapeut ihm aber auch versichern, daß der Zeitpunkt noch nicht gekommen ist, um weiterzugehen. Der Therapeut kann sein therapeutisches Geschick und seine Macht nutzen, um zwischen Zögern und Angst zu unterscheiden, so daß er entweder Raum geben oder Schutz gewähren kann.

Der Therapeut kann sich selbst erforschen und seine Unschlüssigkeit und Ängste auf die Probe stellen. Er kann selbst persönliche und spirituelle Risiken eingehen, um zu gewährleisten, daß er durch sein Beispiel dem Klienten weiterhin Mut und Vertrauen in seinen Prozeß vermittelt. Der Therapeut in der nachfolgend geschilderten Situation beschließt, daß er den nächsten Schritt in seinem Prozeß tun muß, und zieht sich zu einem spirituellen Retreat zurück:

- Ich weiß, daß ich viel über den Tod nachgedacht habe und mir immer wieder einbilde, schwerkrank zu sein. Ich habe beschlossen, dem keinen Widerstand zu leisten oder den Prozeß zu externalisieren (und damit vielleicht zur Entstehung einer Krankheit beizutragen), sondern weiter in meine Angst hineinzugehen. Ich habe beschlossen, zwei Dinge zu tun: mit einer regelmäßigen Therapie anzufangen und einen zehntägigen Meditations-Retreat mitzumachen.

Der Therapeut kann alles tun, was in seiner Macht steht, um dem Klienten Macht zu geben und ihm die Stärken, Fähigkeiten und Talente, die in ihm stecken, zu zeigen. Er kann den Klienten auf dessen positive Wirkung auf den Therapeuten und auf andere hinweisen. Hin und wieder hat der Therapeut die Gelegenheit, außergewöhnliche »Probleme« in Fähigkeiten oder Talente zu verwandeln. Der Klient fühlt sich aufgrund seiner außergewöhnlichen Erfahrungen oft als etwas Besonderes. Dies kann sein Selbstwertgefühl sehr wirkungsvoll steigern, solange der Klient sich nicht allmächtig fühlt oder größenwahnsinnig wird. Der Therapeut kann dafür sorgen, daß offen darüber gesprochen wird, wie es ist, »etwas Besonderes zu sein«, und den Klienten gleichzeitig dazu ermutigen, im normalen Bewußtseinszustand gut zu funktionieren. Zum Beispiel:

• Sie haben vielleicht eine besondere Gelegenheit erhalten, sich zu entwickeln und zu heilen, damit Sie anderen besser beistehen können.

• Sie entwickeln die wundervolle Fähigkeit, sich auf Höhere Mächte einzustimmen und alle Arten von Informationen zu empfangen. Alle Menschen haben das Potential, mediale Fähigkeiten zu entwickeln, aber nicht alle tun es, genauso wie einige Menschen Musiker werden und andere nicht.

• Es fällt Ihnen auf natürliche Weise leicht zu lernen, wie man Informationen erhält und auslegt, und außerdem sind Sie bereit, Ihre spirituelle Richtung zu praktizieren.

Therapeuten können einer Höheren Macht etwas übertragen

Einige Therapeuten haben Zugang zu einer Höheren Macht, zu einem spirituellen Wesen oder einer anderen Quelle der Inspiration, denen sie ihr Verhaftetsein an bestimmte Ergebnisse übergeben können. Ein derartiges inspirierendes Wesen »übernimmt« die Last der persönlichen Ängste und Wünsche, so daß der Suchende sie hinter sich lassen kann. Der Dritte Schritt des Zwölf-Schritte-Programms betrifft die Entscheidung, seinen Willen (Kontrolle oder Macht) Gott, was immer man unter Gott versteht, zu übertragen. Andere spirituelle Systeme verwenden vielleicht die Formulierung *Übergib es dem Guru* oder *Überlaß es Jesus.*

Wenn der Klient weiterhin darauf besteht, dem Therapeuten seine spirituelle Macht zu übertragen, hat der Therapeut keine wirkliche Kontrolle über diese Klientenübertragung. Der Therapeut kann jedoch für sich die Verehrung oder was auch immer ihm übertragen wurde weiterleiten. Er kann es

seiner eigenen Inspirationsquelle darbringen, so daß weder
Therapeut noch Klient in dem Karpmanschen Dreieck stek-
kenbleiben. Wenn der Therapeut ruhig und offen erklärt,
daß er keinerlei Übertragung spiritueller Macht anerkennt,
kann die Übergangsperiode der Übertragung sogar therapeutisch in der gleichen Weise wirken wie jede gelungene Eltern-
übertragung.

Der Therapeut kann dem Klienten ein erweitertes Gefühl
dafür vermitteln, welche Erfahrungen, die in außergewöhnlichen Zuständen gemacht werden, möglich und normal sind.
Die eigene Erfahrung des Therapeuten, die Beherrschung der
Technik und die Fähigkeit, mutig zu handeln, versetzen ihn in
die Lage, seinem Klienten diesen Raum zu geben und Schutz
zu gewähren.

In der Therapie benutzt der Therapeut seine Autorität, um
Klienteneinsichten zu bestätigen und dem Klienten einen Weg
aufzuzeigen, wie er sich selbst bestätigt und Macht erlangt. Er
nutzt seine therapeutischen Techniken, um den Klienten bei
der Verstärkung von Botschaften zu unterstützen. Der Therapeut erläutert die Bilder des Klienten nicht, sondern hilft ihm,
seine Botschaften selbst zu hören, zu fühlen und zu erläutern.
Zum Beispiel:

- Wenn Sie in die normale Wirklichkeit zurückkommen, werden Sie leugnen, daß Ihre Erfahrung mit einem beschützen-
  den Bären echt war, und Sie werden daran zweifeln, daß Sie
  die Erfahrung überhaupt gemacht haben. Es ist aufgrund
  unserer Erziehung in der modernen Gesellschaft schwierig,
  die außergewöhnliche Realität zu schätzen und als wahr
  zu akzeptieren. Sie könnten versuchen, Ihrem Krafttier die
  Rolle zuzuweisen, die wirkliche außergewöhnliche Erfahrung, die Sie mit ihm gemacht haben, zu würdigen.
- Sie sagten, daß Sie auf Ihrer Reise die Vision von einem
  Ei hatten, das anfing zu bersten. Können Sie noch ein anderes Bild hervorbringen, das zeigt, was jetzt mit dem Ei
  geschieht?

• Sie sagten, Sie hätten eine sehr feste Stelle mitten in Ihrem Körper. Würden Sie einmal hinhören, um herauszufinden, welche Klänge oder Worte diese Stelle vielleicht von sich geben möchte? Könnten Sie diesen Klang für diese Stelle zum Ausdruck bringen?

In den genannten Beispielen nutzt der Therapeut seine Kenntnis des Bewußtseins, schamanischer Praktiken oder der Mythologie, um das, was beim Klienten bereits geschieht, zu unterstützen. Sorgfältig darauf bedacht, den Prozeß nicht einzuengen oder zu verhindern, gibt der Therapeut ausreichend Informationen, die den Klienten in seinen Erfahrungen bestätigen, ihm Raum geben und sie zu etwas Normalem machen. Diese Informationen können dem Klienten helfen, in dem unbekannten Gebiet außergewöhnlicher Zustände seinen Weg zu skizzieren. Ein Therapeut, der eine rechte Beziehung zur Macht hat, vermeidet die Rollen des Retters oder Magiers. Da er weiß, daß er nicht der *Macher* ist, gibt er dem Klienten jede projizierte Macht zurück und bestätigt die innere Weisheit, den inneren Heiler und die Höhere Macht des Klienten als Quellen außergewöhnlicher Heilerfahrungen. Falls es nicht möglich sein sollte, die Übertragung zurückzugeben, kann der Therapeut sie in Hinblick auf seine mentale und spirituelle ethische Gesundheit zu einer höheren spirituellen Quelle weiterleiten, bis der Klient soweit ist, zurückzufordern, was ihm zusteht. Das heißt, der Therapeut erkennt an, daß er nicht der Magier ist. Falls ein Magier bestimmt werden müßte, wird ein Therapeut diesen Titel eher einer Höheren Macht zusprechen, als ihn für sich zu beanspruchen und dadurch sein Ego zu verführen. Indem er dies tut, leugnet er seine Gegenübertragung nicht, sondern erkennt sie an und unternimmt aktiv etwas dagegen, dem Glauben zu verfallen, daß die Sichtweise seines Klienten, er sei ein Magier, richtig sei.

Wenn der Therapeut auf einen Prozeß trifft, den er fürchtet oder den er zu kontrollieren oder anzuhalten versucht, könnte er Hilfe suchen. Wenn er sich mit seiner eigenen Angst auseinandersetzt, wird er die Integrität erlangen, seinem Klienten dabei zu helfen, sich der Angst zu stellen. Stellt der Therapeut fest, daß er dies nicht tut, wird er vielleicht erkennen, in welchem Punkt er selbst kein Risiko eingeht und einen Schritt in diese Richtung tun.

Selbstreflexionen zum Thema Macht

- Vertraue ich dem Prozeß (besonders in diesem Fall)?
- Zögere ich, oder habe ich Angst, in meinem Leben gerade jetzt selbst ein persönliches oder spirituelles Risiko einzugehen?
- Habe ich das Gefühl, daß es für diesen Klienten gefährlich ist, seinen Prozeß weiter zu verfolgen, wohin er auch führt?
- Vermittle ich dem Klienten Vertrauen in seine eigene Macht, indem ich seine Erfahrungen, Bilder und Einsichten verstärke? Oder beschränke oder behindere ich seine Macht, indem ich ihm Erklärungen liefere?
- Bin ich der Ansicht, daß ich als Begleiter des Klienten im Nachhinein seine Erfahrungen kritisieren oder kontrollieren sollte?
- Fühle ich mich fähig zu unterscheiden, wann der Klient im Hinblick auf seine Erfahrungen im außergewöhnlichen Zustand Raum braucht und wann er Schutz braucht?
- Möchte ich, daß mein Klient denkt, ich sei für seine Erfahrungen verantwortlich?
- Bin ich der Ansicht, daß *ich* für seine Erfahrungen verantwortlich bin?
- Reizt es mich, Retter, Heiler oder Magier zu sein?
- Habe ich das Gefühl, in der Beziehung zu meinem Klienten plötzlich die Rolle des Verfolgers oder Opfers übernommen zu haben?
- Habe ich jegliche Übertragung spiritueller Macht (die ich meinem Klienten derzeit nicht zurückgeben kann) meiner eigenen spirituellen Quelle weitergeleitet?

Querverbindungen zwischen Macht und Problemen anderer Chakren

Es ist möglich, das Ungleichgewicht der Macht, die einer Beziehung zwischen Therapeut und Klient aufgrund von Problemen in den Chakren eigen ist, auszunutzen. Ausnutzen ist ein Machtmißbrauch zum Nutzen einer Partei auf Kosten der anderen. Wir können Macht dazu benutzen, unsere Unzulänglichkeitsgefühle abzubauen oder sexuelle Gefälligkeiten zu erwirken.

Macht kann die treibende Kraft für spirituelles Streben sein, wenn sich z. B. ein Mensch selbst beweisen möchte, daß er seinen Körper durch yogische Enthaltsamkeit kontrollieren kann, oder wenn er zu beweisen versucht, daß er andere durch seine besonderen Fähigkeiten »heilen« oder »reparieren« kann, oder wenn er zu beweisen versucht, daß er einfühlsamer oder sensitiver ist als andere. Machtprobleme scheinen oft mit Problemen von Sexualität und Einsicht Hand in Hand zu gehen (vergleiche *Kapitel 6* und *10*), und man könnte auch auf den Abschnitt über den Einsatz von Abwehrmechanismen des Therapeuten in *Kapitel 13* verweisen.

Kapitel 8

Liebe

Wir sehnen uns danach, uns mit etwas oder jemandem zu verbinden, das oder der mehr ist als wir selbst.

Liebe – Das vierte Chakra

Nach dem dritten Chakra beginnt das Abenteuer jenseits der Realität, die wir kennen, das uns mit dem in Verbindung bringt, was jenseits des abgetrennten Selbst liegt. Die persönlichen Chakren betreffen Geld, Sexualität und Macht. Sie haben mit der uns bekannten Identität als abgetrenntes Selbst zu tun.

Die Reihe der vier transpersonalen Chakren (Identität und Verbindung außerhalb des abgetrennten Selbst) beginnt mit Liebe, wie sie im vierten Chakra erfahren wird. Christina Grof schreibt: »Das Öffnen des Herzens, die Geburt von wahrem Mitgefühl und Liebe von innen heraus ist oft der Anfang des wahren spirituellen Lebens.«[103]

Gegenübertragung – Spirituelle Sehnsüchte und Ängste im Zusammenhang mit Liebe

Das vierte Chakra (Liebe) ist der Ort, an dem Menschen ihre persönliche, abgetrennte Identität überschreiten. Liebe öffnet das Herz. In diesem Chakra nimmt das Herz leicht die Freuden und Sorgen eines anderen in sich auf. Das Herz empfindet alles, was außerhalb von ihm ist, als wenn es in ihm wäre.

Wir sehnen uns danach, uns mit etwas oder jemandem zu
verbinden, das oder der mehr ist als wir selbst – und sich jenseits dessen befindet, was Alan Watts unsere »mit Haut um-
hüllten Egos« nennt. Eingeengt in die mühevolle, enge Welt
unserer persönlichen Belange, sehnen wir uns nach dieser
Art spiritueller Verbundenheit. Wir sehnen uns nach Transzendenz jenseits der Beschränkungen durch Geld-, Sexualitäts-
und Machtprobleme.

Ein Klient beginnt oft erst nach einem langen Kampf mit
den Problemen der ersten drei Chakras der Energie des vierten
Chakras Ausdruck zu geben. Nach einer besonderen Krise
oder einer kraftvollen Energiefreisetzung läßt er plötzlich los.
Loslassen scheint eher eine Art von Gnade zu sein als etwas,
von dem man meint, daß man es verdient habe oder für das
man gekämpft hat. Dabei zu sein, wenn ein Klient die Aus-
weitung der Liebesenergie erfährt, ist ähnlich, wie wenn man
einer Hausgeburt beiwohnt. Die Atmosphäre ist so ähnlich
wie bei der Geburt eines Kindes, wenn die Eltern sich der An-
kunft dieser Seele in ihrer Obhut bewußt sind und sie willkommen heißen.

Einen Klienten, der sich durch die Erfahrung der Liebe des
vierten Chakras wie neu geboren fühlt und sich selbst, sein
Wesen, respektiert, umgibt eine gewisse Heiligkeit. Wenn ein
Klient die Energie im vierten Chakra fühlt, ist er nicht dabei
zu *machen*, sondern zu *sein*. Er spürt eine Verbindung zu sich
selbst, seinem Therapeuten, der Natur und zu allem, was er
sieht.

Ein Therapeut oder Geistlicher, der diese heitere Gelassenheit und Verzückung beobachtet, mag sich danach sehnen,
dem Klienten ins vierte Chakra zu folgen. Der Therapeut
wünscht sich vielleicht, mitfühlend statt urteilend oder einfach akzeptierend statt kritisch zu sein. Er mag sich wünschen,
offenherzig zu sein. Wenn der Therapeut nicht in der Lage ist,
seinem Klienten mit seinem Mitgefühl zu folgen, bleibt er im
Stadium des Sich-Sehnens. An diesem Punkt könnte er auf bestimmte spirituelle Ängste und spirituelle Sehnsüchte stoßen.

Der Geistliche oder Therapeut mag befürchten, daß er spirituell nicht so verbunden ist wie sein Klient. Er gibt vielleicht die Hoffnung auf, die Gnade des wirklichen Loslassens zu fühlen. Er könnte auf die spirituelle Geburt und das natürliche Mitgefühl des Klienten eifersüchtig sein. Er könnte eifersüchtig darauf sein, daß der Klient ein neues Gefühl für eine leidenschaftliche, spirituelle Verbundenheit hat. Diese Angst kann ihn wieder zu einem Problem des ersten Chakras, der Unzulänglichkeit, führen.

• Ich bin kein guter Seelsorger, wenn ich nicht immer spirituell verbunden bin – wenn ich nicht immer voller Mitgefühl bin!

Ein Therapeut könnte auf einen Klienten, der natürlich und liebevoll handelt, unangemessen reagieren. Der Klient sucht vielleicht aufgrund der Vertrautheit, die zwischen ihnen besteht, Anerkennung beim Therapeuten. Aus Angst vor Vertrautheit könnte jedoch der Therapeut einen Blickkontakt vermeiden oder den Klienten durch das Aussprechen eines Gedankens von einem Augenblick tiefster Verbundenheit ablenken.

Überschreitet man die Brücke zwischen dem dritten und vierten Chakra, bedeutet das, daß man die Angst vor tiefer Verbundenheit und Vertrautheit ablegt. Wenn man sich nicht mehr als abgetrennt betrachtet, hat man keine Angst mehr vor der Verbundenheit abgetrennter Identitäten. Wenn sich dagegen der Therapeut in dem Moment weiterhin als abgetrenntes Wesen betrachtet – als jemand, der sich vor Vertrautheit fürchtet –, kann seine Beengtheit das sich weitende, offene und verletzliche Herz des Klienten, das gerade voller Liebe ist, bedrohen.

Wenn sich die Energie des Klienten während eines außergewöhnlichen Bewußtseinszustands im vierten Chakra bewegt, kann die spirituelle Gegenübertragung noch verwirrender sein. Der Therapeut könnte durch die magnetische Kraft der

Energie des Klienten ebenfalls in den sich ausdehnenden Zustand spiritueller Liebe geraten. Aufgrund ihrer engen Beziehung könnte es geschehen, daß der Therapeut sich seine spirituellen Sehnsüchte, grenzenloses Mitgefühl oder die Freiheit von der Eingeschränktheit abgetrennter Identitäten zu empfinden, erfüllt.

Was nach der Sitzung geschieht, hängt davon ab, ob der Therapeut mit einem Fuß in der normalen Realität stand, während er seinen Klienten in diese Bereiche begleitete. Falls der Therapeut nicht mit den Liebesgefühlen des vierten Chakras vertraut ist, könnten er oder der Klient sie jeweils dem anderen oder ihrer Beziehung zuschreiben. Der Therapeut könnte sich daran klammern, seine spirituellen Sehnsüchte nach spiritueller Verbundenheit mit Hilfe seines Klienten oder dadurch, daß er seinen Klienten wiederholt auf Reisen in die außerordentliche Realität begleitet, zu erfüllen.

Gegenübertragung – Persönliche Wünsche und Ängste im Zusammenhang mit Liebe

Der Überfluß an Liebe und Vertrautheit, der in einem Klienten entsteht, kann im Therapeuten eine Leere füllen. Der Therapeut könnte den unerfüllten Wunsch haben, bestätigt zu werden. Er könnte sich durch die Fähigkeit des Klienten gestärkt fühlen, seine einzigartigen Qualitäten als Therapeut und als Mensch miteinander zu verbinden, zu spüren und zu schätzen. Der Grad ethischer Verwundbarkeit steht in einem bestimmten Verhältnis zu dem Ausmaß an unerfüllten Bedürfnissen. Der Therapeut könnte das Gefühl spiritueller Liebe, das der Klient erfährt (das griechische Wort *agape* beschreibt diese Eigenschaft), mit persönlicher Liebe in einer normalen Beziehung verwechseln. Er könnte sich aufgrund der Dankbarkeit des Klienten für etwas Besonderes halten. Wenn sich der Klient in einem außergewöhnlichen Bewußtseinszustand befindet, könnte der Therapeut die Dankbarkeit des Klienten für seine wiedererlangte Verbundenheit mit der Liebe und mit sich selbst für eine persönliche Liebe zum Therapeuten halten.

Übertragung im Zusammenhang mit Liebe

Der Klient kann der Ansicht sein, daß die Therapiesitzung der einzige Ort ist, an dem er die Beengtheit seiner persönlichen Wünsche, seine Ängste und seine Sorgen über Geld, Sexualität und Macht ablegen kann. Er mag der Ansicht sein, daß die Therapiesitzung der einzige Ort ist, an dem er sich frei und verzückt fühlen kann. Er kann auch zu dem Ergebnis kommen, daß sein Therapeut der einzige Mensch ist, in dessen Anwesenheit er Liebe erfahren kann.

Ein Psychiater stellte als ein Beispiel für Übertragung und Gegenübertragung im Bereich der Liebe den nachfolgenden Fall eines stationären Psychiatrie-Patienten vor. Der Fall veranschaulicht auch sehr schön den Reiz der Retterrolle, und wie sie, wenn sie angenommen wird, die Therapie in eine Schieflage bringen kann.

- Ein 38jähriger unverheirateter Mann wurde aus dem Gefängnis, in dem er wegen des Vorwurfs der Kindesbelästigung einsaß, zur psychiatrischen Begutachtung in die Klinik geschickt. Er war schuldig, und es handelte sich um eine Wiederholungstat.

  Er stammte aus einer hochgradig gestörten, aber sehr leistungsbezogenen Familie. Sein Vater war ein unbeugsamer Anwalt, der nie für seine Familie da war, seine Mutter eine kindliche Neurotikerin. Sein jüngerer Bruder arbeitete als Psychoanalytiker.

  Im Verlauf einer Gruppensitzung auf der Station brachte der Patient zum ersten Mal in seinem Leben eine tiefsitzende Wut zum Ausdruck, dabei ging ein Möbelstück zu Bruch. Er war entsetzt, regredierte in einen kindlichen Zustand und fing an zu schluchzen. Ich schloß ihn mitten in der Gruppe fest in meine Arme, und sein Schluchzen verwandelte sich in einen ekstatischen Zustand, wobei er vor Freude strahlte. (Meine Deutung: Das Kind wurde nicht für die Zerstörung des Möbelstücks bestraft.)

Später stand ich wegen des kaputten Tischs heftig unter Beschuß, und der Patient erfuhr davon. Er betrachtete mich als seinen Retter, und ich dachte, wenn auch nicht in diesen hochtrabenden Worten, daß ich ihm helfen könnte. Ich investierte viel Zeit und überzeugte schließlich das Gericht, ihn aus der staatlichen Anstalt für geisteskranke Kriminelle in eine örtliche Institution zu verlegen, wo ich ihn behandeln konnte.

Wir begannen mit der Behandlung, und nach einer Woche haute er ab! Soviel zu meiner Retterrolle und den Gefühlen von Liebe, die er in der Gruppe hatte!

Es ist mir jetzt klar, daß ich mir meiner Sehnsucht nach Liebe und Verbundenheit und meiner Angst, die Zuneigung und Anerkennung des Patienten zu verlieren, nicht bewußt war. Ich habe meine Fähigkeiten als Therapeut grob über- und seine Erkrankung unterschätzt. Jahre später habe ich erfahren, daß er wieder gefaßt worden war und wegen wiederholter Kindesbelästigung einsaß.

Weil wir in unseren Sprachen nicht die notwendigen Begriffe haben, um zwischen verschiedenen Arten und Beschaffenheiten von Liebe zu unterscheiden, kann die Liebe des vierten Chakras, selbst wenn sie in einem außergewöhnlichen Bewußtseinszustand rein erfahren wurde, nach der Rückkehr zum normalen Bewußtsein anders erinnert werden. Bei der Rückkehr aus der außergewöhnlichen Realität zur Normalität kann der Klient eine Vorstellung von Liebe (*agape*) mitbringen, die er zu persönlicher Liebe uminterpretiert und dabei seinen Therapeuten zum Objekt dieser Liebe macht.

Ob ein Therapeut mit einer derartigen Übertragung richtig umgeht, hängt von seiner Erfahrung mit außergewöhnlichen

Zuständen ab. Spirituelle Liebe läßt sich wie jede menschliche Erfahrung in einer Therapiesitzung von einem Klienten geschickt üben, indem der Therapeut als Werkzeug und Stellvertreter eingesetzt wird, so daß der Klient in einem geschützten Raum lernen kann, diese Art der Liebe zu spüren und in seinen anderen derzeitigen und zukünftigen Beziehungen auszudrücken.

Die Energie der Liebe richtig nutzen

In außergewöhnlichen Bewußtseinszuständen kann der Klient – unbelastet von der normalen Wirklichkeit mit ihren Sorgen und Anhaftungen – üben, Liebe zu erfahren. Er kann auch üben, seine Ängste und Sehnsüchte zu spüren, die auftauchen, wenn der außergewöhnliche Zustand abklingt und er zu seinem normalen Bewußtseinszustand zurückkehrt. Die Ängste vor sowie die Wünsche nach Anerkennung, Bindung, Vertrautheit, Offenheit und angemessenen Grenzen sind Korn für die Mühle der therapeutischen Beziehung.

Der Therapeut kann helfen, indem er angemessene Grenzen zieht. Angeles Arrien listet sechs Arten universeller Liebe auf, von denen eine die *Liebe zwischen Lehrer und Schüler, Therapeut und Klient und so weiter* ist.[104] Diese Liebe ist anders als die zwischen Eltern und Kind oder zwischen zwei Geliebten. Ein Klient könnte z. B. nach einer vertrauten, verbindenden Sitzung eine Freundschaft außerhalb der therapeutischen Beziehung wünschen und erwarten. Wenn der Therapeut sich über seine eigenen Grenzen nicht im klaren ist, entscheidet er sich vielleicht dafür, sein Herz zu verschließen, um auf diese Weise eine Grenze zu ziehen, sich zu verteidigen und den Klienten zwischen den Sitzungen dadurch auf Distanz zu halten. Stattdessen könnte er seinem Klienten klar mitteilen, wie und wann er bereit ist, eine vertrauliche Beziehung mit ihm einzugehen:

- Wenn Sie mich zum Freund hätten, würden Sie einen Therapeuten verlieren. Lassen Sie uns weiterhin im Rahmen unserer therapeutischen Sitzungen miteinander vertraut sein. Manchmal wird es angemessen sein, sich zu berühren, manchmal nicht. Ich möchte deutlich sagen, daß Vertraulichkeit in diesem Falle nicht Sexualität bedeutet. Ich würde mich gerne mit Ihnen darüber unterhalten, was für uns hilfreich ist, um Vertrautheit herzustellen, was unangenehm ist, was uns von der Vertrautheit wegführt und wie Sie diese Erfahrungen auf andere Beziehungen in Ihrem Leben übertragen möchten.

Auch wenn der Therapeut nicht für die Gefühle des Klienten verantwortlich ist, ist er verantwortlich für seine eigene Reaktion auf diese Gefühle. Jegliche Zweideutigkeit bezüglich seiner Bereitschaft, sich auf eine sexuelle oder romantische Beziehung einzulassen, wird die Sicherheit der therapeutischen Beziehung bedrohen.

In der therapeutischen Beziehung müssen die Grenzen deutlich gezogen werden, so daß beide Herzen genügend Raum und Schutz genießen, um offen zu bleiben.

Selbstreflexionen zum Thema Liebe

- Fühle ich mich spirituell einsam?
- Fühle ich mich, als ob ich Liebe (*agape*) durch diesen Klienten erfahren hätte?
- Habe ich das Gefühl, daß mein Klient durch mich Liebe erfährt?
- Erkenne ich meine Sehnsucht nach spiritueller Verbundenheit an?
- Erkenne ich meinen tiefen Wunsch, mitfühlend zu sein, an?
- Habe ich in der Regel Angst vor Vertrautheit? Mit diesem Klienten?
- Habe ich in der Regel ein starkes Verlangen nach Vertrautheit? Mit diesem speziellen Klienten?

- Wie entziehe ich mich Vertrautheit?
- Bin ich eifersüchtig auf die Fähigkeit meines Klienten, loszulassen? Ekstase zu empfinden? Dankbarkeit zu empfinden? Zu *sein*, ohne zu *machen*? Einfühlsam zu sein?
- Fühle ich mich als Therapeut unzulänglich, weil ich spirituell nicht genügend verbunden oder nicht einfühlsam genug bin?
- Ist mein Wunsch, anerkannt zu sein, derzeit nicht befriedigt?
- Habe ich mich mit meinem Klienten deutlich über die Grenzen unserer Vertraulichkeit ausgesprochen?
- Wie habe ich genügend Freiraum und Schutz geschaffen, damit in der Therapiesitzung beide Seiten Vertrauen haben können?
- Wenn ich in den Sitzungen zusammen mit meinem Klienten in einen außergewöhnlichen Zustand eintrete, kann ich unterscheiden, wann ich in einem außergewöhnlichen und wann ich in einem gewöhnlichen Bewußtseinszustand bin? Woran erkenne ich den Unterschied?
- Kann ich zwischen transpersonaler (*agape*) und persönlicher Liebe unterscheiden?

Querverbindungen zwischen Liebe und Problemen anderer Chakren

Liebe im Sinne des vierten Chakras ist ein außergewöhnlicher Bewußtseinszustand. Deshalb möchte ich auf die besonderen Bedürfnisse eines Klienten in einem außergewöhnlichen Zustand verweisen (Vergleiche *Kapitel 3*). Der Abschnitt in *Kapitel 12*, in dem unsere nicht anerkannten Sehnsüchte nach Liebe und spiritueller Verbundenheit erörtert werden, kann ebenfalls einige Einsichten bieten, die auf bestimmte Situationen angewendet werden könnten.

Liebe wird oft mit Sexualität verwechselt (vergleiche *Kapitel 6*). Wenn in der Klientensituation, an die Sie gerade denken, ein Erlöser- oder Retterelement beteiligt sein sollte, kann das Kapitel über Macht, insbesondere der Abschnitt über das Karpmansche Dreieck, hilfreich sein (vergleiche *Kapitel 7*). Es könnte auch hilfreich sein, wenn Sie sich die Abschnitte über authentische Anteilnahme und die Bereitschaft, um Hilfe zu bitten, in *Kapitel 13* anschauen.

Kapitel 9

Wahrheit

Wahrheit ist es, wonach sich unser Herz sehnt,
aber was wir ausdrücken können, sind bloße Wahrheiten. ...
Anstatt Wahrheiten zu erfassen,
können wir uns von der Wahrheit ergreifen lassen.[105]

David Steindl-Rast

Wahrheit – Das fünfte Chakra

In außergewöhnlichen Bewußtseinszuständen sprechen und handeln Klienten aufrichtig. Sie neigen normalerweise nicht dazu und sind auch nicht in der Lage, ihre Gedanken, Reaktionen oder Handlungen zu fälschen. Sie sind, zumindest zeitweise, nicht sehr daran interessiert, zu lügen, um sich damit persönliche Wünsche zu erfüllen oder sich vor (persönlichen) Ängsten zu schützen. Sie befinden sich oft in einem Zustand, der die Ebene ihrer gewöhnlichen Motive übersteigt, die zu einer Manipulation der Wahrheit und anderer Menschen führen können. Was während des außergewöhnlichen Zustands geschieht, ist ihnen wichtig. Ihr Tun und ihr Umgang mit anderen ist sehr glaubwürdig.

Gegenübertragung – Spirituelle Sehnsüchte und Ängste im Zusammenhang mit Wahrheit

Bei uns als Therapeuten manifestiert sich in diesem Chakra die Sehnsucht nach Transzendenz ebenso wie die Sehnsucht, die Wahrheit zu verkörpern. Wir sehnen uns danach, über den Ängsten und Wünschen zu stehen, die uns kleine Lügen erzählen lassen oder verhindern, daß wir die ganze Wahrheit sagen. Wir sehnen uns danach, durch uns die reine Wahrheit zum Ausdruck zu bringen. Wir möchten, daß unser Gesichtsausdruck ungekünstelt ist, unsere Worte nicht »gefärbt« sind und unsere Handlungen keine Hintergedanken haben.

Ein Klient erreicht in einem außergewöhnlichen Bewußtseinszustand manchmal sehr schnell, worum Meditierende lange ringen – Bewußtsein ohne Filter, die die reine Erfahrung verfärben oder beflecken. Wenn sich einem Klienten die Wahrheit zeigt, ist seine Energie frei. Selbst wenn die Wahrheit seine Gefühle aufwühlt, kann er bemerkenswert friedlich erscheinen. Es ist, als ob sein wahres Wesen sich im Auge des Sturms befindet, während sein Körper und seine Gefühle dem Sturm zeitweise Ausdruck geben. Der Therapeut sehnt sich vielleicht danach, die gleiche Art von Frieden zu erlangen.

Gegenübertragung – Persönliche Wünsche und Ängste im Zusammenhang mit Wahrheit

Die Handlungen des Klienten können ziemlich frei von gesellschaftlichen Zwängen erscheinen. Obligatorische Komplimente, Lächeln, Gekicher und Freundlichkeiten gehören in dem Moment nicht in sein Repertoire. Der Therapeut mag sich aufgrund seines eigenen Wunsches, mit mehr Integrität zu sprechen und zu handeln, zu den freimütigen Aussagen und dem Mangel an Arglist auf Seiten des Klienten hingezogen fühlen.

Die Wahrheit ist manchmal beängstigend. So erging es wahrscheinlich dem Kaiser in dem Märchen, als der kleine Junge ihm klarmachte, daß er wirklich keine Kleider anhatte. Genauso kann der Klient den Therapeuten in einem außergewöhnlichen Bewußtseinszustand demaskieren. Der Klient kann z. B. deutlich die Illusionen, persönlichen Probleme und

Motive des Therapeuten erkennen. Der Klient kann konkret aussprechen, daß er seine sexuelle Anziehungskraft auf den Therapeuten, die Eifersucht des Therapeuten auf den Klienten, das Bedürfnis, den Prozeß des Klienten zu kontrollieren, und Gefühle von Unzulänglichkeit in der Therapiesitzung wahrnimmt.

Wenn er derartige Äußerungen hört, kann der Wunsch nach Integrität und Freiheit von gesellschaftlichen Zwängen den Therapeuten dazu bewegen, seine therapeutischen Grenzen zu überschreiten. Das könnte unter Umständen dazu führen, daß sich die Rollen vertauschen und der Therapeut mit dem Klienten viel über seinen Prozeß spricht. Er könnte sich auch auf eine Diskussion über sexuelle Attraktivität oder sogar auf Sexualkontakt mit dem Klienten einlassen.

Ein Therapeut kann auf der anderen Seite jedoch auch auf einen Klienten, der derartige Aussagen über den Therapeuten macht, so reagieren, daß er verbirgt, was der Klient erkannt oder gesehen hat. Für den Therapeuten kann Sichtbarkeit gleichbedeutend sein mit Verletzlichkeit. Der Therapeut hat vielleicht Angst davor, von einem anderen, insbesondere von einem Klienten, erkannt zu werden. Der Therapeut könnte der Ansicht sein, daß er den Respekt des Klienten verliert, wenn er zugibt, daß der Klient recht hat. Er könnte meinen, daß er die »Kontrolle« über die Therapie verlöre. Er könnte sich in seine eigene Geschichte der Scham und Schuld hineinsteigern, wenn er sich vorstellt, daß er etwas »falsch« gemacht hat. Vor lauter Scham und Schuld könnte es sogar geschehen, daß er nicht einmal vor sich selbst zugibt, daß das, was der Klient über ihn sagt, wahr ist.

Übertragung im Zusammenhang mit Wahrheit

Klienten haben oft seit ihrer frühesten Kindheit Angst davor, die Wahrheit zu sagen. Sie können ihre Angst auf den Therapeuten projizieren. Der Klient könnte befürchten, daß man ihm nicht glaubt, daß er bestraft oder verurteilt wird. Der Klient kann sich vorstellen, daß der Therapeut ihm nicht glaubt, ihn bestraft oder tadelt. Die Angst mag Erfahrungen in normalem Bewußtseinszustand entstammen. Vielleicht hat das Kind etwas über einen Freund der Familie geäußert und wurde deswegen getadelt. Die meisten von uns sind, was das Äußern von Wahrheit betrifft, gesellschaftlich auf diese Weise konditioniert.

Eine derartige Angst könnte auch aus einem sehr frühen Alter stammen, als der Klient vielleicht über seine ersten Erfahrungen in außergewöhnlichem Zustand gesprochen hat. Vielleicht hatte er als Kind einen Spielkameraden, den er sich in seiner Vorstellung geschaffen hat, hatte Vorahnungen, außersinnliche Wahrnehmungen oder konnte Auren sehen. Es ist durchaus möglich, daß das Kind ignoriert wurde, wenn es Erwachsenen diese Erlebnisse erzählt hat, daß ihm gesagt wurde, es sei ein Lügner, daß es in sein Zimmer geschickt oder sogar geschlagen wurde. Es wurde ihm wahrscheinlich gesagt, daß es derartige Dinge nie wieder erzählen solle. Empfindsame Kinder können die Angst der Eltern spüren und lernen, ihre eigene Erfahrung zu verbergen, um die Eltern nicht noch einmal zu provozieren. Wenn der Klient eine derartige Geschichte hat, kann ihn das Äußern der Erfahrungen in einem außergewöhnlichen Zustand mit einigen machtvollen elterlichen Verboten in Kontakt bringen. Der Klient kann diese negativen Elternrollen leicht auf den Therapeuten übertragen.

Umgekehrt könnte der Klient die Rolle eines guten Elternteils auf den Therapeuten übertragen – des Elternteils, der immer zuhört und seine Darstellungen außergewöhnlicher Erfahrungen zu schätzen wußte. Der Therapeut könnte in diesem Falle nachforschen, was mit dem schlechten Elternteil passiert ist, der wahrscheinlich verinnerlicht wurde und in der Therapie noch einmal auftauchen könnte. Auch dies ist ein Fall, bei dem der Therapeut sich hüten sollte, als Retter in das Karpmansche Dreieck einzutreten, nur um später unversehens zum Verfolger zu werden (vergleiche *Kapitel 7*).

Bei einigen Klienten überlagerten religiöse Einflüsse ihre direkten spirituellen Erfahrungen. Erwachsene hatten ihnen gesagt, daß bestimmte Erfahrungen unheimlich und falsch sind. Wörter wie *Hexerei, Teufel, böse Geister* und *Geister* werden manchmal von Erwachsenen verwendet, die sich vor dem Außergewöhnlichen fürchten. Diese Wörter können Kinder davon abbringen, ihre außergewöhnlichen Erfahrungen zu behalten oder zu erzählen.

Der Klient könnte auch seinen inneren Kritiker auf den Therapeuten projizieren. Er hat vielleicht Angst davor, etwas Falsches zu sagen oder zu tun. Er könnte ein tiefes Mißtrauen gegenüber seinen eigenen Vorstellungen haben. Er könnte fürchten, daß der Therapeut über seine Berichte lacht und ihm einfach nicht glaubt. Er könnte glauben, daß etwas mit ihm nicht in Ordnung ist, weil er bisher nicht gehört hat, daß jemand ähnliche Erfahrungen gemacht hat. Der Therapeut ist eine mögliche Leinwand für die Projektion dieser Ängste.

Der Klient kann Verantwortung auf den Therapeuten projizieren, der den außergewöhnlichen Zustand herbeigeführt hat, in dem der Klient bestimmte Dinge ehrlich geäußert hat. Dies kann besonders wichtig sein, wenn der außergewöhnliche Zustand den Klienten mit Problemen sexuellen Kindesmißbrauchs in Kontakt bringt. In vielen dieser Fälle wurde den Kindern gesagt, daß sie bestraft würden, wenn sie darüber sprächen. Wenn sie es nun als Erwachsene erzählen, können sie genausoviel Angst vor Bestrafung haben wie als Kinder. Dem Therapeuten vorzuwerfen, daß er sich falsch erinnert, kann ein Versuch des Klienten sein, die Verantwortung und Strafe für das Aussprechen der Wahrheit abzulehnen.

Es kann passieren, daß ein Klient die Wahrheit metaphorisch und nicht wörtlich zum Ausdruck bringt. Einige »falsch erinnerte« Erzählungen über Mißbrauch schildern die Wahrheit nicht auf streng historische, sondern auf poetische Weise, weil die wirkliche Realität nicht angemessen vermittelt werden kann bzw. in ihrer Nüchternheit nicht deutlich aufgenommen werden kann (vergleiche *Kapitel 3*).

Die Energie der Wahrheit richtig nutzen

Der Therapeut kann den Klienten ermutigen, die Wahrheit auszusprechen. Ob der Klient neue Informationen über sich, über seine Erfahrung oder über den Therapeuten mitteilt, auf jeden Fall kann der Therapeut die Aufrichtigkeit des Klienten anerkennen und würdigen. Sollte der Klient Informationen über den Therapeuten enthüllen, von denen der Therapeut lieber nicht wollte, daß der Klient sie weiß, sollte der Therapeut einmal tief durchatmen und das, was zutrifft, bestätigen. Er kann unterscheiden helfen zwischen dem, was für ihn und was für den Klienten wahr ist, falls es da einen Unterschied gibt. Der Therapeut kann sämtliche Tatsachen und allgemeinen Schwächen, die der Klient entdeckt hat, kurz anerkennen, ohne bei ihnen zu verweilen. Er könnte auch nachfragen, wie sich der Klient mit diesem Wissen fühlt, und hervorheben, daß die Gedanken und Gefühle des Klienten Gegenstand der Sitzung sind.

* Sie haben recht. Ich habe Angst vor körperlichen Risiken. Es ist etwas, woran ich in meinem Leben gerade arbeite. Ist diese Information für die Arbeit mit mir nützlich für Sie? Wie ist es für Sie zu wissen, daß Ihr Therapeut Angst davor hat, körperliche Risiken auf sich zu nehmen?

Eine größere Herausforderung könnte es sein, wenn der Klient einige zutreffende Beobachtungen über die Beziehungsdynamik zwischen sich und dem Therapeuten geäußert hat. Es ist wundervoll, wenn der Therapeut sich in der Lage sieht, die Wahrheit einfach anzuerkennen, mit seiner Aufmerksamkeit beim Klienten zu bleiben und ihn zu ermutigen, mit seinen inneren Nachforschungen fortzufahren.

* Sie haben recht. Ich fühle mich von Ihnen angezogen. Sie sind eine attraktive Frau. Ich möchte jedoch niemals eine

romantische oder eine sexuelle Beziehung mit Ihnen. Ich
nehme meine Verantwortung als Therapeut in dieser Hinsicht sehr ernst.

- Manchmal bin ich neidisch auf Sie. Ich wünschte, ich hätte
wie Sie Kontakt zu Geistführern. Wenn ich mit Ihnen eine
Sitzung habe, denke ich meistens jedoch nicht darüber
nach. Meistens bin ich glücklich, daß Sie sich so weit öffnen! Gerade jetzt bin ich froh darüber, daß Sie dies gesagt
haben, so daß ich es bestätigen kann.

- Sie sagten, Sie meinten, ich hätte ein Programm für Sie. Ja,
ich wollte, daß Sie mehr an Ihren Ärger herankommen, und
habe Sie in der Richtung zu stark ermutigt. Ich sehe jetzt,
daß Sie Traurigkeit ausdrücken mußten. Manchmal ver-
gesse ich, daß der Prozeß selbst einen Verstand hat und ich
nur hier bin, ihn zu unterstützen, und nicht, ihn zu kontrollieren.

Wenn der Eindruck entsteht, daß sich das therapeutische Gespräch wegen des »Wahrheit-Sagens« auf einen Umweg be-
gibt, kann es auch zweckmäßig sein, klarzustellen, daß die
Therapie nicht auf die Probleme des Therapeuten ausgerichtet
ist. Es kann ehrlich und für die Therapie wichtig sein zu sagen:

- Wir sind nicht hier, um meine Themen zu behandeln. Sie
bezahlen mich für die Zeit, damit wir beide uns auf Sie konzentrieren können.

Wenn sich der Klient in solchen Momenten der Enthüllung
in einem außergewöhnlichen Zustand befindet und auf eine
Reaktion auf seine Aussagen besteht, hat der Therapeut
mehrere Möglichkeiten. Viel hängt vom Inhalt ab und davon,
wie verletzlich der Therapeut bei dem Problem ist, das der
Klient angeschnitten hat. Wenn der Therapeut sich angegrif-
fen fühlt und befürchtet, daß diese Verwundbarkeit sein professionelles Urteilsvermögen beeinträchtigt, kann er Grenzen
setzen und gleichzeitig zusagen, daß er auf das Thema, das der

Klient vorgebracht hat, zurückkommen wird. Nachfolgend einige Vorschläge für Therapeutenreaktionen in einer derartigen Situation:

- Ich möchte mit Ihnen ausführlicher darüber sprechen, wenn wir beide in einem normalen Bewußtseinszustand sind.
- Ich kann diesem Thema nicht die Aufmerksamkeit schenken, die es verdient, und gleichzeitig mit meiner Aufmerksamkeit bis zum Ende der Sitzung bei Ihnen bleiben. Wir werden ganz gewiß später darüber sprechen.
- Ich bin froh, daß Sie mich darauf aufmerksam gemacht haben. Einiges davon scheint zu stimmen. Lassen Sie uns in einer anderen Sitzung weiter darüber sprechen.

Tiefgehende Erfahrungen bringen ziemlich oft mythische, perinatale und archetypische Bereiche in die Therapie ein. Wenn ein Klient seine Mythen als faktische Wahrheit vorbringt, kann es geschehen, daß Klient und Therapeut verwirrt sind und nicht wissen, was sie glauben sollen. Es könnte hilfreich sein, derartiges Material als inneren Prozeß zu behandeln, während das Material selbst (nicht notwendigerweise die Tatsachen) als real und im tiefsten Sinne wahr betrachtet wird. Mythen und Metaphern können oft mehr Feinheiten über die Erfahrungen eines Klienten enthüllen als reine Fakten (vergleiche *Kapitel 3*).

Das Aussprechen von Wahrheit erfordert entsprechende Verantwortung. Wahrheit und Verantwortung gehen Hand in Hand. Verantwortung wird durch Verbundenheit, Fürsorge und die Liebe des vierten Chakras geweckt. Die spirituelle Energie des vierten Chakras ist oft still und wortlos, aber die spirituelle Energie der Liebe wird nach außen häufig durch wahre Worte und verantwortliches Handeln zum Ausdruck gebracht, wenn sie das fünfte Chakra erreicht.

Selbstreflexionen zum Thema Wahrheit

- Sehne ich mich danach, Weisheit und höhere Wahrheit zu channeln?
- Sehne ich mich danach, mit größerer Integrität zu sprechen und zu handeln?
- Möchte ich von Konventionen und sozialen Einschränkungen frei sein?
- Macht mich das Aussprechen der Wahrheit durch einen Klienten nervös?
- Habe ich aufrichtig auf die Erkenntnisse meines Klienten über mich oder meine Motive geantwortet?
- Habe ich als Antwort auf die Fragen des Klienten bezüglich meiner Person meinen eigenen Prozeß mehr erörtert als therapeutisch für die Bedürfnisse des Klienten notwendig war?
- Habe ich bei diesem Klienten irgendeine andere therapeutische Grenze überschritten?
- Habe ich Angst, von meinem Klienten durchschaut zu werden?
- Habe ich die außergewöhnlichen Erfahrungen meines Klienten gewürdigt?
- Kann ich sowohl die Wahrheit in einem Mythos als auch die Möglichkeit der Täuschung in »Tatsachen« erkennen?

Querverbindungen zwischen Wahrheit und Problemen anderer Chakren

Wahrheit kann eng mit Problemen im Bereich Geld, Sexualität und Macht (vergleiche *Kapitel 5, 6 und 7*) verbunden sein. Die Bereitschaft, uns selbst, unseren Kollegen und unseren Klienten die Wahrheit zu sagen, wird ausführlich in *Kapitel 13* erörtert.

Kapitel 10

Einsicht

Es gibt mystische Traditionen die bestätigen, daß spirituelle Entwicklung oft einhergeht mit Symptomen, die denen einer Psychose ähneln, deren Wirkung aber eher heilend und entwicklungsfördernd ist als pathologisch.

Einsicht – Das sechste Chakra

Das sechste Chakra gilt traditionell als der Sitz des dritten Auges oder der spirituellen Einsicht. Der Klient, dessen Energie in diesem Chakra arbeitet, kann spontan das, was als paranormale Fähigkeiten bekannt geworden ist, unter Beweis stellen. In der yogischen Tradition sind sie als *siddhis* bekannt und jede von ihnen hat einen Sanskrit-Namen. Zu ihnen gehören das Hören innerer Klänge, Visionen und yogische Kontrolle über den Körper.[106] Wir entdecken bei Klienten vielleicht einige dieser Erfahrungen: außersinnliche Wahrnehmungen, Stimmen im Kopf sowie mystische Erfahrungen, wie z. B. Visionen Heiliger oder das Sehen verschiedener Aspekte Gottes und das Erlangen eines tiefen Verständnisses für spirituelle Vorstellungen, die anderen nicht verbal übermittelt werden können.

Ein Klient, der paranormale Phänomene erlebt, wird sich vielleicht fragen, ob diese Symptome Anzeichen einer ernsthaften Geisteserkrankung oder Zeichen für Entwicklungsstadien auf dem spirituellen Weg sind (vergleiche die Diskussion von Psychose versus außergewöhnlichen Zustand in *Kapitel 2*). Viele Fachleute aus dem Bereich der Religion oder

Psychologie werden zustimmen, daß es sich um Zeichen einer Psychose handelt und daß jeder, der diese Erscheinungen nicht als solche behandelt, unmoralisch ist. Jedoch zeigt die mystische Tradition jeder großen Weltreligion und auch der schamanischen Richtungen, daß spirituelle Entwicklung, die durch derartige Phänomene begleitet wird, sich von einer Geisteskrankheit *unterscheidet*.

Gegenübertragung – Spirituelle Sehnsüchte und Ängste im Zusammenhang mit Einsicht

Ein Therapeut, dessen Klient derartige Erfahrungen macht, möchte vielleicht selbst gern paranormale bzw. mediale Fähigkeiten haben oder mystische Erfahrungen machen. Er könnte der Ansicht sein, daß sie so etwas wie einen Maßstab für spirituellen Fortschritt darstellen, und feststellen, daß er selbst schlecht abschneidet, weil er sie nicht hat. Wenn er einige dieser Erfahrungen einmal gemacht hat, möchte er sie jetzt vielleicht gerne wieder machen.

Gleichzeitig könnte der Therapeut Angst davor haben, derartige spirituelle Kräfte zu mißbrauchen, wenn er sie hätte. Wenn er Gedanken lesen könnte, könnte er meinen, er würde Menschen ausnutzen. Er könnte Angst davor haben, zu klar zu sehen; Angst davor haben, die Zukunft zu sehen. Er könnte Vorahnungen fürchten, weil er sich an bestimmte Ergebnisse klammert. Er könnte sich auch davor fürchten, bewußt außerkörperliche Erfahrungen zu machen oder in den inneren Bereichen Geistern oder archetypischen Gestalten zu begegnen.

Diese spirituellen Sehnsüchte und Ängste können zu Problemen in den anderen Chakren führen, besonders Geld (Veränderung), Sexualität und Macht. Der Therapeut will vielleicht den Prozeß des Klienten kontrollieren, daran teilhaben (als Magier oder Liebhaber) oder sich dem Prozeß widersetzen, weil er Veränderung und Verlust bedeutet.

Im Falle des sechsten Chakras kann der Therapeut aufgrund einer direkten persönlichen Begegnung mit einem Klienten, der mystische Erfahrungen macht, befürchten, seine Unwissenheit bezüglich bestimmter Dinge zu verlieren. Wir glauben vielleicht, es sei gut, Unwissenheit zu verlieren, aber sie kann uns vor Angst, Veränderung und Verantwortung schützen. Verlust von Unwissenheit könnte bedeuten, daß es nicht mehr möglich ist, Verantwortung irgendwie von uns wegzuschieben.

Gegenübertragung – Persönliche Wünsche und Ängste im Zusammenhang mit Einsicht

Der Therapeut hat persönlich den großen Wunsch, den therapeutischen Prozeß des Klienten zu verstehen. Dies ist fast die Voraussetzung, um Therapeut werden zu können! Bei der Arbeit mit Klienten in außergewöhnlichen Bewußtseinszuständen wird der Wunsch des Therapeuten, den größeren Zusammenhang kennenzulernen, durch das große Mysterium vereitelt. Niemand wird jemals wissen, warum Dinge sich auf eine bestimmte Weise ereignen oder wie sie in ein Bild passen, das für das menschliche Vorstellungsvermögen zu groß ist. Manchmal gibt es in außergewöhnlichen Bewußtseinszuständen einen Aussichtspunkt, von dem aus man einen flüchtigen Blick auf größere Panoramen erhaschen kann. Aber vor allem im normalen Bewußtseinszustand ist es weiser, demütig zu sein, wenn es um unsere Fähigkeit geht, zu begreifen, was in dem Prozeß eines anderen passiert.

Die unerklärlichen Drehungen und Wendungen auf der psychospirituellen Reise eines Klienten vereiteln die meisten Versuche, den Prozeß zu erklären oder vorherzusagen. Die Probleme des Therapeuten in diesem Chakra können mit dem ersten (Sicherheit) und dem dritten Chakra (Macht) verbunden sein. *Wissen* ist ein subtiler Weg, um Kontrolle ausüben zu wollen und sich dem Unbekannten, das in der Veränderung liegt, zu widersetzen.

Zu den persönlichen Ängsten, die mit der Gegenübertragung des Therapeuten in diesem Chakra verbunden sind, könnte die Angst gehören, Leugnen als Abwehrmechanismus zu verlieren. Das existentielle Verständnis des Klienten kann bewirken, daß der Therapeut die Vergänglichkeit des Lebens und seine eigene Sterblichkeit nicht länger leugnen kann. Er könnte sich dagegen wehren zu erfahren, was der Klient von seiner außergewöhnlichen Reise mitgebracht hat, und könnte auf diese Weise unbewußt die Erkenntnisse des Klienten abwerten.

Die Angst des Therapeuten, spirituelle Kräfte zu mißbrauchen, wenn er sie hätte, könnte sich unangemessen auf den Klienten übertragen. Wenn ein Klient bestimmte spirituelle Fähigkeiten erlangt, wird ihm normalerweise auch die Kenntnis darüber mitgegeben, wie diese Gaben einzusetzen sind. Dem Therapeuten fehlt diese Erkenntnis jedoch vielleicht, und er fürchtet deshalb, daß der Klient derartige »Kräfte« anwendet.

Der Okkultist Aleister Crowley war der Ansicht, es gäbe ein universelles Prinzip: »Tu, was Du willst, ist das einzige Gesetz.« Von bestimmten Gesichtspunkten aus betrachtet (z. B. dem dritten Chakra, Macht) erschreckt uns dies. Aus der Perspektive des dritten Chakras könnten wir uns als abgetrennte Wesen betrachten, die auf Kosten anderer abgetrennter Wesen »gewinnen«.

Im außergewöhnlichen Zustand (insbesondere, wenn die Energie mit Einsicht arbeitet) können wir mehrere Schichten derartiger Unwissenheit ablegen. In diesen Zuständen können wir verstehen, daß jeder die Macht hat, sein Leben mitzugestalten. Wir erkennen, daß wir diese Macht kenntnisreich einsetzen können. Um es anders auszudrücken: Wir erfahren Weisheit, die die Unwissenheit beseitigt hat, durch die wir die Macht mißbrauchen würden. Statt dessen spüren wir leichter, welche Konsequenzen unsere Handlungen für die anderen im Netz des Lebens haben, weil wir uns eins mit ihnen fühlen. »Und wie ihr wollt, daß euch die Leute tun sollen, so tut ihnen auch!« könnte ein lebendiges Axiom werden. Wir erkennen, daß richtiges Gewinnen nur dann möglich ist, wenn der *andere* auch gewinnt.

Wenn der Therapeut bemerkt, daß er den Klienten vor paranormalen Kräften, Kontakten mit Geistern oder außerkörperlichen Erfahrungen warnt, könnte er über die Ursachen seiner Bedenken nachdenken. Wenn er noch nicht viel Erfahrung mit diesen Zuständen oder Erfahrungen hat, ist er vielleicht nicht in der Lage, auszumachen, welcher therapeutische Ratschlag ausgleichend wirkt und spirituell gesund ist und welcher seinen eigenen Ängsten oder seiner Unwissenheit entstammt.

Übertragung im Zusammenhang mit Einsicht

Wenn der Klient mediale Fähigkeiten oder Erkenntnisse erlangt, nimmt er vielleicht an, daß der Therapeut sie bereits besitzt und versteht. Diese Annahme kann schwer auf dem Therapeuten lasten, wenn er erleuchtet erscheinen möchte.

Der Klient mag auch hier, wie im Machtchakra, der Ansicht sein, daß der Therapeut ihm ermöglicht, diese Erfahrungen zu machen. Ohne den Therapeuten, so denkt er, hätte er diese Erkenntnisse, mystischen Erfahrungen oder medialen Fähigkeiten nicht. Er könnte sich von der hypnotischen Hinführung des Therapeuten, dem Trommeln oder seiner Anwesenheit abhängig fühlen, um diesen Bereichen in sich selbst zu begegnen.

Die Energie der Einsicht richtig nutzen

Wenn der Therapeut tief im Inneren weiß, daß er nicht der Macher ist, erwartet er auch nicht, zu wissen, wie sich der Prozeß des Klienten entfalten wird und wohin er den Klienten führen wird. Er vertraut dem Prozeß, was bedeutet, daß er selbst tiefe Heilungserfahrungen in außergewöhnlichen Zuständen gemacht hat. Er weiß aus eigener Erfahrung und den Erfahrungen anderer, mit denen er gearbeitet hat, daß auch die schnellen, stürmischen Gefühle und Ereignisse einer psychospirituellen Krise schließlich zu umfassender Heilung und großem Frieden führen.

Der Therapeut weiß aufgrund seiner Ausbildung und Erfahrung, daß diejenigen, die durch den spirituellen Erweckungsprozeß gehen, von ihren intensiven Erfahrungen (sogar aus dysfunktionellen Perioden) mit größerer Fähigkeit zurückkehren, angemessen zu »funktionieren«. Sie bringen ihrer Gemeinschaft wertvolle neue Gaben mit.

Eine Klientin setzte ihre Prioritäten neu, wonach sie jetzt »Menschen den Vorrang vor Pflichten« gibt. Sie wurde fälschlicherweise als manisch-depressiv diagnostiziert, als sie an einem traditionellen Heiligtum das Erlebnis einer verzückten Identifikation mit einer Göttin hatte. Nach einer schweren Zeit der Dysfunktion und Integration bewältigte sie ihre Erfahrung als spirituelles Erlebnis, das die Prioritäten in ihrem Leben veränderte. Sie hat jetzt mehr Mitgefühl für andere Menschen und eine engere Beziehung zu ihren vielen Studenten. Sie beschreibt sich als hochgradig funktionierenden Menschen, der oft sehr viel erreicht hat, indem er das Ziel nicht aus den Augen gelassen hat. Sie sagt jetzt: »Ich stelle immer die ›Pflichten‹ zurück, um die Zeit mit Menschen zu verbringen, die mich brauchen.«

Wenn der Klient fälschlicherweise annimmt, daß der Therapeut seinen Prozeß versteht, die gleichen Erfahrungen gemacht hat und die gleichen medialen Fähigkeiten besitzt, kann der Therapeut ihm die Wahrheit sagen. Wenn der Therapeut keine gleichartigen Erfahrungen gemacht hat wie der Klient, kann er vorschlagen, daß beide etwas darüber nachlesen. Er kann wiederholen, daß er genügend Erfahrung mit dem *Nicht-Wissen* hat, um der natürlichen Entfaltung der spirituellen Entwicklung jedes Menschen zu vertrauen.

• Ich habe diese besondere Erfahrung, die Sie gemacht haben, nicht gemacht. Ich habe jedoch genügend andere außergewöhnliche Erfahrungen gemacht, um darauf zu vertrauen, daß Ihre innere Weisheit Sie angemessen führen wird, wenn Sie weitermachen. Wie hat sie Ihnen diese Führung bisher mitgeteilt?

Selbstreflexionen zum Thema Einsicht

- Erkenne ich meine Sehnsucht nach mystischen Erfahrungen an?
- Bin ich fasziniert von paranormalen Kräften?
- Bin ich der Meinung, daß spirituelles Vorankommen an paranormalen Kräften gemessen wird?
- Glaubt mein Klient, daß ich mehr erfahren habe oder weiß, als wirklich der Fall ist?
- Vergleiche ich mich mit meinem Klienten, um herauszufinden, wer spirituell weiter ist?
- Habe ich meinen Klienten vor den möglichen Gefahren dieser Erfahrungen gewarnt?
- Habe ich Angst vor einigen der Erfahrungen, die mein Klient macht?
- Ermutige ich meinen Klienten, noch mehr »spirituelle« Erfahrungen zu machen, weil sie mich so faszinieren?
- Haben die Phänomene, die der Klient erfährt, eine symbolische Bedeutung für die therapeutische Beziehung und die Übertragung?
- Sträube ich mich dagegen, die emotionalen Auswirkungen bestimmter existentieller Probleme wie Vergänglichkeit und Sterblichkeit oder Schmerz und Leid zu fühlen?
- Bin ich der Meinung, daß ich spirituelle oder paranormale bzw. mediale Fähigkeiten mißbrauchen könnte, wenn ich sie hätte? Wie könnte ich das tun?
- Möchte ich den Prozeß meines Klienten genau verstehen und vorhersagen? Meinen Prozeß?
- Verspüre ich die Neigung, das, was mit meinem Klienten oder mir geschieht, zu kontrollieren oder zu verlangsamen?

• Habe ich meinem Klienten das grundlegende Vertrauen in den spirituellen Prozeß, der sich in ihm entfaltet, vermittelt? Wenn nicht, was vermittle ich ihm in diesem Zusammenhang?

Querverbindungen zwischen Einsicht und Problemen anderer Chakren

Einsicht kann auf die persönlichen Chakren (vergleiche *Kapitel 5, 6 und 7*) zurückverweisen. Die Angst vor Veränderung oder Unzulänglichkeit kann sicher ein Problem sein, wenn der Klient kraftvolle spirituelle Erfahrungen macht. Sexualität kann als Sehnsucht nach tantrischer und mystischer Sexualität beteiligt sein. Macht wird in diesem Chakra ebenfalls zu einem Problem, wenn dem Therapeuten die Rolle des Magiers oder Förderers der außersinnlichen oder mystischen Erfahrungen zugewiesen wird oder er sie übernimmt.

Besonders wichtig könnte der Abschnitt über Gegenübertragung bei der übersinnlichen Öffnung eines Klienten in *Kapitel 12* sein. Wenn ein Klient derartige Erfahrungen macht, eignet sich auch das nächste Kapitel über Einssein.

Kapitel 11

Einssein

Man kann sich mit einem Zustand verbinden,
der sich ewig anfühlt,
und dabei verstehen, daß man der Körper ist
und gleichzeitig alles, was existiert.

Christina und Stanislav Grof

Einssein – Das siebte Chakra

Unsere tiefste Sehnsucht ist, uns mit etwas zu identifizieren, das größer ist als wir selbst. Viele Menschen nennen dieses Etwas *Gott*. Auch wenn wir nicht religiös sind, sehnt sich etwas in uns nach einem Gefühl von Ewigkeit. Wir sehnen uns danach, mit dem *Geist* verbunden zu sein, wie auch immer wir diesen Begriff verstehen. Wir möchten fühlen, wie sich unser Selbst von materiellen Dingen befreit und mit dem Geist verschmilzt, wie sich unser sterbliches Selbst mit dem Unsterblichen verbindet. Unser Sehnen, das als Sehnsucht nach dem Unveränderlichen im ersten Chakra erweckt wurde, findet seine Erfüllung in Erfahrungen des siebten Chakras. Ich habe das siebte Chakra mit *Einssein* bezeichnet, aber es könnte auch Einheitsbewußtsein genannt werden.

Gegenübertragung – Spirituelle Sehnsüchte und Ängst im Zusammenhang mit Einssein

Ein Klient, der die Energien dieses Chakras erfährt, ist häufig entweder

1. ein Mensch, der bereits lange eine spirituelle Richtung praktiziert;
2. mitten in einer spontan auftretenden kraftvollen spirituellen Erweckung oder einer spirituellen Krise;
3. unter Einfluß einer bewußtseinserweiternden Substanz oder eines anderen Katalysators, um sich auf eine Vision Quest zu begeben, oder
4. am Sterben.

Geistliche und Hospizmitarbeiter treffen auf diese Erfahrungen, wenn ihre Gemeindemitglieder oder Patienten sich im letzten Stadium des Sterbeprozesses befinden. Meditationslehrer können sie bei Schülern während eines Retreats beobachten. Jack Kornfield erinnert uns in seinem Buch *Frag den Buddha – und geh den Weg des Herzens*: »[Das Erwachen] ist nicht weit weg, es ist näher als nahe.«[107]

Derartige Erfahrungen haben Menschen auf Vision Quests, in Kirchen, in psychedelischen Sitzungen, während der Geburt eines Kindes, beim Geschlechtsverkehr und in Krankenhäusern gemacht. Es folgt eine Beschreibung von Katy Butler, die erlebte, was sie »ihre kleine spirituelle Heilungserfahrung« nennt, als sie in einer Kirche in San Francisco die Silbermonstranz auf dem Altar betrachtete, die die Oblaten für die Kommunion enthält:

Jahrelang habe ich mich so schlecht gefühlt, daß ich dachte, ich müßte mich verstecken. Aber ich spürte, daß Gott, wie er von der Monstranz herabschimmerte, alles umfaßte, auch mich. Wie konnte ich mich vor dem Universum verstecken, wenn ich ein Teil von ihm war? Eine Verbindung war möglich, auch wenn ich sie nur schwach spürte. Ich brauchte mich nicht mehr zu verstecken; es gab keinen Platz zum Verstecken, und es gab nichts zu verstecken. Meine Scham war eine (Selbst)Täuschung; sie kam von innen, nicht von außen.[108]

Butler ergänzte, daß ihr Therapeut ihre Erfahrungen nicht auf psychologische Begriffe reduzierte, sondern statt dessen das Geschehene bestätigte und hinzufügte, daß derartige Erfahrungen zu lange aus dem therapeutischen Umfeld bzw. Denken ausgeschlossen worden sind. Butler berichtete, daß sie sich nach dieser Erfahrung

> nicht länger als Krüppel fühlte, der an einem besseren Paar Krücken bastelte. Ich wußte, daß die Welt anders sein konnte, und ich wußte auch, daß ich mich meinen Erinnerungen stellen mußte, wenn ich diese flüchtige Vision zu etwas vertiefen wollte, das ich jeden Tag leben konnte. Der Deckel der Scham war fort.[109]

Hier noch ein weiterer Bericht über einen spontanen Besuch im siebten Chakra. Er ereignete sich auf einer psychiatrischen Station während eines Erlebnisses, von dem wir jetzt genügend wissen, um es als spirituelle Krise statt als Psychose einzustufen. Die Erfahrung, die danach ihre Arbeit und ihr Leben inspiriert hat, hat Deane Brown, Psychologin und pensionierte Direktorin des Spiritual Emergency Network, gemacht.

- Ich schoß auf einen Platz zu, der jenseits von Worten, jenseits von Symbolen, jenseits der Vorstellung liegt – einen Platz des Nichts, aber ein Nichts, an dem alles Wissen über das, was ist und was sein kann und was sein wird, liegt, ein Nichts, an dem ich Licht war, das darauf wartet, zu scheinen, Klang, der pulsiert, um geboren zu werden. Ich passierte die Ebenen der Realität zwischen der materiellen Welt und einer reinen Energie, ein Zustand, in dem jede Zelle meines Körpers orgasmisch wurde. Ich sah meinen Körper in Wörter eingeschlossen, definiert, beschränkt, eingegrenzt von Wörtern. Und während ich dahinging, platzte ich aus diesen Wortfesseln heraus in eine Unendlichkeit von Wortlosigkeit und Zeitlosigkeit, eine Unendlichkeit von Liebe, Ekstase, Glückseligkeit, des »Friedens, der alles Verständnis übersteigt.« Ich war – und bin – eins mit dem Universum; Ich bin das Universum; Gott und ich sind eins.[110]

Die tiefsten Sehnsüchte und tiefsten Zweifel eines Therapeuten können von einem Klienten, der schon jenseits seines abgetrennten, vergänglichen Selbst gereist ist, aufgedeckt werden. Der Therapeut fühlt vielleicht eine Woge der Hoffnung. Hoffnung mit der Aussicht auf das ewige Leben im Geist ist eng verbunden mit einer tiefen spirituellen Angst vor der Transformation (und dem Verlust) der bekannten und abgetrennten Identität des Therapeuten. Dieser Übergang vom abgetrennten Selbst zum Einssein mit allem ist genauso grundlegend wie die Transformation eines Fötus zu einem Baby bei der Geburt. Neues Leben, in menschlicher oder in geistiger Form, setzt ein Loslassen (Tod) der alten Form voraus. Neues spirituelles Bewußtsein ist einer körperlichen Geburt so ähnlich, daß einige spirituelle Traditionen das Bild der Geburt benutzen, um diese Erfahrung des Wiedergeboren-Seins zu beschreiben. Und tatsächlich fährt Deane Brown fort:

> Ich stellte fest, daß ich für das, was andere Menschen dachten und fühlten, äußerst empfindsam war; ihre Gedanken und Gefühle waren so klar für mich wie ihre physischen Körper. Mit Verwunderung dachte ich: »Dies ist eine Art Verletzlichkeit, wie sie Neugeborene haben müssen. Ist es das, was die Menschen mit Wiedergeboren-sein meinen?«[111]

Im Sanskrit wird zwischen verschiedenen fortgeschrittenen Zuständen der Meditation unterschieden. Im *sabija* oder *salvikalpa samadhi* (»samadhi mit der Saat des Wunsches«), ist der Meditierende der Subjekt-Objekt- oder Wissender-Wissen-Unterscheidung verhaftet. Dieses Stadium entspricht dem sechsten Chakra. Der Meditierende ist in dem Stadium, Gott als einen *anderen* zu lieben. Der höhere *nirbija* oder *nirvakalpa samadhi* ist derjenige, in dem sich der Verstand auflöst und die

Dualität schwindet.[112] In diesem Zustand gibt es keinen *anderen*, nur das eine, von dem wir alle ein Teil sind. Diese Art des samadhi ist die Erfahrung des Einsseins (siebtes Chakra). Der nachfolgende Abschnitt beschreibt den Prozeß des Erwachens: »In deinen Träumen, in deinen Wünschen schläfst du. Und die Realität ist hier und jetzt. Wenn dieser Schlaf unterbrochen ist – wenn der Traum unterbrochen ist und du für die Realität des Hier und Jetzt, für die Gegenwart wach wirst –, dann bist du wiedergeboren. Du gelangst zur Ekstase, zur Erfüllung, zu allem, wonach du immer gestrebt hast, ohne es jemals zu erreichen.«[113]

Die Reaktion eines Therapeuten auf einen Klienten, der einen Zustand des Einsseins erlebt, kann sehr unterschiedlich sein. Sie hängt im allgemeinen davon ab, zu welchem Chakra die aktuellen Probleme des Therapeuten gehören. Wenn sich die Energien des Therapeuten in den transpersonalen Chakren bewegen (viertes, fünftes und sechstes), wird seine Reaktion wahrscheinlich nicht durch persönliche Ängste und Wünsche hervorgerufen sein. Er könnte offenherzig und liebevoll reagieren (viertes Chakra). Ohne das Bedürfnis, genau zu verstehen, was passiert, könnte er die Authentizität (fünftes Chakra) der Erfahrung seines Klienten bestätigen.

Wenn der Therapeut in seiner eigenen spirituellen Entwicklung gerade die Energien des sechsten Chakras erfährt, könnte er einen inneren Konflikt spüren. Auf der einen Seite möchte er vielleicht weiterhin das Glücksgefühl haben, in seinen Meditationen Gott als *anderen* zu lieben, könnte aber befürchten, das Objekt seiner Anbetung zu verlieren, wenn er sich der Erfahrung des Einsseins ausliefert. Auf der anderen Seite möchte er vielleicht seine Spiritualität weiterentwickeln und die Nichtdualität erfahren, könnte aber Angst davor haben, sich außerhalb des Bekannten zu wagen und sich selbst als Wissenden und Erfahrenden zu verlieren.

Gegenübertragung – Persönliche Wünsche und Ängste im Zusammenhang mit Einssein

Wenn sich die Energien des Therapeuten gerade in den persönlichen Chakren (erstes, zweites und drittes Chakra) bewegen und nicht in den transpersonalen Chakren, könnte er mit einem Klienten, der kosmische Einheit erlebt, anders umgehen. Auftauchende Themen könnten z. B. der Wunsch nach Verschmelzung oder nach der Auflösung von Grenzen sein sowie die Angst vor dem Verlust der Identität des Selbst.

Der Therapeut könnte die vorübergehende Auflösung von Grenzen genießen, was oft geschieht, wenn sich einer oder mehrere der Beteiligten in einem außergewöhnlichen Bewußtseinszustand befinden. Er könnte sich an die Auflösung persönlicher Grenzen klammern und seine Fähigkeit verlieren, vollständig und klar zum normalen Bewußtsein und dem abgetrennten Selbst, den Rollen und dem eigenen Leben zurückzukehren.

Auch hier besteht wieder die Gefahr, daß sich die Ebenen vermischen. Therapeut und Klient können versuchen, sich ihre Wünsche nach Auflösung der Grenzen zwischen den getrennten Persönlichkeiten zu erfüllen, indem sie miteinander verschmelzen, anstatt innerlich und spirituell die Abgetrenntheit aufzulösen.

Wenn der Therapeut vor allem mit dem ersten Chakra (Geld und Sicherheit) beschäftigt ist, könnte er zwar fasziniert, aber wegen einer derartigen Veränderung vor allem doch ängstlich sein. Wenn er mit Problemen des zweiten Chakras (Sex) arbeitet, könnte er sich körperlich zu seinem Klienten hingezogen fühlen, um auf diese Weise den Zustand des Klienten zu erreichen. Wenn er gerade von Machtproblemen (drittes Chakra) herausgefordert wird, könnte er meinen, aus der Erfahrung ausgeschlossen zu sein, oder das Gefühl haben, die Therapie nicht mehr zu kontrollieren. Umgekehrt könnte er größenwahnsinnig werden und glauben, er sei die Ursache für die Erfahrung des Klienten.

Übertragung im Zusammenhang mit Einssein

Ein Klient, der gerade eine kosmische Vereinigung erfährt, hat keine Übertragungsprobleme. Übertragungsprobleme können entstehen, wenn der Klient zum normalen Bewußtsein oder einem weniger bewußten Grad an Achtsamkeit zurückkehrt. Wenn sich die Einssein-Erfahrung nicht gerade bei einem sterbenden Klienten einstellt, kehrt der Klient zu normalem Bewußtein zurück und nimmt das normale Leben wieder auf. Dann wird seine Aufgabe sein, die wortlose, tiefe Erfahrung, seine wahre Natur entdeckt zu haben, in die normale Lebensanschauung eines abgetrennten und in Raum und Zeit gebundenen Wesens zu integrieren.

Für den Klienten besteht genauso wie für den Therapeuten die Gefahr, daß er die Ebenen durcheinanderbringt. Der Klient kann Gottesarchetypen auf den Therapeuten projizieren. Übertragungen dieser Art können den Klienten wieder mit dem zweiten Chakra verbinden, so daß der Klient seinen Wunsch, mit dem Göttlichen Liebhaber zu verschmelzen, mit seinem Wunsch nach körperlicher Vereinigung und Partnerschaft vermengt.[114] Der Therapeut kann dadurch zum falschen Ziel einer göttlichen Anbetung werden. Der Therapeut kann ja tatsächlich göttlich sein, aber nicht göttlicher als irgend jemand oder irgend etwas anderes.

Der Klient könnte versuchen, sich seinen Wunsch nach Vereinigung mit dem Therapeuten zu erfüllen, anstatt seine Aufmerksamkeit auf sein Inneres zu richten. Ebenso wie der Therapeut könnte er die archetypische »heilige Hochzeit« mit äußerlicher Vereinigung oder Abhängigkeit verwechseln. Die heilige Hochzeit ist eine psychospirituelle Metapher für die innere Vereinigung des männlichen und weiblichen Teils der Psyche und, in einer erweiterten Vorstellung, für die Vereinigung jeglicher Dualität.

Verwirrung darüber, was die heilige Hochzeit ist, kann besonders dann eintreten, wenn der Prozeß des Klienten dahin führt, daß er sich wieder mit seinem Körper verbindet. Bei der spirituellen Erweckung durch die Kundalini möchte z. B. die spirituelle Energie, die sich als körperliche Energie durch ihn hindurchbewegt, irgendwie zum Ausdruck kommen. Sexualität kann sowohl körperlich als auch spirituell sein oder eine Metapher für die spirituelle Vereinigung darstellen.

Ein Klient, der gerade erst einen Blick auf das Göttliche in allem erlangt hat, könnte befürchten, diese Perspektive wieder zu verlieren. Deshalb kann es vorkommen, daß er versucht, das Göttliche auf eine Stelle (auf den Therapeuten) zu konzentrieren, um seine Perspektive der Göttlichkeit alles Existierenden nicht zu verlieren, die er ansonsten nicht beibehalten könnte.

Die Energie des Einsseins richtig nutzen

Wenn sich der Therapeut mit einem Klienten trifft, der kurz zuvor eine Einsseinserfahrung gemacht hat, könnte die wertvollste therapeutische Vorgehensweise sein, die Erfahrung willkommen zu heißen und zu würdigen. Sicherlich ist es wichtig, dem Klienten beim Erzählen seiner Geschichte zuzuhören. Es könnte sein, daß der Klient nicht viele Menschen kennt, denen er diese Erfahrung mitteilen kann. Ein Therapeut, der intuitiv erfassen kann, wie tief diese bewußtseinsverändernde Erfahrung für den Klienten ist, und der mit Liebe, Enthusiasmus und Ehrfurcht zuhören kann, wird in dieser *neugeborenen* Zeit eine entscheidende Hilfe darstellen. Die nicht wertende und einfühlsame Annahme der geheiligten Gefühle des Klienten können ein großes Geschenk sein.

Der Therapeut kann die Klientenerfahrungen würdigen, indem er, wenn es angebracht erscheint, von ähnlichen heiligen Vereinigungserfahrungen berichtet, vielleicht verweist er dabei auf Heiligenbiographien oder Schriften von Yogis.[115] Er könnte auch das Bild der Geburt verwenden, um dem Klienten bei der Verarbeitung seiner Erfahrung zu helfen.

Die Aufgabe des Klienten nach einer Erfahrung des siebten Chakras besteht darin, das, was er erkannt hat, im täglichen Leben umzusetzen. Das Sanskrit kennt einen Begriff für eine dritte Art samadhi (*sahaj samadhi* oder das »wachsame samadhi«). In diesem Zustand soll es keinen Unterschied zwischen der inneren Glückseligkeit außergewöhnlicher Zustände und der äußeren Glückseligkeit normalen Bewußtseins geben. Es gibt nur einen beständigen Zustand von samadhi. Auch wenn wir nur von sehr wenigen Menschen wissen, daß sie dieses Stadium erreicht haben, können diejenigen, die eine Einsseinserfahrung gemacht haben, sie auf vielfältige Weise in ihr tägliches Leben einbringen. Der Betreffende fühlt sich oft dafür verantwortlich, eine derartig tiefgehende Erfahrung in die Welt hinauszutragen. Menschen, die diese Erfahrungen gemacht haben, verstehen, was ich meine, trotzdem werden sie es schätzen, daran erinnert zu werden.

Ein Therapeut könnte seinem Klienten nahelegen, eine Richtung zu finden, die bewährte Übungen bereithält, um Menschen bei der Veränderung ihres Lebens zu helfen, so daß es ihrem neuen spirituellen Wissen entspricht. Er könnte seinem Klienten empfehlen, dieser Richtung zu folgen, um in der normalen Realität von dem Gebrauch zu machen, was er im außergewöhnlichen Bewußtsein herausgefunden hat.

Falls der Klient den Archetypus des Göttlichen Liebhabers auf den Therapeuten überträgt, kann der Therapeut die Sehnsucht des Klienten nach dem Therapeuten manchmal so einstufen, daß der Klient nach der Beziehung greift, die er am meisten wünscht, sei sie menschlich, göttlich oder die innere »Hochzeit« seiner am stärksten polarisierten Persönlichkeitsanteile.

Der Therapeut kann für sich selbst bestimmen, wie er auf die Einsseinsserfahrung des Klienten reagiert. Er kann seine eigenen Probleme auf der Tabelle *Für ethisches Fehlverhalten anfällige Stellen des Therapeuten*, S. 115, lokalisieren und Informationen, die hilfreich sein könnten, in den Kapiteln über die betreffenden Chakren nachlesen. Wenn er erst einmal herausgefunden hat, woran er in den persönlichen Chakren fest-hält, und es dann bearbeitet, wird er leichter mit der Energie in den transpersonalen Chakren arbeiten und mit größerem Einfühlungsvermögen auf die transpersonale Orientierung des Klienten eingehen können. Der Therapeut kann auch, eventuell mit Hilfe einer Supervision, versuchen festzustellen, ob er transpersonale Erfahrungsebenen mit personalen verwechselt oder außergewöhnliche Bewußtseinszustände mit normalen.

Wenn der Klient in Gegenwart des Therapeuten eine Erfahrung des siebten Chakras macht, kann der Therapeut dafür sorgen, daß er die gleiche wohlwollende Begrüßung genießt wie ein Neugeborenes bei einer bewußten Geburt. Stille ist während der Erfahrung normalerweise wichtig, um sie zu respektieren.

Selbstreflexionen zum Thema Einssein

- Habe ich der Schilderung der Einsseinserfahrung meines Klienten einfühlsam und ermutigend zugehört?
- Hat der Klient gespürt, daß seine Erfahrung von mir gewürdigt und für heilig erachtet wurde?
- Fühle ich mich wohl mit einem Klienten, der gerade eine Einsseinserfahrung macht? Wenn nicht, warum nicht? Was könnte meinen Widerstand hervorrufen?
- Welche Probleme in welchen Chakren wurden bei mir aktiviert, als ich die Schilderung meines Klienten hörte?
- Habe ich ein Glaubenssystem, das die Erfahrungen kosmischer Einheit oder ein Gefühl des Einsseins mit Gott zuläßt?
- Bin ich in meiner eigenen Meditationspraxis oder Religionsausübung darauf festgelegt, Gott als einen *anderen* anzubeten?
- Neige ich dazu, die heilige Hochzeit der inneren Vereinigung mit der Vereinigung in einer äußeren Beziehung zu verwechseln?

- Sieht mein Klient mich in irgendeinem Maße als Göttlichen Liebhaber?
- Fühle ich mich wohl dabei, mich zwischen der außergewöhnlichen und der normalen Realität hin- und herzubewegen? Wenn das der Fall ist, welche ist schwieriger zu verlassen?
- Werde ich von Verschmelzungserfahrungen und der Auflösung von Grenzen zwischen Menschen angezogen oder abgestoßen?

Querverbindungen zwischen Einssein und Problemen anderer Chakren

Einssein oder kosmisches Bewußtsein ist der höchste außergewöhnliche Bewußtseinszustand. In *Kapitel 2* kann man nachlesen, was ein derartiger Zustand ist und welche Rolle die Achtsamkeit in außergewöhnlichen Zuständen spielt. Der Klient, der Einssein erfährt, kann bei der Rückkehr zum normalen Bewußtsein eine gewisse Hilfe benötigen. Der Abschnitt über die Integration tiefer Erfahrungen in *Kapitel 3* kann dabei nützlich sein.

Kapitel 12

Anfälligkeiten
für unethisches Verhalten

Wenn jemand die Wahrheit wirklich wissen möchte, ist er im allgemeinen zu allem bereit, sie herauszufinden, wenn sie einmal durch die Abwehrmechanismen hindurchgesickert ist.

In Hinblick auf unsere menschlichen Verwundbarkeiten schreibt Christina Grof: »Ich mag das Bild, das dieses Wort Fallgrube hervorruft: Ein leicht getarntes Loch in der Erde, das Jäger verwenden, um Tiere zu fangen, oder das eine Armee gräbt, um den Gegner auf diese Weise außer Gefecht zu setzen. Auf der spirituellen Reise stolpern wir in viele Fallgruben, und der Feind sind meist wir selbst.«[116]
In diesem Kapitel werden Umstände erläutert, die einen Therapeuten leicht vom Pfad der rechten Beziehung abbringen können und in die Fallgruben unethischen Verhaltens stolpern lassen. Dazu gehören die bewußte oder unbewußte Geringschätzung des Klienten, Burnout des Therapeuten, Unwissenheit des Therapeuten bezüglich ethischer Fallgruben, die Unterschätzung der Kraft des außergewöhnlichen Zustandes eines Klienten, seiner Erfahrungen in diesem Zustand und der Kraft der Übertragung auf den Therapeuten. Zu den anfälligen Stellen gehören auch unerforschte persönliche Ängste, Wünsche und Sehnsüchte, die zu einer Gegenübertragung führen können.

Gefahrenstellen für unethisches Verhalten:

- Geringschätzung des Klienten,
- Burnout des Therapeuten,
- Unkenntnis der Fallgruben,
- Unterschätzen der Kräfte, die bei außergewöhnlichen Bewußtseinszuständen (und Übertragung) auf uns wirken,
- eigene unerforschte persönliche Probleme (Gegenübertragung),
- eigene uneingestandene Sehnsüchte (Gegenübertragung) nach Liebe und spiritueller Verbindung.

Geringschätzung des Klienten

Die offensichtlichste Gefahr ist die Geringschätzung des Klienten, von der es zwei Arten gibt: die willentliche, bewußte Geringschätzung und die unbewußte Geringschätzung.

Ich kann mir nicht vorstellen, daß jemand, der sein ethisches Bewußtsein erweitern möchte (wie z. B. ein Leser dieses Buchs), Klienten bewußt mißachtet. Ein Therapeut, der willentlich und vorsätzlich das Wohl des Klienten mißachtet, um seine eigenen Wünsche oder Bedürfnisse zu befriedigen, ist nicht daran interessiert, Fallgruben zu vermeiden. Er sucht vielleicht sogar nach Gelegenheiten, sich unethisch zu verhalten, im Glauben daran, daß er ungestraft andere mißachten und tun kann, was er will. Wenn dieser Therapeut schließlich vor einer Ethikkommission erscheint, wird er sich fragen, was das alles soll, und versteht vielleicht nie, welchen Schaden er seinen Klienten zugefügt hat. Dem Therapeuten tut es höchstens leid, daß er erwischt wurde, aber er ist genauso wenig wie zuvor daran interessiert, sein ethisches Bewußtsein zu erweitern. Es mag sein, daß er Seminare und Therapien besucht, um seine Lizenz nicht zu verlieren, trotzdem wird er den Grund für diese Maßnahmen nicht einsehen. Sollen derartige Therapien Erfolg haben, muß man zuerst den Therapeuten dazu bringen, daß er zugibt, seine Bedürfnisse auf Kosten der Klienten verfolgt zu haben.

Es gibt Therapeuten, denen die Fähigkeit fehlt, aufrichtig an ihren Klienten Anteil zu nehmen. Therapeuten, denen die Grundvorraussetzung für ihr berufliches Verhalten (authentische Zuwendung) fehlt, können höchstens den therapeutischen, juristischen oder ethischen Buchstaben des Gesetzes folgen. Sie werden nicht in der Lage sein, rechte Beziehungen aufzubauen oder Anteil zu nehmen. Diese Therapeuten haben die tiefgehende Arbeit nicht geleistet, die nötig ist, um ihre eigenen Traumata zu entdecken und zu bewältigen, die sie daran hindern, ihre Anteilnahme und ihre Verbindung mit anderen zu fühlen.

Eine Geringschätzung des Klienten ist besonders problematisch, wenn der Therapeut mit Klienten arbeitet, die sich in einem außergewöhnlichen Bewußtseinszustand befinden. Viele Klienten fühlen sich ungeliebt oder denken, sie seien nicht gut genug. In einem außergewöhnlichen Zustand kann der Klient die fehlende Achtung eines Therapeuten verinnerlichen, wodurch die Selbstvorwürfe exponentiell ansteigen. Dadurch, daß sich die Grenzen zwischen dem Selbst und den anderen verwischen und die emotionale und physische Empfindsamkeit in einem außergewöhnlichen Zustand gesteigert ist, kann es dazu kommen, daß Klienten selbst glauben, die volle, mitfühlende Aufmerksamkeit ihres Therapeuten nicht zu verdienen. So könnte noch einmal bestätigt werden, was sie als Kind beim emotionalen Mißbrauch gelernt haben: sie sind zwar nützlich (um Gebühren zu zahlen, sexuell gefällig zu sein oder das Selbstbewußtsein des Therapeuten zu erhöhen), aber nicht liebenswert.

Die andere Art der Geringschätzung liegt vor, wenn der Therapeut einen Klienten unbewußt ablehnt. Wenn diese Art von Mißachtung auftritt, sind Therapeuten normalerweise durch Burnout, Unkenntnis der möglichen ethischen Fallgruben, ihre eigenen unerforschten Probleme, Abwehrmechanismen oder spirituelle Sehnsüchte vom rechten Weg abgebracht worden.

Burnout des Therapeuten

Die meisten Therapeuten achten ihre Klienten und nehmen wirklich Anteil an ihnen. Viele Therapeuten fühlen sich aber gelegentlich ausgebrannt. Wir glauben, wir haben zu viele Klienten, zu viel Streß in unserem eigenen Leben und zu wenig Freizeit. Alles trägt zum Burnout bei. Wenn sich unser Leben in erster Linie um unsere therapeutische oder geistliche Arbeit dreht, kommen wir ungewöhnlich häufig mit den Schmerzen über schwierige Zeiten und schwierige Gefühlslagen in Kontakt. Wir sind besonders anfällig, wenn wir unseren eigenen psychospirituellen Reisen zu wenig Aufmerksamkeit schenken, wenn wir uns nicht eingestehen, daß wir alle ein »inneres Kind« haben, wenn wir unsere eigene spirituelle Praxis nicht an erste Stelle setzen und wenn wir keine Zeit für unser eigenes Wachstum einplanen.

Burnout von Therapeuten hängt stärker mit unseren eigenen ungelösten Problemen zusammen als mit der Anzahl der Klienten oder der Menge an Streßfaktoren. Der Computer bietet sich als Beispiel dafür, dies zu verdeutlichen. Wenn wir zu viele Dateien im Arbeitsspeicher haben, ist der Computer überlastet und bleibt hängen. Wenn wir die Anzahl unserer Dateien verringern (Kindheitstraumata lösen, uns mit unseren eigenen Ängsten, Wünschen und Sehnsüchten beschäftigen), ist unser Speicher frei für eine schnelle, augenblickliche Reaktion auf den Klienten.

Gründe für ein Burnout des Therapeuten:

- zu viele Klienten,
- zuviel Streß im Privatleben,
- zuwenig Freizeit,
- man schenkt sich selbst und dem eigenen psychischen Wachstum zuwenig Aufmerksamkeit,
- man schenkt dem persönlichen spirituellen Weg oder der spirituellen Praxis zuwenig Aufmerksamkeit.

Wenn Therapeuten zuwenig für sich sorgen, können sie sich auch nicht um andere kümmern. Das Burnout von Therapeuten verringert das Mitgefühl und macht sie anfällig für unethisches Verhalten. Wenn das innere Kind des Therapeuten gerade »Ich bin dran!« schreit, kann er sich nicht ungestört und mit ganzem Herzen seinen Klienten zuwenden, auch wenn er dies ansonsten sehr intensiv tut.

Gerade bei Atemtherapien, schamanischer Trance oder anderen Arbeiten in außergewöhnlichen Zuständen wäre es für den Therapeuten ratsam zu prüfen, wie groß seine Aufnahmefähigkeit derzeit ist. Bei intensiven Erfahrungen beansprucht der Klient oft die volle Zuwendung des Therapeuten, um seine vernachlässigten Wunden zu heilen. Wenn der Therapeut mitten in einer solchen Sitzung nicht mehr in der Lage dazu ist, kann es passieren, daß er statt dessen andere Formen der Aufmerksamkeit wie Kritik, Wut oder Enttäuschung einsetzt. Oder er gibt, wenn er einfach nicht mehr Anteil nehmen kann, den Klienten psychisch, emotional und energetisch einfach auf.

Zur Vorbeugung ethischen Fehlverhaltens gehört die Sorge für sich selbst. Wenn wir unsere Arbeitsbelastung einteilen und der Freizeit in unserem Leben mehr Raum geben, können persönliches Wachstum, ständige berufliche Weiterbildung und die persönliche spirituelle Praxis uns helfen, uns auf die Zeit mit unseren Klienten zu freuen.

Unkenntnis der Fallgruben

Hat ein Therapeut nie die Möglichkeit erwogen, daß es zwischen ihm und einem Klienten zu einer durch Sexualität, Geld oder Macht bestimmten Situation kommen könnte, ist er anfälliger dafür, ungewollt in unethisches Handeln verstrickt zu werden. Es ist sogar wahrscheinlich, daß der Therapeut eine eventuelle intensive emotionale, spirituelle oder transpersonale Situation oder einen außergewöhnlichen Zustand, die beide durch sein unethisches Verhalten entstehen können, nicht in Erwägung gezogen hat. Er erkennt die drohenden Anzeichen weder bei sich noch in der Situation. Er hat noch nie Geschichten von anderen gehört, in denen sie auf Momente hinweisen, die sie vom Pfad abgebracht und zu Fehlverhalten geführt haben, er weiß nicht, welche Konsequenzen es für sie hatte und wie sie sich wieder aus diesen Situationen befreit haben.

Der Therapeut ist entweder der Ansicht, daß diese Fallgruben nicht existieren oder daß zwar andere gefährdet sind, nicht aber er selbst.

Wenn wir als Therapeuten nicht miteinander über diese Dinge sprechen, verharren wir weiterhin in dem verbreiteten Zustand der Unwissenheit über uns und unsere Kollegen. Wir kommen vom Weg der rechten Beziehung ab und schweigen dann, um das Tabu nicht zu brechen, das Offenheit über ethische Dilemmas und Fehler verhindert. Wir denken oft, daß wir einem Ideal menschlicher Perfektion gerecht werden sollten, weil unsere Kollegen nicht über Fehler und Gegenübertragungsprobleme sprechen. Wenn wir erleben, daß unsere Kollegen persönliche und berufliche Probleme miteinander besprechen, können wir ihre Entscheidungen und die oft schmerzlichen Konsequenzen nachempfinden. Das Wissen über die Fallgruben ist natürlich Wissen aus erster Hand, wenn Therapeuten selbst hineinstolpern. Aber ich glaube nicht, daß eine »harte Schule« die einzige Möglichkeit der Erziehung ist. Oft beugen Diskussionen, Vorträge und Selbstprüfung den Fehlschritten vor, zu denen Unwissenheit einlädt.

Nachdem Therapeuten Seminare und Vorträge über Ethik besucht haben, denken sie anders und überlegen, bevor sie handeln. Wenn Therapeuten miteinander über Situationen diskutieren, die mögliche ethische Zwickmühlen darstellen, ändert sich allmählich ihre Wahrnehmung. Wenn wir über diese Dinge reden, können wir auf Bereiche aufmerksam werden, in denen wir zum Rationalisieren neigen. Wenn wir die Reaktionen von Kollegen bei der Erörterung ihrer Probleme beobachten, können wir Muster erkennen, für die sie vielleicht blind sind. Angesichts der möglichen Konsequenzen unethischen Verhaltens beschließen wir erneut, daß wir lernen wollen, diesen Schmerz zu vermeiden.

Unterschätzen der Kräfte, die bei außergewöhnlichen Bewußtseinszuständen (und Übertragung) auf uns wirken

Therapeuten wissen, daß Klienten mit intensiven Erfahrungen sie beeinflussen. Sie können jedoch nicht genau vorhersagen, wie stark sie beeinflußt werden, oder gar ausmachen, wie stark sie in dem Moment, in dem sie die Wirkungen spüren, bewegt werden. Es gibt eine Art körperliche Übertragung, die in außergewöhnlichen Zuständen besonders spürbar ist. Es scheint, als würde die Energie eines Menschen in einem außergewöhnlichen Zustand fließen, die Energie der anderen Anwesenden finden und mit ihr reagieren. Es ist das gleiche Prinzip, das auch Gruppenrituale oder Gruppenmeditationen so kraftvoll macht. Die Emotionen und energetischen Bewegungen eines Menschen lösen Gefühle oder Bewegung in anderen aus.

Dies ist eines der Prinzipien, die hinter der Ausübung einer chiropraktischen Gruppenbehandlung stehen, bei der manchmal mehrere Patienten im gleichen Raum zur gleichen Zeit behandelt werden. Der Arzt bewegt sich von einem zum anderen und korrigiert kleinere Verschiebungen der Wirbelsäule. Auch hier zirkuliert die Energie zwischen den Patienten. Das Fließen der Energie ist auch Grundlage eines Seminars in Holotroper Atemarbeit. Die energetischen, sicht- und hörbaren Erfahrungen einiger Teilnehmer lösen tiefsitzende unverarbeitete Trauer, Freude, Zorn und Leidenschaft bei anderen Teilnehmern, so daß diese Energie endlich zu fließen beginnt und ihren Ausdruck findet.

Unethisches Verhalten wird bei diesen beiden Techniken durch die Gruppenstruktur verhindert. Alles geschieht vor den Augen anderer. Die Grenzen der Behandlungssituation und der gedankliche Hintergrund des Erwartungsrahmens sind allen klar. Oft begleiten mehrere Personen den Prozeß der Gruppe. In einer Einzeltherapie kann der Therapeut jedoch durch den außergewöhnlichen Zustand des Klienten leichter ins Schwanken geraten. Die Energie des Zustands ist sehr kraftvoll. Der Therapeut ist mit dem Klienten allein. Es gibt sonst niemanden als Bezugspunkt zum gewöhnlichen Bewußtsein. Der Therapeut könnte durch die Energie des Klienten oder durch den Inhalt des Klientenprozesses plötzlich selbst in einen außergewöhnlichen Zustand versetzt werden. Die Kontrolle und der Ausgleich durch die Gruppe fehlen.

Ein geübter schamanischer Berater sowie Massagetherapeuten können gelernt haben, diesen Zustand für ihren Beruf zu nutzen. Dadurch, daß sie mit je einem Fuß in beiden Welten stehen, können sie sich in den außergewöhnlichen Bereich des Klienten hineinfühlen und für ihn eine Schnittstelle zur gewöhnlichen Realität darstellen. Interessanterweise wird jedoch oft auch in Gruppen mit schamanistischen Methoden gearbeitet. In »Einzelsitzungen« hat ein geschulter professioneller Schamane oft eine weitere Person dabei, z. B. einen Trommler, um den Kontakt zur Realität zu halten, während der Therapeut bzw. Schamane im Auftrag seines Klienten reist.

Oft sind Psycho- und Körpertherapeuten sowie Geistliche nicht speziell dazu ausgebildet, mit den intensiven ungewöhnlichen Erfahrungen, wie sie in *Kapitel 2* beschrieben wurden,

zu arbeiten. Wenn der Therapeut selbst in einen außergewöhnlichen Zustand kommt, könnte seine Aufmerksamkeit
vom Klientenprozeß abgelenkt werden, oder er kann nicht
mehr wirksam auf die Bedürfnisse des Klienten eingehen. Er
könnte auch aufgrund seiner eigenen Ängste und Wünsche auf
den Klientenprozeß reagieren (Gegenübertragung). Bei all diesen Reaktionen – Zurücknahme der Aufmerksamkeit, Lei-
stungsunfähigkeit oder unerkannte Gegenübertragung – ist die
Perspektive des Therapeuten beeinträchtigt und die Möglichkeiten, angemessen auf die Bedürfnisse des Klienten einzugehen, sind eingeschränkt.

Weil Energie dazu neigt, Energie zu beeinflussen, braucht
ein Therapeut, der mit Klienten in tiefen Zuständen arbeitet,
mehr als alles andere seine eigene umfassende Erfahrung bei
der persönlichen Arbeit in außergewöhnlichen Bewußtseinszuständen. Ich habe viele erfahrene Therapeuten getroffen, die
das erste Mal an einem Seminar über Holotrope Atemtherapie
teilnahmen. Einige von ihnen, manche hatten sogar eine aus-
führliche Gesprächstherapie hinter sich, waren überrascht,
daß intensive, tief verborgene Gefühle auftauchten. Ein Psychiater mittleren Alters erzählte, daß er drei psychoanalytische
Ausbildungsanalysen gemacht hat, daß er aber noch nie eine
derart tiefe, schnelle und lebensverändernde Therapie erlebt
habe, wie die, die er jetzt durch die Atemarbeit und schamanischen Techniken mitmachte. Andere Therapeuten, die vermu-
teten, durch das Anhören der vielen Geschichten ihrer Klienten erschöpft zu sein, waren über ihre starken Reaktionen auf
die Gefühle, Erfahrungen und den Austausch der anderen
Teilnehmer im Raum überrascht.

Mitarbeiter in psychiatrischen Kliniken, Krankenhäusern
und Hospizen werden täglich mit außergewöhnlichen Bewußtseinszuständen überhäuft. Wenn sie ihre eigene Psyche durch
intensive innere Arbeit (Atemtherapie, Hypnose usw.) erforschen, können sie sich ihre Arbeit erleichtern und lohnender
gestalten. Wenn wir viel von unserem eigenen inneren Material aufgearbeitet haben, brauchen wir uns nicht davor zu

schützen. Wir brauchen nicht länger Barrieren gegen das Material des Klienten in uns aufzubauen. Schließlich können wir mit dem Klienten zusammen sein – seinen Schmerz fühlen, ohne uns deswegen von ihm zurückzuziehen.

Schamanen, deren Aufgabe es ist, zwischen der alltäglichen und der »Geistwelt« zu vermitteln, wurden traditionellerweise aufgrund ihrer eigenen Erfahrungen in außergewöhnlichen Bewußtseinszuständen ausgewählt. Die Vertrautheit in einem Stamm trug dazu bei, daß jeder etwas über die persönlichen Torturen in der Ausbildung des Schamanen und über die Ergebnisse wußte.

In unserer heutigen modernen Welt kann jeder »schamanische Arbeit« leisten. Die kleine Stammesgemeinschaft ermöglichte jedem, zu wissen, wer was mit welchem Ergebnis getan hat. Außerhalb der Stammesumgebung obliegt es denen, die schamanische Heilung oder Wissen suchen, die Qualifikation eines Schamanen zu prüfen. Die Qualifikation beruht auf der persönlichen Erfahrung des Schamanen in außergewöhnlichen Bewußtseinszuständen und der Fähigkeit, über die Erfahrungen anderer in außergewöhnlichen Zuständen nachzudenken. »Schamanen«, die nicht über umfangreiche eigene Erfahrungen verfügen, vollziehen ihren Lernprozeß auf Kosten der Klienten. Da es gerade Mode ist, sich Schamane zu nennen, schmücken sich mit diesem Titel vielleicht einige Leute, die keine klaren Grenzen kennen, mangelhafte Selbstkenntnis und ungelöste Selbstwertprobleme haben oder nicht gründlich ausgebildet sind.

Um während einer Flut von Trauer, einem Inferno von Zorn oder einem Sturm freudiger Erregung ruhig und gelassen zu bleiben (ohne repressiv zu sein oder andere Abwehrmechanismen anzuwenden), muß sich ein Therapeut seinen eigenen Ängsten gestellt haben, die ihn daran hindern, Gefühle auszudrücken. Mit anderen Worten, er muß sich persönlich mit der Erlösung, die der Klient erfährt, identifizieren können, ohne Angst davor zu haben. Der Therapeut hat in seinen eigenen zurückliegenden Erfahrungen Trauer, Zorn und Freude zum

Ausdruck gebracht. Er hat sich seinen eigenen Ängsten gestellt, als er einen furchteinflößenden Prozeß begann, dessen Ende nicht absehbar war. Er hat sich intensiven Gefühlen ausgeliefert und eigene tiefgreifende Erfahrungen gemacht, indem er etwas riskiert, gefühlt, bewegt und ausgedrückt hat. Er hat einige seiner Probleme oder Erfahrungen abgeschlossen. Dies erlaubt ihm, dem Fluß und der Abfolge eines jeden Klientenprozesses tief zu vertrauen und zu wissen, daß der Prozeß schließlich zu einem Ende kommen wird.

Qualitäten eines Therapeuten, der Erfahrungen mit außergewöhnlichen Zuständen hat:

- Er identifiziert sich mit dem, was der Klient zum Ausdruck bringt, ohne aufgrund persönlicher Ängste oder Zwänge zu reagieren.
- Er weiß, wann er nicht einschreiten darf.
- Er weiß, wann und wie er den Prozeß unterstützen kann.
- Er vertraut darauf, daß der Prozeß so abläuft, wie es für den Klienten richtig ist.
- Er vertraut darauf, daß der Prozeß zu einem Abschluß kommen wird.
- Er hat einen Lehrer oder eine Gemeinschaft, an die er sich wenden kann, wenn er Hilfe braucht.

Ich verlange nicht, daß man perfekt sein muß, bevor man mit Klienten in außergewöhnlichen Zuständen zu arbeiten beginnt. Selbst wenn Therapeuten diese tiefen Erfahrungen gemacht haben, werden sie sich bei bestimmten intensiven Erfahrungen eines Klienten nicht immer wohl fühlen. Wenn der Therapeut jedoch selbst intensive, tiefe Erfahrungen gemacht hat, weiß er, welche Eingriffe für ihn hilfreich waren und welche nicht. Wenn er selbst unbekanntes psychisches

Territorium erforscht hat und erfolgreich davon zurückgekehrt ist, wird er eher in der Lage sein, dieses Vertrauen auf die Arbeit mit seinem Klienten zu übertragen. Er wird darauf vertrauen, daß der Prozeß günstig verläuft und zu einer Lösung führt, auch wenn es dem Klienten hoffnungslos erscheint.

Obwohl Therapeuten bei der Arbeit mit Klienten selbst oft in Trancezustände geraten, wird dieser Zustand nie so sein, daß sich der Therapeut psychisch entfernt (dissoziiert) oder andere Verteidigungsmechanismen einsetzt, um sich von einem Klienten während einer biographischen Regression oder eines transpersonalen Zustands zurückzuziehen. Er wird weiterhin antworten und den Klienten wirksam unterstützen.

Unsere unerforschten persönlichen Probleme (Gegenübertragung)

Kapitel 5, 6 und *7* (Geld, Sexualität und Macht) beschäftigen sich eingehend mit dieser Art Anfälligkeit für unethisches Verhalten. Wenn Therapeuten ihre eigenen empfindlichen Stellen bei diesen Problemen untersuchen, dann erhöhen sie ihre Achtsamkeit und verhindern vielleicht sogar einige Szenarien im Vorfeld. Wenn Therapeuten ihre eigenen Abwehrmechanismen entdecken und aufhören, ihre anfälligen Stellen zu leugnen, können sie zwischen ihren eher eigennützigen Motiven und ihren höheren Werten leichter einen Mittelweg finden.

Wenn ein Therapeut merkt, daß er mit Geld Probleme hat, kann er seine Ängste, die im Zusammenhang mit einer Therapie auftauchen, aufmerksam beobachten. Wenn seine Angst vor Unzulänglichkeit auch Geldprobleme betrifft, kann er besonders umsichtig mit seiner Gebührenstruktur sein und sollte Geschenke und Gefälligkeiten von Klienten ablehnen. Er kann eine Therapie machen, die sein Selbstwertgefühl, seine Erwartungen an Reichtum und seine Sicherheit erhöhen. Er kann sich seinen Ängsten vor Veränderung stellen, indem er kleinere

Risiken auf sich nimmt. Wenn er seinen eigenen Prozeß ausdehnt, statt ihn abzukürzen, wird er seinen Klienten ein Gefühl von Mut und Vertrauen in den Veränderungsprozeß und somit in die Therapie vermitteln.

Vielleicht ist ein bestimmter Therapeut anfällig für Probleme im sexuellen Bereich und erliegt dadurch leichter sexuellen Verführungen. Ist sich der Therapeut dessen bewußt, kann er gegenüber romantischen Übertragungen und seinen eigenen Phantasien bezüglich der Klienten sehr aufmerksam sein. Er kann seinen eigenen Rationalisierungen gegenüber wachsam sein, die ihm einreden wollen, daß er wegen einer Klientin, die ihn sexuell anzieht, keine Beratung durch einen Kollegen braucht oder daß seine Beziehung zu dieser bestimmten Klientin eine besondere Situation sei, für die die üblichen Vorsichtsmaßnahmen nicht nötig seien. Er kann Vorkehrungen treffen, um sein Bedürfnis nach Körperkontakt und seine romantischen Sehnsüchte außerhalb seines Berufs zu befriedigen.

Ein Therapeut, der für Macht besonders anfällig ist, kann wachsam sein in bezug auf seine Wünsche oder Ängste, sich, den Klienten oder den Prozeß des Klienten kontrollieren zu wollen. Er kann zur Kenntnis nehmen, welche Abwehrmechanismen verhindern, daß er diese Kontrollprobleme zugibt, und gezielt beobachten, wann er sein Selbstbild verzerrt, indem er sich abwertet oder sich unrealistisch aufwertet. Er kann Kollegen um Rat fragen und sich nach ihrem Rat richten. Als Co-Therapeut in einer Gruppe zu arbeiten ist eine Möglichkeit, um eine angemessene Rückmeldung über Kontrollprobleme zu erhalten. Die beiden Co-Therapeuten können sich gegenseitig objektiv über die Art des Umgangs mit den Klienten austauschen.

Wie wehren wir uns dagegen, uns unethisch zu fühlen?

Wenn eine unbewußte Gegenübertragung stattfindet, hindert uns ein Teil von uns daran, diese wahrzunehmen. Normalerweise weiß ein Teil von uns, daß wir den Pfad der rechten Be-

ziehung verlassen haben. Hat ein Therapeut bewußt die Entscheidung getroffen, seine eigenen Bedürfnisse vor die seines
Klienten zu stellen, kann es zu einer bewußten oder unbewußten kognitiven Dissonanz kommen. Dieser Konflikt tritt auf,
wenn sich ein Teil von uns um den Klienten kümmern und ein
anderer Teil die eigenen Bedürfnisse befriedigen möchte.
Wenn wir entgegen unseren Wertvorstellungen handeln, werden wir einen Teil von uns vor einem anderen Teil verteidigen
müssen, um den Schmerz dieser kognitiven Dissonanz nicht
spüren zu müssen.

Nehmen wir z. B. an, ich halte mich für einen professionellen Therapeuten, der sich um seine Klienten kümmert und
sich verpflichtet, *niemandem Schaden zuzufügen.* Gleichzeitig
fühle ich mich zu einem Klienten hingezogen, und wir tauschen zweideutige Blicke aus, auch während ich klar fachlich
mit ihm kommuniziere. Ich sende doppelte Botschaften. Aber
statt mich damit auseinanderzusetzen oder es auch nur bewußt wahrzunehmen, versuche ich wahrscheinlich, mich auf
unterschiedlichste Art zu verteidigen. Ich könnte z. B. die romantischen Phantasien auf meinen Klienten projizieren und es
Übertragung nennen. *Er* fühlt sich zu *mir* hingezogen. Ich
könnte es unterdrücken und bei der Supervision *vergessen,*
darüber zu sprechen. Ich könnte meine Fähigkeiten zur Selbst-
kontrolle überschätzen und die Notwendigkeit unterschätzen,
professionellen Rat für diesen Klienten einzuholen. Ich könnte
einfach den Teil meiner doppelten Botschaften, den der romantische Flirt einnimmt, ignorieren und meiner eigenen Stimme
glauben, die mir sagt, daß nichts Unethisches passiert.

In einem anderen Szenario könnte ich mir sagen, daß dieser
Klient noch nicht soweit ist, eine Beziehung mit jemandem
einzugehen, den er gerade erst kennengelernt hat. Ohne mir
meiner Eifersucht bewußt zu sein, gebe ich dem Klienten den
»therapeutischen Rat«, noch etwas zu warten. Selbstverständlich verschwinden meine Klarheit und meine Integrität, wenn
ich mir zu erklären versuche, daß alles, was ich getan habe, im
Interesse meines Klienten war.

Therapeuten fühlen sich auch nicht so sicher, wenn sie in Situationen kommen, von denen sie vorher noch nichts gehört haben, von denen sie nicht wissen, welche eigenen unbewußten Sehnsüchte sie auslösen könnten, und in denen sie Angst haben, um Rat zu fragen. Der erste Schritt, der von der ethischen Norm wegführt, ist wenigstens klar und ehrlich. »Ich habe das getan!« Der zweite Schritt ist nicht mehr in Ordnung: »Ich habe das nicht getan!« Die Geschehnisse zu leugnen ist unehrlich. Obwohl sich der Therapeut nach zwei Schritten weniger anfällig für unethisches Verhalten fühlen mag, ist er in Wirklichkeit sogar noch anfälliger dafür. Wenn der Therapeut nicht bereit ist, sich die Wahrheit einzugestehen, ist er wahrscheinlich gerade dabei, auf Kosten des Klienten seinen Willen durchzusetzen. Er will nicht wissen, was er tut, wenn das bedeutet, Verhaltensweisen und Strategien zu ändern.

Wenn wir bereit sind, uns die Wahrheit einzugestehen, machen wir den ersten Schritt zurück zu einer rechten Beziehung und Klarheit. Therapeuten, die sich Fragen stellen von der Art, wie sie am Ende jedes Kapitels über die sieben Chakren stehen, unterziehen sich einer ehrlichen Selbstprüfung. Wenn jemand die Wahrheit wirklich wissen möchte, ist er im allgemeinen zu allem bereit, sie herauszufinden, wenn sie einmal durch die Abwehrmechanismen hindurchgesickert ist.

Gegenübertragung und Übertragung in Doppelbeziehungen

Meistens sind ethische Probleme, wenn sie die Arbeit mit Klienten in außergewöhnlichen Zuständen betreffen, sehr subtil. Es kann wichtig sein, Gegenübertragungen und vor allem Übertragungen zu berücksichtigen, wenn man mit einem Klienten in mehr als einer Beziehung oder Funktion zu tun hat. Die Bedürfnisse der Klienten unterscheiden sich in bezug auf Grenzen und Sicherheit beträchtlich. Einige Klienten sind flexibler, bewegen sich leicht vom Kind-Ich zum Erwachsenen-

Ich, von der mythischen zur normalen, funktionalen Realität und verändern auch das Kräftegleichgewicht zwischen sich und den Therapeuten.

Andere Klienten wachsen im Laufe der Zeit durch die verschiedenen Beziehungen zu ihren Therapeuten, Geistlichen, Masseuren und Lehrern. Einige Therapiemodelle sind rigider bezüglich des sogenannten Phänomens der *Doppelbeziehung* als andere. Es wurde viel darüber diskutiert, welche Art der Doppelbeziehung unethisch ist und welche ethisch oder sogar therapeutisch richtig sein könnten.

Eine Doppelbeziehung besteht, wenn die Beteiligten nicht nur therapeutisch, sondern auch sozial, nicht nur beruflich, sondern auch persönlich miteinander zu tun haben. Lawrence E. Hedges, ein Psychoanalytiker und Supervisor, äußert sich erleichtert darüber, daß der Begriff der *Doppelbeziehung* nach 20 Jahren (Dezember 1992) aus dem Ethikkodex der Amerikanischen Psychologischen Vereinigung (American Psychological Association – APA) gestrichen wurde*: »Die falsche Verschiebung des ethischen Blickpunkts von *zerstörerischer Ausbeutung* zu *Doppelbeziehung* hat zu einem weitverbreiteten Mißverständnis und einer ständigen, naiv moralisierenden Haltung geführt, was die spontanen, kreativen und einzigartigen Aspekte einer persönlichen Beziehung schwächt, die in einem psychologischen Prozeß von wesentlicher Bedeutung sind.«[117] Er weist entschieden darauf hin, daß bei ethischen Kodizes die Betonung darauf liegen sollte, die Ausbeutung von Klienten zu vermeiden, und nicht darauf, alle Beziehungen mit mehrfachen Aspekten oder die natürlichen und gesunden sich entwickelnden Veränderungen, die in einer Beziehung zwischen Therapeut und Klient auftreten, zu vermeiden. Ein Psychiater erinnerte sich, daß sein psychoanalytischer Supervisor

---

* Der gegenwärtige APA-Kodex verbietet zweifache oder mehrfache Beziehungen nicht, aber er verlangt auch nicht, daß eine tatsächliche Ausbeutung vorliegen muß, damit man gegen den Kodex verstoßen hat, es reicht, wenn ein erhöhtes Risiko für mögliche Ausbeutung vorliegt.

die Entwicklung einer rechten Beziehung erwartete und daß
nach Beendigung der Therapie eine Freundschaft bestehen
sollte. Dies wurde als ideales Resultat einer erfolgreichen
Therapie angesehen.

Therapeuten und Doppelbeziehungen

Die Modelle unterscheiden sich darin, welchen Spielraum sie
Doppelbeziehungen einräumen. Beispielsweise sagt die Amerikanische Vereinigung für Ehe- und Familientherapie (American Association for Marriage and Family Therapy) ganz
deutlich, daß Doppelbeziehungen, die die therapeutische Wirkung negativ beeinflussen oder Klienten ausbeuten, unethisch
seien:

> Ehe- und Familientherapeuten ... tun daher alles, um Dop-
> pelbeziehungen zu Klienten, die ihr fachliches Urteilsver-
> mögen beeinträchtigen oder das Risiko der Ausbeutung er-
> höhen könnten, zu vermeiden. Kann eine Doppelbeziehung
> nicht vermieden werden, ergreifen Therapeuten entspre-
> chende Maßnahmen, um sicherzustellen, daß ihr Urteilsver-
> mögen nicht beeinträchtigt wird und Ausbeutungen nicht
> vorkommen. Derartige Doppelbeziehungen sind z.B. ge-
> schäftliche oder enge persönliche Beziehungen mit Klienten.
> Intime sexuelle Beziehungen sind verboten. Intime Bezie-
> hungen mit ehemaligen Klienten sind in den ersten zwei
> Jahren nach Beendigung der Therapie verboten.[118]

Die Amerikanische Psychologische Vereinigung (American
Psychological Association) geht bei den Verhaltensregeln für
ihre Mitglieder in bezug auf sexuelle Kontakte mit früheren
Klienten noch weiter:

> ... Psychologen gehen keine intimen Beziehungen zu frühe-
> ren Patienten und Klienten ein, auch nicht nach einem Zeit-
> raum von zwei Jahren, außer unter sehr ungewöhnlichen

Umständen. Der Psychologe, der in den ersten zwei Jahren nach Beendigung der Therapie auf eine intime Beziehung eingeht, muß zeigen, daß keine wie auch immer geartete Ausbeutung vorlag.[119]

Ein anderes Modell verbietet Doppelbeziehungen generell:

Ein registrierter Musiktherapeut soll keine Doppelbeziehung mit Klienten oder Schülern eingehen und wird Situationen, in denen fachliche Entscheidungen oder Objektivität in der Beziehung (z. B. Wettbewerb oder Konflikt) gestört werden, vermeiden.[120]

Das Institut für Feministische Therapie (Feminist Therapy Institute) spricht von *überlappenden Beziehungen* statt von Doppelbeziehungen und schreibt in ihren Richtlinien für feministische Therapeuten:

Eine feministische Therapeutin erkennt die Komplexität und widersprüchlichen Prioritäten, die in mehrfachen oder überlappenden Beziehungen stecken können. Die Therapeutin übernimmt die Verantwortung, solche Beziehungen zu überwachen, um mögliche Ausbeutung oder Schaden für den Klienten zu vermeiden.[121]

Teilnehmer des »Zwölf-Schritte-Programms« und Doppelbeziehungen

Das Modell der Zwölf Schritte erlaubt und erwartet sogar, daß sich die Beziehung von einer therapeutischen Beziehung (Förderer) zu einer Beziehung von Gleichberechtigten (Freundschaft) entwickelt. Bringt man einen Süchtigen in eine Therapie, muß man als Freund oder Familienmitglied eine distanzierte Rolle einnehmen, um die Portion Realität zu vermitteln, die normalerweise nur einem professionellen Betreuer möglich ist. Innerhalb der Zwölf-Schritte-Gemeinschaft sind Beziehun-

gen, die fließend und gegenseitig sind, oft erlaubt. Einige Teilnehmer des Zwölf-Schritte-Programms schaffen es, sich in
ihren gegenseitigen Beziehungen positiv zu entwickeln.

Lehrer und Doppelbeziehungen

Lehrer haben unterschiedliche Ansichten über die adäquaten
Grenzen zwischen Schülern und Lehrern. Eine Richtung vertritt die Ansicht, daß Lehrer strikt Distanz bewahren sollten,
andere meinen, daß Schülern eine persönlichere Beziehung zugute kommt. Rita Manning schreibt:

> Wir müssen für mögliche Freundschaften mit unseren Schü-
> lern offen sein. Wenn wir das nicht sind, würde es bedeu-
> ten, daß wir sie nicht als ganzen Menschen, sondern nur als
> Schüler sehen. ... Eine Ethik der Fürsorge sagt, daß wir auf
> jeden Schüler anteilnehmend reagieren müssen. Wir müssen
> versuchen, jede/n Schüler/in in ihrer oder seiner Besonder-
> heit zu sehen. Dies heißt nicht, daß es einfach ist oder in
> einem richtigen Klassenraum überhaupt möglich ist; die
> institutionellen Barrieren, die uns daran hindern, unseren
> Schülern anteilnehmend zu begegnen, sind entmutigend,
> und ich fürchte, sie nehmen zu.[122]

Der Klerus und Doppelbeziehungen

Mitglieder des Klerus sind geradezu aufgefordert, an der komplexen Verflechtung von Rollen und Persönlichkeiten mitzumachen, die, so schwer sie auch sein mag, doch im Bereich des
möglichen liegt. Interessanterweise wird diese Vielfalt der Aufgaben bei Geistlichen im allgemeinen als normal angesehen,
während sie für Psychotherapeuten als falsch und fragwürdig
gilt.

Mitglieder des Klerus müssen behende zwischen den unzäh-
ligen Rollen, die sie gegenüber ihren »Klienten« (Kirchenmit-
glieder) einnehmen, wechseln. Zu vielen Menschen haben sie

soziale Kontakte, Kontakte, die sich aus der Zusammenarbeit ergeben, Kontakte als Lehrer und als Berater. Der Klerus befindet sich mit seinen Gemeindemitgliedern in einer Art Peer- oder Familiensituation. In den meisten Fällen funktioniert dies gut, und die Geistlichen lernen, in Beziehungen flexibel zu sein, um dies Vertrauen ihrer Gemeinde zu erfüllen. Eine gutfunktionierende geistliche Beziehung zeigt die menschliche Fähigkeit zu einer komplexen, wohlwollenden Interaktionen zwischen einem professionellen Ratgeber und seinen Ratsuchenden, Schülern oder Kirchenmitgliedern.

Andererseits kann diese Rollenvielfalt diejenigen, die ihre Macht mißbrauchen oder sich der Fallgruben nicht bewußt sind, dazu einladen, sich unethisch zu verhalten. Marie M. Fortune weist in ihrem Buch *Is Nothing Sacred?* darauf hin, daß Kirchenführer ungewöhnlich intimen Zugang zu ihrer Gemeinde haben und daß ihnen aufgrund ihres Amtes sehr viel Vertrauen entgegengebracht wird. Innerhalb der Gemeinde besteht genauso wie in der Kleinfamilie die Möglichkeit für schweren Vertrauensbruch und Machtmißbrauch. Fortune stellt fest, daß religiöse Institutionen ethisches Fehlverhalten ihrer Mitarbeiter abstreiten. Viele haben bisher nur wenige Richtlinien ausgearbeitet, um einer Gemeinde oder einem religiösen Orden zu helfen, sich gegen den Mißbrauch kirchlicher Macht zu schützen, sobald er irgendwo vorkommt.[123]

Der Hausarzt und der Schamane hatten Doppelbeziehungen

Der Hausarzt, der in meiner kleinen Heimatstadt praktizierte, war ein Freund seiner Patienten. Er war auf seine Patienten (Gemeinschaft) angewiesen, wenn es um nichtmedizinische Dinge ging. Geht man in der Geschichte der Menschheit weiter zurück und betrachtet die Rolle eines Stammesschamanen, so sieht man, daß er seine heilenden oder weissagenden Funktionen in einer bestimmten Rolle und nach bestimmten Ritua-

len vollzog und ansonsten ein vollwertiges Mitglied der Gemeinschaft war. Arnold Mindell beschreibt in seinem Buch
Den Pfad des Herzens gehen seine Erfahrungen mit einem
Ehepaar, die schamanische Heiler in Kenia waren: »Es war
eine Freude, diesen ruhigen und zurückhaltenden Menschen
zu begegnen, die tagsüber als Arbeiter und nachts als Magier
tätig waren. ... Das Heilsamste von allem war, daß sie wirkliche Menschen waren.«[124]

Die Beziehung der Gemeinschaft
zu ethischem Verhalten in Doppelbeziehungen

Das politisch korrekte Modell, das heutzutage von professionellen Psychologen beschrieben wird, scheint auf Anonymität
und einer mangelnden Einbeziehung der Gemeinschaft in eine
therapeutische Beziehung zu basieren. Menschen, die sich nie
außerhalb der Praxis des Therapeuten mit anderen treffen,
brauchen keine Flexibilität bei der Anteilnahme zu erlernen.
In kleinen Kirchengemeinden hingegen, beim Hausarzt, den
Stammesschamanen oder den Teilnehmern des Zwölf-Schritte-
Programms kann das Gruppengefüge zu einem selbstregulie-
renden Effekt führen. Unangemessenes Verhalten eines Mit-
glieds ist sichtbar, allgemein bekannt und wird in der Gemeinschaft besprochen. Jemand, der anderen Schaden zufügt, erfährt normalerweise durch Rückmeldung oder den Ausschluß
aus der Gemeinschaft Konsequenzen. Klatsch und Tratsch
warnt andere vor Leuten, die sich unethisch verhalten und bewahrt sie davor, deren Opfer zu werden.

Vielleicht erfordern die immer seltener werdenden Gemeinschaften, die Verschwiegenheit der Vertraulichkeitsvorschrif-
ten und die kleinen Privatpraxen immer strengere Verhaltens-
maßregeln als eine äußerliche Instanz. Die momentane Ablehnung der Doppelbeziehungen erkennt weder die Möglichkeit,
daß sich das Gleichgewicht der Kräfte zwischen Klient und
Therapeut durch eine Entwicklung verändern kann, noch daß
eine Entwicklung der Gegenseitigkeit oder gar die bemerkens-

werte menschliche Fähigkeit zu wachsen, sich anzupassen und rechte Beziehungen in ihren vielen Formen aufzubauen, stattfinden kann. Die starren Vorstellungen über Doppelbeziehungen fördern keineswegs die Entwicklung einer inneren ethischen Kontrollinstanz.

Verschiebungen von einer lenkenden zu einer nicht lenkenden Rolle in der Therapie

In gewisser Weise ist die therapeutische Rolle bei der Arbeit mit außergewöhnlichen Bewußtseinszuständen so unterschiedlich, daß die gleiche Flexibilität, die für die entwicklungsbedingten Veränderungen in der Therapeut-Klient-Beziehung von beiden Seiten verlangt wird, auch erforderlich ist, um zwischen der therapeutischen Arbeitsweise mit Klienten in gewöhnlichen und in außergewöhnlichen Bewußtseinszuständen hin und her zu wechseln. Während sich die Rollen des Behandelnden und des Behandelten nicht verändern, gibt es deutliche Unterschiede bei der Arbeitsweise mit Klienten, je nachdem, ob die tiefgehenden Erfahrungen spontan auftreten oder durch bestimmte Techniken hervorgerufen werden. (Vergleiche *Kapitel 2.*)

Mögliche Veränderungen in der therapeutischen Beziehung, wenn Klienten Erfahrungen in außergewöhnlichen Zuständen machen:

- Die Rolle des Therapeuten verändert sich von einer lenkenden zu einer nicht lenkenden.
- Die Grenzen zwischen Therapeut und Klient können verschwimmen, damit transpersonale Erfahrungen ausgetauscht werden können.
- Die Definition, was eine angemessene Berührung ist, kann sehr unterschiedlich sein.

Der Therapeut kann von einer lenkenden Rolle zu einer nicht lenkenden Rolle wechseln. Die beste Vorgehensweise des Therapeuten bei einem Prozeß, der bei einem Klienten durch die Intensität des Zustands ausgelöst wird, besteht darin, die eigenen Vorstellungen über die Richtung des Prozesses aufzugeben und der inneren Ausrichtung (innerer Heiler) so weit wie möglich zu folgen und sie zu unterstützen. Der Therapeut überträgt seine Autorität nicht auf das normale, kognitive Verständnis des Klienten. Klient und Therapeut geben sich vielmehr einer Weisheit hin, die größer ist als ihre jeweiligen bewußten Theorien oder Glaubenssätze. Beide erlauben der inneren Weisheit des Klienten, die Leitung des therapeutischen Prozesses zu übernehmen, weil sie erkennen, daß dieser innere Heiler den weitesten Blick hat und ihnen wohlgesonnen gegenübersteht.

Die Grenzen zwischen Therapeut und Klient können verwischen

Eine weitere Veränderung kann die größere Durchlässigkeit der eigenen Grenzen sein. Wenn der Therapeut mit einem Klienten arbeitet, der sich in einem außergewöhnlichen Zustand befindet, muß er besonders empfänglich sein. Diese Situation scheint von einem Therapeuten zu verlangen, daß er sich mehr als gewöhnlich mit dem Teil seiner selbst identifiziert, der eins ist mit allem. Dies setzt voraus, daß die Schranken, die die Erfahrung des Therapeuten von dem *anderen* (in diesem Fall dem Klienten) trennen, aufgehoben werden. Die folgende Passage beschreibt die Rolle eines »Beisitzers« in einem Atemtherapieseminar, kann sich aber genauso auf die Rolle eines Geistlichen oder eines Therapeuten beziehen, der mit einem Klienten in einem außergewöhnlichen Zustand arbeitet:

Der Zustand des Beisitzers ist einer Meditation sehr ähnlich. Die Beziehung zwischen jemandem in einem außergewöhnlichen Bewußtseinszustand (dem Atmenden) und jemandem, der unverändert ist und im gewöhnlichen Be-

wußtsein geerdet bleibt (Beisitzer), ist heilig und empfind-
sam. Vom Beisitzer wird Bewußtsein und Einfühlungsvermögen gefordert, Aufmerksamkeit für Nuancen und ein
Nachdenken über die Kluft zwischen den zwei Zuständen
bzw. wie eine Brücke errichtet werden könnte, um sie zusammenzubringen. Oft spürt der Atmende die beiden Richtungen des Flusses: beobachten und beobachtet werden,
hören und gehört werden, berühren und fühlen.[125]

Wenn sich die Grenzen der beiden verwischen, kann der be-
gleitende Therapeut die Erfahrung des Klienten spüren und
intuitiv wahrnehmen. Es kann eine wirklich mediale Verbindung entstehen, durch die der Therapeut um die Bilder, Gefühle, biographischen Bezüge und transpersonalen Erfahrungen des Klienten weiß, ohne daß er ein Wort darüber gehört
hat.

Bei Klienten und Therapeuten können auch die Grenzen
zwischen den Zuständen verschwimmen. Beispielsweise kann
die hypnotische Kraft von Mythen und einer symbolischen
Sprache bei Schamanenarbeit einen Klienten in die Lage versetzen, die Prozesse des Körpergeists, der einer Heilung be-
darf, neu zu organisieren und in Gang zu setzen. Das Verschwimmen der Grenzen zwischen gewöhnlicher und außergewöhnlicher Realität ermöglicht es den Einsichten, Energien
und Gefühlen in außergewöhnlichen Zuständen, die gewöhnliche Realität, das Denken, den Körper und andere Dinge zu
beeinflussen. Letztlich werden die Grenzen zwischen den Realitäten vom Geist künstlich errichtet. Was ist, *ist*, egal, ob es
gewöhnliche oder außergewöhnliche Realität genannt wird.

Manchmal kann der Therapeut bewußt eine Rolle in den
außergewöhnlichen Zustandserfahrungen seines Klienten spielen. Lawrence Hedges, ein Psychoanalytiker, der sich in seiner
Arbeit in erster Linie mit Gegenübertragungsproblemen beschäftigt, schreibt über Schamanenarbeit, bei der der Klient
ein Heilungsdrama inszenieren kann. Der Klient weist dabei
dem Therapeuten *für die Dauer des außergewöhnlichen Zu-*

stands die Rolle des Magiers bzw. Heilers zu. Es ist nur dann sicher, in außergewöhnlichen Zuständen ein derartiges Drama in Szene zu setzen, wenn zwischen Therapeut und Klient eine sichere Beziehung oder eine normale therapeutische Beziehung besteht und sie flexibel genug sind, in die gewöhnliche Realität zurückzukehren. Manchmal, besonders bei der Arbeit mit Ritualen, kann die Tatsache, daß der Therapeut durch die Symbolsprache der Bewegungen und die Sprache des Klienten an dessen außergewöhnlichem Zustand teilnimmt, eventuell helfen, das auszudrücken, was er sonst nicht ausdrücken könnte. »Der Übergang zum sprachlichen System ermöglicht es, eine Erfahrung, die sonst chaotisch und unaussprechbar wäre, in einer geordneten und verständlichen Weise zu erleben.«[126]

Nach der Rückkehr zum gewöhnlichen Bewußtseinszustand können Therapeut und Klient über den zeitweiligen Rollenwechsel sprechen. Die Fähigkeit, grundlegende Regeln und Methoden zu verändern und Grenzen wieder zu errichten, wenn die Arbeit im außergewöhnlichen Zustand beendet ist, ist nötig, um eine Vielfalt an Funktionen und Rollen innerhalb einer ethischen Beziehung aufrechterhalten zu können.

Hedges gibt einen Einblick in die Feinheiten der Gegenübertragung und Übertragung, von denen er annimmt, daß sie Teil der wesentlichen Heilungsbeziehung sind. Er vergleicht Psychotherapie mit Schamanenarbeit und fordert Therapeuten auf, sich daran zu erinnern, daß die Stärke der wirklichen (gewöhnlichen) Beziehung zwischen Therapeut und Klient einen Wechsel von nüchterner Realität zu mythischem und symbolischem Heilen (im außergewöhnlichen Bewußtsein) erlaubt.[127]

Das Wissen darum, daß der Therapeut ein realer Mensch ist, erlaubt es dem Klienten, in die mythische Welt zu treten, ohne darin verlorenzugehen oder nicht zurückkehren zu können. Wenn der Therapeut in die Welt der »Magie« und Mythen reisen kann und am Ende der Sitzung wieder in die gewöhnliche Welt zurückkehrt, fühlt der Klient ganz tief in sich, daß es sicher ist, unbekanntes Gebiet zu erforschen – daß er

zurückkehren kann. Der Therapeut ist in diesem Fall ein Vor-
bild dafür, daß es möglich ist, wieder zurückzukehren. Der
Klient kann in vielen Bereichen größeres Vertrauen haben. Der
Klient fühlt, daß es sicher ist, sich mit seinen Traumbildern zu
identifizieren oder sich auf eine größere spirituelle Reise in das
Unbekannte zu begeben.

Die Definition für die Angemessenheit einer Berührung kann unterschiedlich sein

Die Definition für die Angemessenheit einer Berührung kann
bei einem Klienten in einem außergewöhnlichen Zustand ganz
anders sein als sonst. Vor der Sitzung können der Therapeut
und der Klient über die Wünsche des Klienten nach Körperkontakt in den verschiedenen möglichen Situationen sprechen.
Auch der Therapeut kann seine Gefühle über das Berühren
mitteilen, und er kann über die unterschiedliche Art des Be-
rührens in gewöhnlichen und in außergewöhnlichen Zuständen sprechen. (Vergleiche *Kapitel 6.*)

Unsere uneingestandene Sehnsucht (Gegenübertragung) nach Liebe und spiritueller Verbundenheit

Die Sehnsucht nach dem Unveränderlichen und nach spiritueller Sexualität, spiritueller Macht, Liebe, Wahrheit, Einsicht
und Einssein können uns für unethisches Verhalten anfälliger
machen, weil der Wunsch nach spiritueller Verbundenheit eine
stärkere Motivation sein kann als persönliche Ängste und
Wünsche. Wir wollen Geld, Sexualität und Macht, aber unser
tiefstes Bedürfnis hinter diesen persönlichen Wünschen ist,
daß wir uns mit allem Lebendigen und mit einer Macht, die
größer ist als wir, verbunden fühlen wollen.
    Dieses tiefe Bedürfnis erscheint oft als spiritueller Materia-
lismus. Manche Menschen versuchen, ihre spirituelle Sehn-

sucht mit greifbaren Energieformen wie Kristallen, Engelsfiguren, Büchern oder heiligen Texten zu erfüllen. Einen Klienten zu »werben«, der mitten in einer spirituellen Erfahrung ist, nach der man sich selbst sehnt, kann ein anderer Weg sein, sein Bedürfnis nach dieser Art der Energie zu erfüllen. In den Kapiteln über Geld, Sexualität und Macht (*Kapitel 5* bis *7*) werden die spirituelle Sehnsucht nach dem Unveränderlichen, nach regenerativer Energie und mystischer Sexualität und der Wunsch, zu heilen und Veränderungen zu bewirken, beschrieben. In den Kapiteln über die transpersonalen Chakren (*Kapitel 8* bis *11*) wird die spirituelle Sehnsucht nach Mitgefühl, Wahrheit, außersinnlichen Fähigkeiten, mystischem Verständnis, Vereinigung und Transzendenz erörtert.

Wir haben oft weniger Erfahrung mit dieser starken Kraft der spirituellen Sehnsucht als mit persönlichen Ängsten und Wünschen. Eine derartige Sehnsucht ist schwer in Worte zu fassen, und in unserer Kultur sprechen die Menschen nur zögernd darüber. Die Kraft der Sehnsucht kann uns völlig überraschen. Für Gegenübertragungen besonders tückisches Terrain sind Therapien mit Klienten, deren Kundalini erwacht ist, oder mit Klienten, die mediale oder schamanische Fähigkeiten entwickeln (Formen spiritueller Krisen), sowie mit multiplen Persönlichkeiten (Multiple Persönlichkeitsstörung).

Gegenübertragung bei Klienten, deren Kundalini erwacht ist

Ein Vorgang wie das Erwachen der Kundalini öffnet die Tür zu allen Sinneswahrnehmungen, und die Energie fließt. Der Körper des Klienten verleiht seiner reinen Lebensenergie spontan Ausdruck und zeigt, daß das Sexuelle und das Spirituelle unauflösbar miteinander verflochten sind. Weil wir von den sexuellen und spirituellen Aspekten dieser menschlichen Energie stark angezogen sind und uns nach ihr sehnen, kann ihre Manifestation in einer anderen Person in beiden Fällen nahezu unwiderstehlich sein. Therapeuten und spirituelle Führer können, auch wenn sie »Kundalini-Phänomene« nicht so nennen, in der Lage sein, diese Energie stärker als andere zu fühlen und wahrzunehmen, und sind auf keinen Fall dagegen immun. Eine gesunde Hochachtung vor ihrer Kraft ist der Schlüssel, um unglückselige Situationen zu vermeiden. Therapeuten sollten im Rahmen einer adäquaten Ausbildung davor gewarnt werden, daß die Anziehungskraft dieser Energie sie von ihren eigenen ethischen Prinzipien abbringen kann. Ein Therapeut, der nicht mit seinem Körper und dessen Empfindungen in Kontakt steht, kann besonders anfällig sein für sexuelle Verführung. Der Prozeß des Klienten kann ihn visuell und energetisch an die spirituellen und sexuellen Gefühle erinnern, von denen der Therapeut sich innerlich distanziert hat und nach denen er sich so sehr sehnt.

Gegenübertragung bei einem Klienten, der mediale Fähigkeiten entwickelt

Taucht Spiritualität in der Form auf, daß mediale Fähigkeiten geweckt werden, sind die Schleusen der Intuition geöffnet. Der Klient kann spontan Informationen über andere Menschen und archetypische Wahrheiten empfangen. Er kann die Gedanken seines Therapeuten, naher Familienangehöriger und seiner Freunde lesen. Therapeuten, die vom Channeling fasziniert sind, die sich danach sehnen, mediale Durchgaben und mystische Erkenntnisse zu erhalten, können bei diesen Klienten besonders anfällig für unethisches Verhalten sein. Besonders, wenn der Therapeut selbst nicht sehr intuitiv ist, kann er zu sexuellem Fehlverhalten mit jemandem, der diese Fähigkeiten hat, verleitet werden. Wenn der Therapeut sehr gerne Visualisierungen erleben würde, es aber normalerweise nicht tut, könnte er seine therapeutische Macht mißbrauchen, indem er das visuelle Material des Klienten »lenkt« oder verstärkt. Wenn beispielsweise der Therapeut großes Interesse an Sexualität hätte, könnte er den Klienten ermuntern, sexuelle Bilder hervorzubringen und über sie zu sprechen. Ist er von Gewalt fasziniert, könnte er größeres Interesse an Erinnerungen aus früheren Inkarnationen haben, die Krieg oder Verfolgungen zeigen. Wäre er an Mythologie interessiert, könnte er mehr Zeit darauf verwenden, Details über archetypische Bilder hervorzulocken.

Diese Anziehungskraft zwischen einem Therapeuten und einem Klienten, der gerade Zugang zu seiner Medialität hat, tritt oft auf, wenn ein Mensch mit Eigenschaften, die eher als maskulin oder yang bezeichnet werden (eines der Geschlechter, das stärker kognitiv als intuitiv entwickelt ist und das für einströmende Energie weniger durchlässig ist), einen Klienten hat, dessen Erweckung eher das Weibliche oder yin zeigt (intuitiv, durchlässig). Der Klient erlebt bei dieser Art der Öffnung normalerweise, daß seine kognitiven oder männlichen Anteile zeitweise von seinem Bedürfnis überwältigt werden, auch das Weibliche hervorzubringen. Er will oder kann die neue intuitive Öffnung nicht zulassen, während er gleichzeitig am Bekannten, Kognitiven oder Männlichen festhält. Er fühlt sich oft zu einem Therapeuten mit maskulinen Qualitäten hingezogen, der den Raum schafft, in dem der Klient die Grenzen seines Verstandes, seiner Intuition und seiner Sinne auflöst. Der Therapeut kann seinerseits von der Fähigkeit des Klienten angezogen sein, zu verschmelzen und Energie und Informationen zu erhalten.

Gegenübertragung bei einem Klienten, der schamanische Fähigkeiten entwickelt

Taucht Spiritualität in der Form auf, daß schamanische Fähigkeiten geweckt werden, ist ein erfahrener Schamane unabdingbar, um den Klienten durch diese Entwicklungsphase zu führen. Die Vorbereitungen dazu konzentrieren sich auf den Einsatz persönlicher und transpersonaler Macht. Vom Therapeuten wird verlangt, daß er selbst einige der Todes- und Wiedergeburtserfahrungen gemacht hat, die für die Erweckung schamanischer Fähigkeiten charakteristisch sind, damit er sich seinen eigenen Ängsten und den Ängsten, die sein Klient er-

lebt, stellen kann. Der Therapeut, der mit Klienten arbeitet,
die schamanische Fähigkeiten entwickeln, kann für Geld und
Macht anfällig sein. (Vergleiche *Kapitel 5* und *7*.)

Diese Art von Prozeß neigt dazu, Macht- oder Geldprobleme (Sicherheits- oder Angstprobleme) auszulösen. Einige
Therapeuten scheinen sich und ihren Klienten vorzumachen,
sie seien besser dazu ausgebildet, jemanden durch eine schamanische Erweckung (Macht) zu führen, als dies tatsächlich
der Fall ist, und dann stellen sie plötzlich fest, daß sie den
Boden unter den Füßen verlieren. Kann ein Therapeut einen
erfahrenen Schamanen direkt befragen, wenn er mit solchen
Klienten arbeitet, schränkt er die Möglichkeit, daß seine eigenen Ängste den Prozeß behindern, größtenteils ein.

Sollten während einer schamanischen Erweckung Probleme
im sexuellen Bereich auftreten, können sie auch mit Machtproblemen des Therapeuten oder Schamanen zusammenhängen. Der Therapeut fühlt, daß er seinem Klienten Energie und
Macht überträgt, Macht über ihn ausübt oder seine Macht
durch sexuellen Kontakt zeigt. Dagegen ist Geschlechtsverkehr mit einem Klienten in einer medialen Erweckung, der
vom Therapeuten ausgeht, wahrscheinlich der Versuch, durch
intimen Kontakt mit einem Menschen, der mediale, magische
oder intuitive Fähigkeiten besitzt, diese Fähigkeiten selbst zu
erlangen.

Gegenübertragung bei einem Klienten
mit einer multiplen Persönlichkeitsstörung

Bei einem Menschen mit einer multiplen Persönlichkeitsstörung sind für gewöhnlich mehrere der Persönlichkeiten für
die Sexualität verantwortlich. Manchmal kommt es vor, daß
eine Identität der multiplen Persönlichkeit für Prostitution
oder einen ungezügelten Sexualtrieb verantwortlich ist. Erscheint eine derartige Persönlichkeit in der Praxis, hat es den
Anschein, als gäbe es – nach Freudscher Terminologie – für
das *Es* kein *Über-Ich*. Bei dieser Persönlichkeit kann sich eine

typische spirituelle Energie offenbaren, indem sie die vitale, ungezügelte, regenerative Energie, die man als sexuelle Energie kennt, aufnimmt. Fühlt sich der Therapeut schon zum Klienten hingezogen, kann das zivilisierte Über-Ich des Therapeuten keinen Schutz mehr bieten, wenn die intensive sexuelle Energie des Klienten im Therapeuten den tiefen Wunsch weckt, seine eigene freifließende Sexualität zu empfinden.

Andere Varianten eines multiplen Klienten können als nicht inkarnierte Wesenheiten erscheinen, die mit Hilfe des Klienten spirituelle Weisheit channeln. Einige nennen sich Dämonen (wie bei dämonischer Besessenheit), obwohl Colin Ross, Psychiater und Experte auf dem Gebiet der dissoziativen Störungen, behauptet, viele solcher »Dämonen« getroffen zu haben, und meint, daß sie direkt unterhalb der dämonischen Energie alle furchtbar verletzte kleine Kinder sind.[128]

Der Wunsch, faszinierendes, transpersonales Material (z. B. mediale Fähigkeiten und nicht inkarnierte Wesenheiten) zu erforschen, oder eine starke Angst davor (z. B. vor dämonischer Besessenheit) können einen Therapeuten vom Weg einer rechten Beziehung und richtigem therapeutischen Handeln abbringen. Ross beschreibt ein Beispiel, wodurch er gelernt hat, daß es nicht im therapeutischen Interesse des Klienten war, seinen eigenen Interessen nachzugeben. In seinem wunderbaren Buch mit Fallbeispielen von Klienten mit multipler Persönlichkeitsstörung, *The Osiris Complex,* beschreibt er die Lektion, die er durch Jon (einer männlichen Persönlichkeit der weiblichen Ursprungspersönlichkeit Jennifer) gelernt hat:

Jons Versuch, mir seine Fähigkeiten in außersinnlicher Wahrnehmung (ASW) zu demonstrieren, war der Versuch, akzeptiert zu werden. Ich hätte dies begreifen sollen, anstatt mich durch meine Neugier verleiten zu lassen, und ich hätte auch wissen sollen, daß die Erniedrigung aufgrund eines gescheiterten Versuchs die darunterliegende Erniedrigung, die er durch den sexuellen Mißbrauch während der Kindheit erfahren hatte, offenlegen würde. ... Danach konnte

er für sich entscheiden, an jeder Art ASW-Forschung teilzunehmen, ohne daß seine Entscheidungen seine Therapie
verkomplizierten.«[129]

Andere faszinierende Aspekte einer mulitiplen Persönlichkeit
können unerklärliche elektrische Phänomene sein (z. B. Span-
nungsstöße, nicht funktionierende Elektrogeräte), die sich in
der Nähe des Klienten ereignen.[130] Wenn der Therapeut sich
zu seinem Klienten hingezogen fühlt oder wenn ihn diese Phänomene faszinieren und er das Gefühl hat, vom Weg einer
rechten Beziehung abgekommen zu sein, kann er vorbeugende
Maßnahmen ergreifen, um unethisches Verhalten zu vermeiden. Er kann jemanden um Rat fragen, der sich sowohl mit
multipler Persönlichkeitsstörung als auch mit Gegenübertragung auskennt.
   Ich persönlich kenne nur ein paar Fälle, bei denen es zu
einem Rechtsstreit gekommen ist, weil sexuelle Beziehungen
zwischen Therapeut und Klient transpersonale Probleme um-
faßten, wie sie in *Kapitel 8* bis *11* (Chakren 4 bis 7) beschrieben sind. Bei *allen* Rechtsstreits, von denen ich gehört habe,
waren allerdings Klienten mit multipler Persönlichkeitsstörung beteiligt.
   Menschen mit multiplen Persönlichkeiten oder dissoziativen Störungen haben diese besondere Strategie entwickelt, um
den schweren Mißbrauch zu überleben, bei dem sie nur die
Möglichkeit hatten, in Teile von sich selbst zu flüchten. Die
Verantwortung für Erinnerungen und das Funktionieren in
der Welt wurden aufgeteilt, so daß der eine Teil nicht für die
Taten des anderen verantwortlich ist. Die Gegenübertragung
eines Therapeuten kann in gewisser Weise ebenfalls miß-
bräuchlich sein oder die Ablehnung von Verantwortung bedeuten. Der Klient, ein Meister darin, keine Verantwortung zu
übernehmen, wird dann wahrscheinlich gerichtliche Schritte
einleiten.[131]
   Möglicherweise gilt auch eine Art »Operatorenprinzip«,
nach dem der Grad der Dissoziation (Störung) eines Klienten

den Grad des Risikos für unethisches Verhalten des Therapeuten exponentiell erhöht. Die Empfänglichkeit des Therapeuten in bezug auf Probleme in allen sieben Chakren, die Verwundbarkeit des Klienten und die Wut des Klienten bei Verrat durch den Therapeuten können merklich größer sein, wenn der Klient schweren Mißbrauch erlebt und sich in viele Persönlichkeiten gespalten hat.

Ausbeutung des Klienten als Kuriosität und als »Fall«

An jeder dieser intensiven Situationen (Kundalini-Phänomene, Erweckung medialer und schamanischer Fähigkeiten und multiple Persönlichkeitsstörung) kann der Therapeut sowohl intellektuell als auch emotional, physisch und spirituell interessiert sein. Es kann passieren, daß der Therapeut den Klienten als eine Kuriosität ansieht oder als mögliches Thema für einen interessanten Aufsatz. Das kann dazu führen, daß er den Klienten subtil ausbeutet, um seine Neugier zu befriedigen oder um Studien zu betreiben. Ausbeutung in diesem Rahmen kann beinhalten, daß er dem Klienten Fragen stellt, die zwar für die Forschung, nicht aber für die Therapie wichtig sind. Es kann auch ausbeuterisch sein, den Klienten zu medialen oder energetischen Phänomenen zu ermutigen, um eine Art spirituellen Voyeurismus zu befriedigen.

Kapitel 13

Schlüssel zu professionellem ethischen Verhalten

Oft hat der Therapeut den Eindruck,
die Analyse gehe vorzüglich,
je mehr er seinem Schatten verfällt.[132]

Adolf Guggenbühl-Craig

Schlüssel zu professionellem ethischen Verhalten sind Eigenschaften und Strategien, die uns helfen, bei uns selbst einzuschreiten, wenn wir für unethisches Verhalten anfällig sind. Wenn wir das Gefühl haben, bei einem Klienten vom rechten Weg abgekommen zu sein, könnten uns diese Hinweise erkennen lassen, welchen Gesichtspunkt wir vernachlässigt haben.

Achten ist die Fähigkeit, einem anderen Menschen Respekt entgegenzubringen. Angeles Arrien, Anthropologin und Autorin, schreibt: »Wir werden ehrenwert, wenn unsere Fähigkeit Respekt zu zeigen zum Ausdruck kommt und gestärkt wird. Der Begriff Respekt geht auf das lateinische Wort *respicere* zurück und bedeutet die Bereitschaft, *noch einmal hinzuschauen.*«[133]

Schlüssel zu professionellem ethischen Verhalten:

- authentische Zuwendung,
- Bereitschaft, unsere eigenen Motive zu untersuchen,
- Bereitschaft, die Wahrheit zu sagen,
- Bereitschaft, um Hilfe (Beratung) zu bitten und zu lernen.

Authentische Zuwendung

Authentische Zuwendung ist mit dem Herzen und dem Fühlen verbunden. In tiefen Zuständen sind Klienten für Nichtauthentizität bei den Menschen, die sie umgeben, viel empfänglicher als in normalen Zuständen. Ein Klient weiß oft, wenn ein Therapeut abgelenkt ist und an etwas anderes denkt, während der Klient etwas erneut durchlebt oder einen Gefühlsausbruch hat. Oft spürt der Klient, wenn der Therapeut in dem Moment lieber woanders wäre als in der Therapiesitzung. Ein Klient bekommt schnell mit, wenn der Therapeut die außergewöhnliche Wirklichkeit des Klienten bewertet oder Schwierigkeiten damit hat, sie zu akzeptieren.

Authentische Zuwendung gegenüber dem Klienten ist das Gegenteil von Mißachtung. Ich glaube, das ist der wichtigste Bestandteil ethischen Verhaltens. Authentische Zuwendung ist kein narrensicherer Schutz vor unethischem Verhalten. Ein Therapeut kann sich immer noch einreden, daß er aus Sorge heraus handle, wenn das nicht der Fall ist, und daß das, was er möchte, zum Wohle des Klienten geschehe, wenn es das nicht ist. Aber auch andere Schlüssel zu professionellem ethischen Verhalten sind wichtig.

Die Bereitschaft, unsere eigenen Motive zu untersuchen

Die meisten ethischen Probleme von Therapeuten entstehen aus dem Interessenkonflikt zwischen ihren eigenen Ängsten und Wünschen (zu tun, von dem sie denken, daß es in ihrem eigenen Interesse sei) und authentischer Zuwendung (zu tun, was für ihre Klienten gut und zweckmäßig ist). Die Zuwendung kann durch folgende Phänomene beeinträchtigt werden:

1. verwirrende uneingestandene Gegenübertragung oder Bedürftigkeit (*Ich möchte das, was Sie haben; ich brauche Sie als Klienten*);

2. der einfache eingestandene persönliche Wunsch ohne Verständnis für die Konsequenzen (*Ich möchte mich so mächtig fühlen, daß ich einige dieser tiefgreifenden Wirkungen in Ihrem Leben verursacht habe*) und

3. starke, unerfüllte eingestandene oder uneingestandene spirituelle Sehnsüchte (erörtert in den *Kapiteln 5* bis *11*).

Manchmal ist es ziemlich leicht, unsere Motive zu entdecken, und wir leisten nicht allzuviel Widerstand, die Wahrheit zu erfahren. Die entdeckten Beweggründe können z. B. recht unbedeutend sein.

• Ich möchte jetzt gerade nicht hier sein und mit Ihnen arbeiten. Ich möchte mich wegen meiner Kopfschmerzen lieber zu Hause ins Bett legen.

In diesem Fall gibt es keine Scham oder Schuld. Der Therapeut hat nicht nur einen guten Grund (z. B. Kopfschmerzen) das zu tun, was er möchte, sondern er verurteilt sich auch nicht dafür (z. B. zu Hause anstatt bei der Arbeit sein zu wollen). Er hat sich eingestanden, daß er abgelenkt ist, und bewußt entschieden, die Sitzung fortzuführen. Da er sich der widersprüchlichen Motive bewußt ist, ist er in der Lage, sich wieder auf seinen Klienten zu konzentrieren.

• Ja, ich sollte wollen, daß ich hier bin, ich sollte nicht an meine Kopfschmerzen denken oder wünschen, woanders zu sein, aber ich brauche meine wahren Gefühle nicht vor mir selbst zu verstecken. Ich bin kein schlechter Mensch, weil ich mich bei diesem Gedanken ertappt habe.

Bei kognitiver Dissonanz, Scham und Schuld, können die Motive komplizierter sein und mehrere Schichten bilden, so daß es schwierig wird, zur Wahrheit vorzudringen. Manchmal ist es recht schmerzhaft, zu graben und seine wahre Gefühle und Motive zutage zu bringen.

* Es ist mir peinlich, daß ich mich wegen seiner spirituellen Ausstrahlung von meinem Klienten angezogen fühle.
* Ich möchte mir nicht eingestehen, daß ich mich spirituell unterlegen fühle, weil ich nicht täglich meditieren kann, wie es mein Klient leicht zu schaffen scheint.

Diese Schichten aus Scham und Schuld halten nicht nur andere, sondern auch uns selbst davon ab, zu erkennen, was wirklich los ist. Sie sind zu unserem Schutz errichtet, damit wir uns nicht schlecht fühlen, lassen uns gleichzeitig aber nicht weiterkommen.

* Wenn ich mich zu einem Klienten hingezogen fühle und es mir nicht bewußt ist, kann ich nicht einmal jemanden um Rat bitten.

Scham und Schuld des Therapeuten beeinträchtigen wahrscheinlich den Therapiefortschritt seines Klienten.

* Immer wenn mein Klient von seinen außerkörperlichen Erfahrungen spricht, fühle ich mich spirituell minderwertig. Meine übliche positive Einstellung zu transpersonalen Erfahrungen schwindet, sobald er erwähnt, daß er seinen Körper verläßt. Ich gebe ihm wahrscheinlich nonverbal zu verstehen, daß ich diese Geschichten nicht hören möchte. Ich vermittle, daß ich außerkörperliche Erfahrungen unangenehm finde. Der Klient kann mein Unbehagen dahingehend interpretieren, daß er meint, außerkörperliche Erfahrungen seien uninteressant, abnormal oder sogar gefährlich.

Die Bereitschaft eines Therapeuten, seine eigenen Motive zu untersuchen, scheint auf Seiten des Klienten gleichzeitig zu der Bereitschaft zu führen, das gleiche zu tun. Meistens wissen die Klienten nicht, welche persönlichen Probleme für ihren Therapeuten in seiner eigenen Therapie oder spirituellen Praxis gerade aktuell sind. Dennoch scheint unterbewußt ein Austausch stattzufinden. Bei den Klienten scheinen sich die Themen, Probleme, Widerstände und Mutproben zu zeigen, mit denen auch ihre Therapeuten zu tun haben.

• Immer und immer wieder habe ich diesen synchronistischen Effekt beobachtet. Wenn ich mich meinem nächsten Schritt widersetze, widersetzen sich meine Klienten ihrem. Wenn ich versuche, sie dazu zu bewegen, den nächsten Schritt zu tun, widersetzen sie sich stärker. Wenn ich mich außerhalb meiner Therapiesitzungen um meine eigenen Dinge kümmere, Risikos eingehe und meine eigenen Motive eingehend anschaue, sind Klienten plötzlich in der Lage, das gleiche zu tun.

Wenn Therapeuten anfangen, sich mehr um sich selbst zu sorgen und sich anzunehmen, fühlen sich ihre Klienten auch mehr umsorgt und sorgen ebenfalls mehr für sich. Wenn Therapeuten authentischer werden, werden Klienten dies oft auch.

Die Bereitschaft, die Wahrheit zu sagen

Die Bereitschaft, die Wahrheit zu sagen, ist ein wichtiger Schlüssel zu professionellem ethischen Verhalten. Therapeuten verhalten sich ethischer, wenn ihre Bereitschaft wächst, zu sich selbst, ihren Kollegen und ihren Klienten ehrlich zu sein. Einer der Eckpfeiler von Angeles Arriens *Der vierfache Weg*[134] ist: »Sag die Wahrheit ohne Vorwurf oder Urteil.« Sie lehrt uns, daß wir »das Feld der Kreativität, das in jedem von uns existiert, freimachen [können], indem wir uns von Vorstellungen wie Fehlverhalten und Wohlverhalten lösen. ... Die Wahrheit zu sagen ohne Schuldzuweisung und Verurteilung ist die Fähigkeit, die Dinge beim Namen zu nennen.«
    Wir werden drei Arten von Bereitwilligkeit, die Wahrheit zu sagen, erörtern. Die eine ist die Bereitwilligkeit, uns selbst

gegenüber ehrlich zu sein, die zweite ist die Bereitschaft, unseren Berufskollegen gegenüber ehrlich zu sein, die dritte ist die Bereitwilligkeit, unseren Klienten gegenüber ehrlich zu sein.

Uns selbst gegenüber ehrlich sein

Bei der Untersuchung unserer Motive sind wir an einem bestimmten Punkt bereit, uns selbst gegenüber ehrlich zu sein. Mit dieser Bereitwilligkeit können wir anfangen. Oft beginnen wir damit, daß wir wissen, daß es in uns einen Konflikt gibt und daß ein Teil von uns bereit ist, etwas über ihn zu erfahren, der andere aber nicht.

- Ich möchte gerne wissen, welcher Teil von mir nichts von meinen Ängsten, Wünschen und Sehnsüchten wissen möchte.
- Ich bin bereit, die Wahrheit über meine Motive zu erfahren, selbst wenn ich nicht weiß, was ich mit dieser Wahrheit dann anfangen soll.
- Ich bin bereit, die Wahrheit darüber zu erfahren, wie meine Motive und Handlungen sich auf meinen Klienten auswirken, selbst wenn ich dabei Schmerz, Verlegenheit oder Hoffnungslosigkeit spüre.
- Ich bin bereit, mir selbst gegenüber ehrlich zu sein, weil ich fest daran glaube, daß die Wahrheit mich frei machen wird.

Die Bereitschaft, sich selbst gegenüber ehrlich zu sein, bedeutet oft, bereit zu sein, die Abwehrmechanismen, die uns davor schützen, das zu wissen, was wir eigentlich wissen sollten, aufzugeben. Ein Blick auf die spezifischen Abwehrmechanismen und Bewältigungsstrategien, die im Diagnostischen und Statischen Manual Psychischer Störungen (DSM-IV)[135] aufgelistet sind, könnte uns Auskunft darüber geben, welche Mechanismen wir selbst einsetzen. Normalerweise wird das DSM-IV zur Diagnose von Klienten benutzt, aber in diesem Falle eignet

es sich sehr gut zur Eigendiagnose. Um uns vor der Wahrheit
zu schützen, setzen auch wir Therapeuten Abwehrmechanismen ein! Wenn wir erst einmal wissen, daß wir irgend etwas verleugnen, sind wir auf dem richtigen Wege, herauszufinden, was
dieses Etwas ist. Um Probleme mit Klienten in außergewöhnlichen Zuständen abzuwehren, benutzen wir weit verbreitete
Mechanismen. Dazu gehören Verleugnung, Projektion, projektive Identifikation, Rationalisierung, Antizipation, Dissoziation, Verdrängung, Humor, Intellektualisierung, Allmäch-
tigkeit und Abwertung.

Bezüglich unserer Abwehrmechanismen uns selbst gegenüber ehrlich sein

Verleugnung

Verleugnung hat die Funktion, daß das, was ist, nicht so ist –
daß die Klienten z. B. das, was sie nach eigener Aussage erfahren, in Wirklichkeit nicht erfahren. Es wäre seltsam, wenn
nicht die meisten von uns, die die traditionellen Schulen und
Ausbildungen durchlaufen haben, manchmal auf diese Methode zurückgreifen würden, wenn wir mit neuen Informationen konfrontiert werden. Wir neigen besonders dann dazu,
wenn die neue Information nicht in unsere Weltanschauung
paßt oder wenn wir beobachten, daß Klienten Erfahrungen
machen, die wir selbst nicht gemacht haben.
Es vergingen z. B. viele Jahre, bis Therapeuten die Wahrheit
und den Schmerz von Kindesmißbrauch anhören und bestätigen und dann dieses Problem an die Öffentlichkeit bringen
konnten. Vorher wurde Inzest selektiv verleugnet. Therapeuten glaubten den Klienten einige ihrer Erfahrungen, aber nicht
die Erfahrung, belästigt worden zu sein. Auch jetzt noch setzen wir Verleugnung ein, damit wir nicht die volle emotionale
Wucht spüren müssen, wenn ein Klient einen schrecklichen

Mißbrauch oder auch eine ungehemmte Ekstase noch einmal durchlebt.

• Es gibt keinen rituellen Mißbrauch in unserer modernen Zeit und in dieser Gemeinschaft, sonst hätte ich schon vorher etwas davon gehört.
• Auch wenn er sagt, daß er sich eins fühlt mit allem, denke ich, daß jeder, der in einer derartigen Hochstimmung ist, manisch sein muß.
• Er sagt, er verspüre spirituelle Ekstase, aber dies sieht eher nach einem Zusammenbruch aus als nach irgendeiner mir bekannten religiösen Erfahrung.

Leugnen ist auch, unsere eigenen Ängste und Wünsche unbeachtet zu lassen oder die Position einzunehmen, daß wir über derartigen unbedeutenden Wünschen und Abneigungen stehen. Viele dieser persönlichen und spirituellen Ängste und Wünsche wurden bereits in *Kapitel 5* bis *11* erörtert.

Projektion

Projektion ist die falsche Zuweisung eigener unannehmbarer Gefühle, Impulse oder Gedanken auf jemand anders. Ein Therapeut könnte die Tatsache, daß er sich vom Klienten angezogen fühlt, auf den Klienten projizieren. Ein Therapeut könnte sich sexuell zu einem Klienten hingezogen fühlen, dessen Energie im vierten Chakra (Liebe) arbeitet. Der Klient fühlt eine transpersonale Liebe (*agape*), aber der Therapeut, der verleugnet, daß er sich vom Klienten angezogen fühlt (*eros*), könnte seine persönliche Liebe und sein Verlangen dem Klienten zuschreiben. Seine Projektion ist eine Abwehr des Wissens, daß er sich dazu hingezogen fühlt, etwas zu tun, das unethisch wäre.

• Der Klient spricht viel über Liebe. Ich glaube, er ist in mich verknallt.

Projektive Identifikation

Projektive Identifikation kann sich recht leicht in Sitzungen ereignen, in denen sich der Klient in einem außergewöhnlichen Zustand befindet. Wenn der Therapeut die Tatsache, daß er selbst sich körperlich zum Klienten hingezogen fühlt, auf den Klienten projiziert, kann der Klient (wie zuvor beschrieben), der vielleicht mitten in einer Liebeserfahrung des vierten Chakras ist, subtil oder offen davon überzeugt werden, daß er sich vom Therapeuten eher körperlich, sexuell (zweites Chakra) angezogen fühlt.

Der Therapeut kann in Form einer projektiven Identifikation auch Angst übertragen. Er kann z. B. seine Ängste vor bösen Geistern projizieren. Der Klient, der seine Geistführer immer nur für wohlwollend gehalten hat, könnte Angst davor bekommen, in Zustände zu geraten, bei denen er Kontakt mit bösen Wesen hätte. Der Therapeut könnte eine derartige Angst mit Hilfe einer Frage wie der nachstehenden projizieren:

• Hatten Sie jemals das Gefühl, daß Ihre Geistführer Sie verletzen könnten?

Rationalisierung

Rationalisierung tritt ein, wenn ein Therapeut weiß, was er tut, aber seine Motive für sein Handeln vor sich selbst verheimlicht. Wir sind versucht zu rationalisieren, wenn wir merken, daß unsere Motive unzureichend, unethisch oder selbstsüchtig sind. Wenn Rationalisierung funktioniert, erlaubt sie uns, ohne Schuldgefühl zu tun, was wir tun möchten. Wenn wir unsere wahren Motive kennen würden, würden wir entweder aufhören oder uns schuldig fühlen. Wenn wir diese Handlungen dann unterließen, bekämen wir nicht, was wir wollten. Wenn wir sie nicht unterließen, würden wir uns schuldig fühlen, es sei denn, wir nennen einen anderen Grund für unser Verhalten. Nachfolgend eine Rationalisierung.

- Es ist in Ordnung, eine sexuelle Beziehung zu diesem Klienten zu haben, weil er die mediale Botschaft bekommen hat, daß unsere Beziehung so sein soll.

Antizipation

Antizipation kann dazu benutzt werden, den Klientenprozeß vorherzusehen und auf diesem Wege zu versuchen, ihn zu kontrollieren. Wir könnten Antizipation auch dazu benutzen, um unser Bild als »guter« Therapeut zu kontrollieren. Antizipation ist nützlich, um sich auf jegliche Eventualitäten vorzubereiten. Wenn wir die Antizipation jedoch bis zum Exzeß betreiben oder als eine Abwehr gegen die natürliche Entfaltung des Prozesses einsetzen, ist dies ein Hinweis, daß wir befürchten, die Kontrolle zu verlieren. Nachfolgend antizipiert der Therapeut das nächste Gefühl des Klienten, auch wenn in außergewöhnlichen Zuständen das nächste Gefühl Wut, Traurigkeit, Mitgefühl usw. sein könnte.

- Was Sie wahrscheinlich als nächstes erfahren werden, ist Angst, weil unter Wut immer Angst sitzt.

Dissoziation

Dissoziation ist recht verbreitet bei Menschen, die sich mit jemandem in einer intensiven Sitzung befinden. Sobald ein Problem in uns angesprochen ist und wir mit unserer Aufmerksamkeit nicht dabeibleiben können, können wir dissoziieren. Ärger, Kummer, Intimität, Berührung und sogar Freude können unsere Dissoziationsmechanismen auslösen. Auch die Tatsache, daß wir versuchen, nicht selbst in einen Prozeß hineinzugehen, wenn wir in einer Therapiesitzung sind, kann zu unserem Bedürfnis zu dissoziieren beitragen.

- Mein Partner bei der Atemtherapie bat darum, festgehalten zu werden. Er schluchzte wie ein dreijähriges Kind. Ich hielt ihn fest, bemerkte aber nach einiger Zeit, daß ich mit meinen Gedanken woanders war. Es war zu schwierig für mich, mit meiner Aufmerksamkeit bei dieser intimen Situation und den mächtigen Gefühlen meines Partners zu bleiben.

Um eine andere Art von Dissoziation handelt es sich, wenn Therapeuten in einen außergewöhnlichen Zustand hinübergleiten, weil der attraktiver ist als die derzeitige normale Wirklichkeit, die sie erfahren.

- Eine freiwillige Mitarbeiterin bei der Telefonauskunft des Spiritual Emergence Network sagte, daß sie aufpassen müsse, während eines Anrufs nicht in einen außergewöhnlichen Zustand zu geraten. Manchmal seien die Welten und Weltanschauungen der Anrufer so fesselnd, daß sie sich bewußt davon abhalten müsse, selbst auch in derartige Realitäten einzutauchen.

Verdrängung

Verdrängung ist eine weitere Maßnahme, Material, das aufzutauchen versucht, unter Verschluß zu halten. Therapeuten wissen oft nicht, welches Material sie verdrängen oder warum sie es tun. Verdrängung kann unseren Gefühlen erlauben, auf derartige Weise an die Oberfläche zu kommen, daß sie von dem kognitiven Material, das vielleicht zu schwierig zu integrieren ist, losgelöst erscheinen. Nach einer Sitzung mit jemandem, der intensive, tiefgehende Erfahrungen erlebt hat, haben wir vielleicht unklare körperliche Symptome oder gewisse grundlegende Gefühle, die schwer zu benennen sind. Vielleicht verdrängen wir Material, das »halb draußen« ist und zum Ausdruck kommen muß, sobald wir Zeit haben, unser Inneres zu erforschen.

Unterdrückung

Jedes Problem der sieben Chakras ist ein Verdrängungskandidat. Unterdrückung findet bewußter statt als Verdrängung. Normalerweise setzt es eine bewußte oder halbbewußte Entscheidung voraus, Material zurückzustellen und zu unterdrükken, bis sich eine geeignete Gelegenheit bietet, ihm Ausdruck zu geben. Je mehr wir als Therapeuten Erfahrung damit haben, unsere eigenen Prozesse bei Atemtherapie, Augenfolgeübungen, Hypnose und anderen Verfahren zu erfahren, desto geschickter können wir Unterdrückung einsetzen. Wenn wir spüren, daß der Prozeß eines Klienten bei uns selbst einen Prozeß auslöst, können wir Unterdrückung so einsetzen, daß wir unseren eigenen voll entfalteten Prozeß zurückstellen, während wir auf die Erfahrung des Klienten eingehen.

• Ich bin aufgewühlt und habe nach dieser Sitzung einen Knoten im Bauch. Ich erinnere mich daran, meinen eigenen Prozeß unterdrückt zu haben, als der Klient mit seinem Mißbrauch im Alter von zwei Jahren in Kontakt kam. Ich brauche jetzt Zeit für mich, um das zu bearbeiten.

Intellektualisierung

Intellektualisierung holt uns aus unseren Gefühlen heraus und gibt uns das Gefühl von Kontrolle. Wir können (fälschlicherweise) der Ansicht sein, daß wir wissen, worum es in diesem Prozeß geht und warum es geschieht. Intellektualisierung kann uns vor der Unkenntnis dessen schützen, was als nächstes geschehen wird. Sie kann uns davon abhalten, den Klienten dabei zu unterstützen, daß er dem stillen bedeutungsvollen Augenblick in der Therapie gestattet, neue, unerwartete Früchte zu tragen. Gerade wenn der Klient sich auf seine Trauer über den Mangel an Intimität in seinen Freundschaften einläßt, könnte der Therapeut z. B. intellektualisieren:

- Erinnern Sie sich daran, als Sie Ihre Geburt noch einmal durchlebten und sich in dem Brutkasten so allein fühlten? Glauben Sie, daß dies der Grund ist, weshalb Sie sich Ihrem Freund nicht nahe fühlen können?

Gefühle zu schnell in kognitive Begriffe zu bringen kann eine weitere Form der Intellektualisierung darstellen. Der Einsatz dieses Abwehrmechanismus kann signalisieren, daß dem Therapeuten die Gefühle, Empfindungen und Intuitionen des Klienten unangenehm sind. Das Ausmaß seines Wunsches, das zu interpretieren, was in einer Beziehung – zu einem Klienten, zu sich selbst, zu Kollegen – geschieht, kann auch ein Hinweis darauf sein, daß dieser Abwehrmechanismus arbeitet.

Allmacht

Allmacht und Abwertung sind zwei Seiten derselben Medaille. Allmacht wurde in *Kapitel 7* (Macht) erörtert. Als Therapeuten könnten wir eine Art Magierrolle annehmen. Als Abwehrmechanismus kann Allmacht uns davor schützen, den Teil der Schöpfung zu spüren, der chaotisch ist und außerhalb unserer Kontrolle liegt. Sie könnte uns vor Unterlegenheitsgefühlen, Angst vor Wirkungslosigkeit und Zweifeln an unserer therapeutischen Kompetenz schützen.

- Der Klient ist zu mir gekommen, weil ich ihn heilen kann. Ich weiß genau, was er braucht!

Abwertung

Abwertung kann uns Therapeuten davor bewahren, unseren Beitrag zum Prozeß unseres Klienten angemessen zu bewerten, und uns vor unserer Angst schützen, spirituelle Macht zu mißbrauchen. Wenn wir glauben, daß unser Einfluß unbedeutend ist, wird unser Potential für negatives Einwirken ebenfalls unbedeutend sein. Abwertung kann uns vor unserer

Angst schützen, jemandem Schaden zuzufügen. Abwertung kann auch als Abwehr der Erweiterung unserer Weltsicht dienen. Wenn eine authentische Erfahrung eines Klienten nicht in unser Denkschema paßt, haben wir vielleicht Angst davor, dieses Paradigma zu erweitern. Die Abwertung der Klientenerfahrung ist ein wirksamer Abwehrmechanismus.

- Der Klient sagt, er habe Krafttiere und Geistführer. Er ist wahnsinnig.
- Der Klient sagt, daß er am Sinn des Lebens zweifelt. Er ist nur depressiv.

Ich möchte nicht andeuten, daß einer dieser Abwehrmechanismen schlecht sei oder daß wir ihn unter bestimmten Umständen nicht einsetzen sollten. Wofür ich mich einsetze, ist die Bereitwilligkeit, die Wahrheit zu erforschen und uns selbst gegenüber ehrlich zu sein. Unterdrückung bewußt einzusetzen, um die Arbeit an mir zurückzustellen, bis ich die Sitzung mit meinem Klienten beendet habe, kann sehr angemessen sein.

- Mein Klient bringt in dieser Sitzung viel Schmerz zum Ausdruck. Er hat mich mit meinem eigenen Schmerz aus der Zeit in Kontakt gebracht, als meine Großmutter starb. Ich kann ihn jetzt unterdrücken, wenn ich mir fest vornehme, mir in den nächsten Tagen Zeit zu nehmen, diese Traurigkeit richtig zu spüren.

Humor

Humor kann benutzt werden, um Intimität auszuweichen. Wir setzen ihn ein, um uns von einer tiefen Verbindung mit unserem Inneren oder mit anderen abzulenken, weil Nähe Angst macht. Wir können mit Humor auch unangenehmes Schweigen in einer Sitzung durchbrechen. Wir können mit Humor versuchen, die manchmal chaotischen, schrecklichen Gefühle existentieller Probleme zu zügeln.

Wir könnten Humor auch bewußt dazu einsetzen, die starke Anhänglichkeit eines Klienten an uns teilweise aufzulösen. Wenn der Klient auch weiterhin spürt, daß seine Erfahrungen geachtet werden, könnte dies ein sanfter Weg sein, unsere Grenzen wieder zu errichten.

Unseren Kollegen gegenüber ehrlich sein

Die zweite Art der Bereitwilligkeit, die Wahrheit zu sagen, ist die Bereitwilligkeit, unseren Kollegen gegenüber ehrlich zu sein. Manchmal reicht es nicht aus, uns selbst gegenüber ehrlich zu sein. Allein sind wir vielleicht nicht in der Lage, gewisse Punkte bei uns selbst aufzudecken. Manches könnte den therapeutischen Prozeß eines Klienten hinausgezögert haben. Wir suchen vielleicht nach unserem eigenen Anteil an dem Punkt, an dem es stockt. Dann müssen wir nicht nur über unser Leugnen und die mangelnde Bereitschaft hinwegkommen, etwas zu erfahren, sondern uns auch dem Widerwillen stellen, es anderen mitzuteilen.

Ehrlich gegenüber Kollegen zu sein wird doppelt belohnt. Die eine Belohnung ist, daß dies der Weg ist, Hilfe bei dem zu bekommen, das uns in der Therapiesituation Schwierigkeiten bereitet, was auch immer es sei. Wir müssen uns selbst auf die Schliche kommen und dann liebevoll und pragmatisch über unsere Motive und Handlungen sprechen, die uns vielleicht in unethisches Territorium bringen.

Die zweite Belohnung ist, daß wir anfangen, ein Tabu des Berufsstandes zu brechen, das Offenheit über ethische Probleme verhindert. Das Paradoxe an dieser Heimlichkeit ist, daß man annimmt, Therapeuten seien perfekt und würden niemals versagen. Von Lehrern glaubt man, daß sie klug seien, ohne jemals zu lernen. Von Angehörigen geistlicher Berufe nimmt man an, daß sie spirituelle Geistliche für die Zerbrechlichkeit der menschlichen Bestimmung werden, ohne jemals selbst anfällig zu sein. Indem wir Kollegen gegenüber ehrlich sind, entwaffnen wir diejenigen, die unethisches Verhalten fortbestehen lassen, indem sie das unrealistische Ziel der Perfektion hochhalten. Indem wir unsere Schwächen enthüllen, geben wir Kollegen, die mit ihren eigenen Geheimnissen ringen, neue Hoffnung. Viele stolpern in die Fallgrube unethischen Verhaltens, weil der Betreffende, der seiner Massage oder Therapie oder seiner geistlichen Aufgabe nachgeht, von einer Fallgrube überhaupt nichts weiß. Er kennt einige der offensichtlichen ethischen Probleme, hat aber nicht über die subtilen energetischen Wirkungen außergewöhnlicher Zustände nachgedacht. Er denkt, daß er sich niemals auf Sex mit einem Klienten einlassen würde, aber er hat auch noch nicht der Versuchung einer mystischen Vereinigung mit Phänomenen wie gemeinsamen Bildern aus früheren Inkarnationen und gegenseitigem Gedankenlesen standhalten müssen. Es ist oft passiert, daß das Gespräch einer Gruppe von Therapeuten auf eine ethisch schwierige Situation gekommen ist, bei dem es um transpersonale Phänomene oder Erlebnisse in außergewöhnlichen Zuständen ging, und einige äußerten:»Oh, das hätte ich nie gedacht!«

Skala der Schwierigkeitsgrade, mit Kollegen über Situationen eigenen unethischen Verhaltens zu sprechen

Leichter anzusprechen . . . . schwieriger anzusprechen

→

Situationen in der Vergangenheit, in denen wir versucht waren, unethisch zu handeln, es aber nicht taten	Situationen in der Vergangenheit, in denen wir unethisch gehandelt und daraus ohne schwerwiegende Konsequenzen gelernt haben	Situationen in der Vergangenheit, in denen wir unethisch gehandelt und unter den Konsequenzen sehr gelitten haben	Zukünftige Situationen, von denen wir meinen, daß sie uns anfällig machen könnten für ethisches Fehlverhalten	Derzeitige Situationen, in denen wir für unethisches Handeln anfällig sind und für die wir vorbeugend Hilfe suchen	Derzeitige Situationen, in denen wir bereits unethisch gehandelt haben und für die wir Hilfe bei der Wiedergutmachung des Fehlverhaltens suchen

Uns gegenseitig mitzuteilen, was wir gelernt haben, könnte die meisten Stürze in ethische Fallgruben, die sich aufgrund unserer Unwissenheit ereignen, verhindern. Das wird nicht die Stürze der Menschen verhindern, die durch Hinfallen lernen, die die Warnzeichen mutwillig übersehen oder die sich auf Kosten anderer nehmen, was sie haben wollen. Ich bin aber davon überzeugt (sonst hätte ich dieses Buch nicht geschrieben), daß, wenn wir die Fallgruben kenntlich machen, in die wir gefallen sind, unsere Kollegen genauer hinsehen und mehr als einmal darüber nachdenken, bevor sie es uns nachmachen.

Über unethische Erfahrungen sprechen, die in der Vergangenheit liegen

Wo können Angehörige eines Berufes anfangen, Tabus zu brechen, die Offenheit über ethische Probleme verhindern? Es scheint eine Skala der Schwierigkeitsgrade zu geben, mit beruflich Gleichgestellten über ethische Dilemmas zu sprechen. Bei einigen ist es einfacher, bei anderen schwieriger. Vielleicht am einfachsten sind die Beispiele, bei denen wir in der Vergangenheit fast in Schwierigkeiten gekommen wären.

- Vor zehn Jahren habe ich mich mit einem Praktikanten verabredet, der mir unterstellt war, aber glücklicherweise packte mich ein Freund am Kragen und machte mich darauf aufmerksam, was passieren könnte. Deshalb hielt ich die Verabredung nicht ein.

Auch wenn es sich hier nicht um eine große Enthüllung handelt, legt es ein ungeschriebenes Ideal menschlicher Perfektion bei Therapeuten bloß. Diese Aussage ist es wert, laut ausgesprochen zu werden, weil sie wahr ist und weil andere, die sie hören, dadurch ermutigt werden könnten, ihre Geschichten zu erzählen. Es könnte auch diejenigen alarmieren, die vielleicht nicht daran gedacht haben, daß sie eine Mentorenbeziehung auf diese Weise schädigen könnten.

Etwas schwieriger könnte es sein, ein Beispiel aus der Vergangenheit anzusprechen, bei dem wir tatsächlich unethisch gehandelt haben, bei dem wir furchtbare Konsequenzen aber irgendwie vermeiden konnten und unsere Lehre daraus gezogen haben.

Eine Therapeutin mit jahrelanger Praxiserfahrung erzählt ihre Geschichte mit einem Klienten aus einer Zeit, in der ein persönlicher Wunsch die Therapie in Schieflage brachte.

• Der Klient gab mir einen wunderschönen Armreif. Als er in die Therapie kam, war er sehr depressiv und hatte keinen Kontakt zu seinen Gefühlen. Im Verlaufe der Therapie begann er, seinen Freunden und seiner Familie gegenüber seine Zärtlichkeit freier zum Ausdruck zu bringen. Er hielt sich viel auf seine Fähigkeit zugute, mit mir darüber zu sprechen, daß er sich von mir angezogen fühle. (Ich hatte erläutert, daß ich darauf nicht eingehen würde.) Er sagte, daß er sich genau so eine Partnerin wie mich wünsche. Das Armband war das erste Geschenk, das ich jemals von einem Klienten bekommen hatte, das wirklich meinen Geschmack traf. Es war auch deutlich das teuerste.

»Ich glaube nicht, daß ich es annehmen kann«, sagte ich zu ihm, obwohl ich wegen der Schönheit nicht umhin konnte, einen begeisterten Ausruf von mir zu geben. »Sie haben keine Wahl«, strahlte er. »Ich habe heute Geburtstag und darf tun, was ich möchte.« Weil ich das Armband sehr gerne haben wollte, habe ich es angenommen, obwohl sich das für mich nicht ganz richtig anfühlte.

In der folgenden Sitzung bemerkte ich, daß es mich ungefähr eine halbe Stunde inneren Ringens kostete, mich von der Position einer hofierten Dame zurück in die Therapeutenposition zu begeben. Einige Wochen später schlug der Klient vor, daß wir einmal zusammen zum Essen ausgehen könnten, wenn er der letzte Klient an diesem Tag wäre. »Danke für die Einladung«, antwortete ich. »Aber ich glaube nicht, daß es für Ihre Therapie gut wäre, wenn sie

mit einer privaten Beziehung vermengt würde.« Er fand
sich damit ab, und wir setzten die Therapie fort, aber ich
denke immer noch, daß es besser gewesen wäre, wenn wir
darüber gesprochen hätten, was in ihm vorging, als er mir
das Armband geschenkt hat, und was passiert wäre, wenn
ich es nicht angenommen hätte.

Über unsere Anfälligkeiten
für zukünftige Fallgruben sprechen

Noch schwieriger könnte es sein, darüber zu sprechen, inwiefern wir für eine zukünftige ethische Fallgrube anfällig sein
könnten. Ein derartiges Eingeständnis kann unsere Kollegen
in Alarmbereitschaft versetzen, die uns dann warnen könnten,
wenn wir falsche Schritte getan haben.

- Ich beschäftige mich mit den Lehren von Edgar Cayce. Ich
  habe den geheimen Wunsch, auch derartige Informationen
  zu channeln, damit ich Anerkennung und Geld bekomme
  und mich als etwas »Besonderes« fühlen kann. Ich glaube,
  daß ich deshalb besonders anfällig für unethisches Verhalten bin, wenn ich mit einem Klienten arbeiten würde, der
  mediale Fähigkeiten hat und Unmengen an Informationen
  empfängt. Ich könnte eifersüchtig sein oder seinen Prozeß
  kontrollieren wollen, so daß es mir vorkäme, als würde ich
  ihm irgendwie beim Channeln »helfen«.

Über unethisches Verhalten sprechen,
das gerade stattfindet

Besonders mutig ist es, die Wahrheit offen auszusprechen,
wenn die Situation gerade aktuell ist. Hier und jetzt sind wir
verletzlich – entweder stehen wir mit einem Fuß in einer Fallgrube oder wir sind bereits drin, befinden uns in großer Gefahr und haben bis jetzt keinen Ausweg gefunden. Es folgt ein
Beispiel für ein gefährliches Spiel mit dem Feuer:

- Immer, wenn mein Klient auf dem Massagetisch liegt, fließt sehr viel Energie zwischen uns. Sein Körper bewegt sich unwillkürlich, wo ich ihn auch berühre. Er sagt, er würde seinen Körper niemals jemandem so anvertrauen wie mir. Ich habe ihm erzählt, daß ich noch niemals vorher soviel spirituelle Energie mit jemandem erfahren habe. Er weiß sowieso, was ich denke. Ich glaube, wir sind Seelengefährten. Ich weiß, daß ich keine Beziehung mit einem Klienten haben sollte, aber hier ist es anders!

Hierüber mit einem anderen Menschen oder noch besser mit einer Gruppe von Kollegen zu sprechen hilft, den Bann zu brechen. Der Therapeut ist, wie es so oft geschieht, mit seinem Klienten in einen außergewöhnlichen Zustand eingetreten. Die körperlichen und spirituellen Energien, die Bewunderung des Klienten und das Gefühl der Macht über den Prozeß des Klienten sind starke Kräfte, die in der Lage sind, einen lang anhaltenden außergewöhnlichen Zustand herbeizuführen. Der Therapeut kann davon profitieren, wenn er mit Fachkollegen offen und umfassend über die Arbeit im außergewöhnlichen Zustand (die Energie wird als spirituell empfunden, und der Klient ist für ihn etwas besonderes) spricht. Hier kann der Therapeut Hilfe erhalten, um seine eigenen Motive zu untersuchen und sich die Konsequenzen verschiedener Handlungsmöglichkeiten für diese Situation vorzustellen.

Was, wenn die unethische Handlung bereits geschehen ist?

- Der Therapeut hat einem Klienten gesagt, daß er eine karmische Verbindung zu ihm habe und daß er die Therapie mit ihm wegen dieser Bindung aus einem früheren Leben fortsetzen müsse.
- Der Therapeut hat einen Klienten, zu dem er sich sexuell hingezogen fühlt, geraten, sich nicht mit jemandem anders zu treffen. Er sagte dem Klienten, daß seine spirituelle Ar-

beit mit dem Therapeuten seine ganze Energie erfordere
und er sich gerade jetzt nicht durch eine romantische Beziehung ablenken lassen solle.

• Der Therapeut läßt seinen Klienten voller Hoffnung wissen,
  daß er gerne an einem besonderen Kundalini-Seminar teilnehmen möchte, das in einem anderen Land angeboten
  wird, daß er es sich aber nicht leisten könne. Der Klient, der
  sich gerade mitten in einem Kundalini-Prozeß befindet und
  sehr reich ist, hat dem Therapeuten mit den Worten: »Ich
  habe genügend Geld. Nehmen Sie es als Geschenk! Ich helfe
  Ihnen, mir zu helfen!« angeboten, die Reise zu bezahlen.

• Der Therapeut hatte vor zwei Monaten während eines außergewöhnlichen Bewußtseinszustands Geschlechtsverkehr
  mit der Klientin, aber sie haben danach nicht darüber gesprochen. Die Klientin scheint dem Therapeuten auch nicht
  mehr so viel über ihr Leben zu erzählen wie zuvor!

Den Klienten gegenüber ehrlich sein

Dies führt uns zum dritten Teil unserer Bereitwilligkeit, die
Wahrheit zu sagen – die Bereitwilligkeit, dem Klienten gegenüber ehrlich zu sein. Was erzählen wir Klienten und wie tun wir
es? Sollten wir es Klienten sagen, wenn wir uns von ihnen angezogen fühlen? Sollten wir uns für unethische Motive entschuldigen, wenn wir erkennen, daß wir sie haben, aber noch
nicht danach gehandelt haben? Was müssen Klienten wissen?
Wäre es bei einigen Informationen schädlich, sie zu erzählen?
Das Institut für Feministische Therapie (Feminist Therapy Institute) hat folgendes in seine ethischen Richtlinien aufgenommen:

• Eine feministische Therapeutin gibt dem Klienten Informationen, die den therapeutischen Prozeß erleichtern. Die
  Therapeutin ist dafür verantwortlich, diese Selbstenthüllung zweckdienlich und diskret im Sinne des Klienten einzusetzen.[136]

Adolf Guggenbühl-Craig schreibt, daß es für den weiteren Fortschritt der Therapie nötig ist, daß der Therapeut seine Schwächen eingesteht, wenn ein Klient einen Schattenanteil des Therapeuten erkennt, auch wenn das schmerzhaft ist. Er warnt:

> Dem Patienten ist schließlich auch vieles peinlich. Dadurch, daß wir immer wieder versuchen, von neuem unseren psychotherapeutischen Schatten am Werk zu sehen oder doch auf frischer Tat zu ertappen, helfen wir dem Patienten in seiner eigenen Konfrontation mit seinem dunklen Bruder. Tun wir das nicht, so lernt der Patient von uns lediglich, wie man sich selber und andere betrügt, und der Wert der Analyse wird fraglich.[137]

Anregungen zum Nachdenken über Ehrlichkeit gegenüber einem Klienten:

- Kannst du diese Information im Rahmen der authentischen Anteilnahme weitergeben?
- Gibt es eine Unwahrheit oder Wahrheit (vielleicht ein Geheimnis), das der Klarheit der therapeutischen Beziehung im Weg steht?
- Könntest du klarer und konsequenter sein, wenn du Vereinbarungen mit Klienten triffst und sie einhältst?
- Wann würdest du den Klienten etwas von deinem eigenen Prozeß oder deinen Verletzlichkeiten mitteilen?
- Welche Information mußt du jemand anderem als deinem Klienten geben?

Die Bereitwilligkeit, um Hilfe (Rat) zu bitten und zu lernen

Die Bereitwilligkeit, mit Hilfe von Gebet und Meditation um Hilfe zu bitten

Oft können wir unser Verhalten beobachten und ändern. Dann wiederum fühlen wir uns verwirrt und stecken fest. Wenn ein Therapeut in irgendeiner Weise spirituell ausgerichtet ist, könnte er hier eine Möglichkeit finden, um Hilfe zu bitten und sie zu erhalten. Wenn wir unseren Wünschen die Form eines Gebetes geben, werden sie stärker. Unsere Ängste und Widerstände lassen oft nach, bis wir feststellen, daß wir mit ganzem Herzen wünschen, worum wir beten. Die Sehnsucht, uns von der Unwissenheit zu befreien, niemandem Schaden zuzufügen oder unangenehme Konsequenzen zu verursachen, sind Gebete für sich. Wenn man diese Gebete durch gewisse Riten unterstützt, sie vorträgt und ihnen Zeit gibt, erspürt zu werden, resultieren daraus oft Einsichten, Verständnis oder schöpferische Ideen. Marianne Williamson nennt ein Gebet »die Erfahrung von Wörtern, die uns zu einem Zustand jenseits der Wörter führt: Gnade.«[138] Ein Gebet kann auch Probleme lösen oder in einen Stand der Gnade versetzen.

Wir könnten jedoch privates Beten auch einsetzen, um dadurch zu vermeiden, das Tabu gegen Offenheit zu brechen. Wir könnten es als Mittel einsetzen, daß wir nicht zugeben müssen, daß wir nicht fähig waren, das Ideal therapeutischer Perfektion zu erreichen. Falls wir vor einem ethischen Dilemma stehen oder bereits drinstecken, könnten wir außer dem einsamen Beten zusätzlich eine Beratung mit Kollegen in Betracht ziehen.

Die Bereitwilligkeit, in Form einer Beratung mit Fachkollegen um Hilfe zu bitten

Fachkollegen sind Therapeuten unserer Berufsrichtung, die Erfahrung mit Klienten haben, die in außergewöhnlichen

Bewußtseinszuständen tiefgehende Erfahrungen machen. Sie haben mit anderen Worten das Hintergrundwissen, um die Feinheiten der Situation zu verstehen. Die für eine Konsultation wertvollsten Fachkollegen sind diejenigen, die sich nicht aus Freundschaft oder weil sie noch eine Gefälligkeit schulden zurückhalten. Es sind Menschen, die beruflich gleichgestellt sind und deren Erfahrung und Rat wir respektieren.

Fragen, die wir einem Fachkollegen stellen könnten,
mit dem wir uns über
persönliches ethisches Verhalten beraten:

- Wie fühlt man sich in der Situation?
- Wann hast du zum ersten Mal bemerkt, daß du dabei warst, unethisch zu handeln?
- Wie ist es deiner Meinung nach zu der unethischen Handlung gekommen?
- Was hättest du anders machen können, nachdem du die Situation erkannt hast, um zu vermeiden, daß es tatsächlich zu einer unethischen Handlung kommt?
- Was sind zu diesem Zeitpunkt deine Wahlmöglichkeiten?
- Wie würdest du dich jeweils fühlen, wenn du diese Möglichkeiten umsetzt?
- Wie würdest du dich *nach* der Umsetzung dieser Möglichkeiten jeweils fühlen?
- Was mußt du dir selbst bezüglich dieser Situation sagen?
- Was mußt du den Fachkollegen bezüglich dieser Situation sagen?
- Was mußt du dem Klienten bezüglich dieser Situation sagen?

Wir würden Ratschlag bei einem Kollegen suchen, dem wir vertrauen, daß er uns hilft und uns nicht schadet. Fachkollegen sehen oft, was der Ratsuchende selbst nicht sieht, weil sie nicht in die Gegenübertragungs- und Übertragungsprobleme mit dem betreffenden Klienten verwickelt sind. Fachkollegen können die Gefühle nachempfinden, die in vielen Therapiesituationen auftreten, weil sie bei der Arbeit mit ihren Klienten manchmal die gleichen hatten.

Einen starken, klugen Ratgeber finden

Können Sie sich vorstellen, zu wem Sie in die Beratung gehen würden, wenn Sie eine Gegenübertragung hätten, von der Sie meinen, daß sie Sie zu unethischem Verhalten führen könnte? Wohin würden Sie gehen, um über eine unethische Handlung zu sprechen, die Sie bereits begangen haben? Würden Sie mit der Bitte um Hilfe zu dem gleichen Menschen gehen, wenn es sich um eine Handlung handelt, die noch vor Ihnen liegt, wie um eine bereits erfolgte Handlung? Wenn Sie wollten, daß eine Supervisionsgruppe über ethische Probleme spricht, wen würden Sie einladen mitzumachen?

Einen Berater auswählen:

- Zu wem würdest du gehen, wenn du Gegenübertragungsprobleme hättest?
- Mit wem würdest du sprechen, wenn du bereits unethisch gehandelt hast?
- Wen würdest du gerne einladen, bei einer Supervisionsgruppe mitzumachen?
- Welche Qualitäten haben diese Menschen, daß sie aus ihnen begehrte Ratgeber machen?

Vielleicht wird einmal jemand auf Sie zukommen und Sie wegen eines ethischen Problems um Hilfe bitten. Wie kann ein beratender Kollege oder eine Supervisionsgruppe jemandem

helfen, der in die Grube eines ethischen Problems gefallen
ist und nach einem Ausweg sucht? (Vergleiche die Fragen auf
S. 254)

Die Bereitwilligkeit, aus der experimentellen Arbeit in außergewöhnlichen Zuständen zu lernen

Ein anderer Weg, um Hilfe zu bitten und zu lernen, ist es, sich
weiterzubilden. Von weitaus größter Wichtigkeit ist die Ausbildung, in der ein Therapeut selbst Erfahrungen in außergewöhnlichen Zustandssitzungen macht. Die Weisheit, die in außergewöhnlichen Bewußtseinszuständen zu uns durchdringt,
ist der beste Ethiklehrer. Guggenbühl-Craig schreibt:

> Der Therapeut muß sich irgend etwas aussetzen, das ihn im
> Tiefsten trifft, das ihn unanalytisch ... immer wieder aus
> dem Gleichgewicht wirft, ihn anregt und ihm immer wieder
> zeigt, wer er ist, wie schwach und pompös, wie eingebildet
> und beschränkt.[139]
> Nur Nichtanalytisches kann den Widerstand von Zeit zu
> Zeit brechen. Der Psychotherapeut muß von etwas heraus-
> gefordert werden, das er mit seinen analytischen Waffen
> und Techniken weder beherrschen noch abwehren kann.[140]

Viele außergewöhnliche Zustandserfahrungen tragen dazu
bei, daß wir für unsere Verbundenheit oder unser Einssein mit
dem Leben und mit dem Anderen – was oder wer auch immer
der Andere sein mag, empfänglich werden. Dies führt zur Vertiefung des Respekts, zur Achtung unserer selbst und des
Anderen und einer tiefempfundenen Verbundenheit, daß wir
uns gemeinsam im Zentrum der Ethik befinden.

Die Bereitwilligkeit, durch Ausbildung und Rollenspiel zu lernen

Andere Kurse und Seminare können uns Therapeuten didak-
tische Informationen vermitteln, die wir benötigen, um den

Fallgruben auszuweichen, in die wir einfach aus Unwissenheit gefallen wären. Am besten geeignet sind Kurse und Seminare mit Übungen, bei denen wir unsere Verletzbarkeiten erörtern, in Rollenspielen verschiedene Szenarien in Klientensitzungen durchspielen oder uns gegenseitig beraten. Mit der Teilnahme an einem derartigen Kurs brechen wir wieder das Tabu, das Offenheit über ethische Probleme verhindert. Fertige Therapeuten und Studenten, die sich miteinander über ethisches Fehlverhalten und unethische Motive austauschen, bestätigen sich, daß sie sich dafür vergeben wollen, daß sie das Ideal des perfekten Helfers nicht erreichen.

Die Bereitwilligkeit, in Supervisionsgruppen zu lernen

Eine Supervisionsgruppe zu bilden, die sich auf ethische Probleme konzentriert, ist eine erschwingliche und angenehme Art, uns ständig ethisch fortzubilden. Eine regelmäßige Teilnahme an einer derartigen Gruppe führt dazu, daß ethische Probleme immer im Blickpunkt sind, wenn der Therapeut mit Klienten arbeitet. Sie bietet außerdem die Möglichkeit, Kollegen kennenzulernen und zu vertrauen, die mit kraftvollen Erfahrungen arbeiten oder sie herbeiführen. Wenn dann in der Gruppe jemand ein heikles ethisches Problem bekommen sollte, wird er keine Bedenken haben, es mit einigen vertrauten Beratern zu besprechen.

Die Nachwirkungen ethischen Fehlverhaltens

Nachdem er aus unethischem Verhalten gelernt hat, könnte ein Therapeut noch etwas wiedergutzumachen haben. Sich auf ethische Weise aus unethischem Handeln herausziehen erfordert Ehrlichkeit, Sorgfalt und Geschicklichkeit. Für ein gutes Ergebnis ist zusätzlich noch Glück nötig. Der Therapeut wird gut daran tun, sich mit einem Kollegen zu beraten, der die transpersonalen Feinheiten ebenso versteht wie die entsprechenden gesetzlichen Auswirkungen. Falls gesetzliche Risiken bestehen oder es zu Konsequenzen für die Zulassung kommen könnte, könnte eine individuelle Beratung die Vertraulichkeit eher bewahren als eine Gruppenberatung. Dennoch ist eine Gruppenberatung mit vertrauten Fachkollegen wahrscheinlich der wirkungsvollste Weg, sich der Wahrheit zu stellen und mit einer gründlicheren Selbstkenntnis und auf die authentische Klientenbetreuung besser vorbereitet wieder weiterzuarbeiten.

Strategien, um Fehlverhalten vorzubeugen

Außer den genannten Schlüsseln zu professionellem ethischen Verhalten gibt es einige weitere Strategien, auf die wir zurückgreifen können, wenn wir der Ansicht sind, aufgrund unserer spirituellen Sehnsüchte für unethisches Verhalten anfällig zu sein. Wir können uns diese Sehnsüchte eingestehen und anfangen, auf unserem eigenen spirituellen Weg weiterzugehen. Vielleicht können wir uns erneut verpflichten, täglich zu meditieren oder zu beten. Vielleicht können wir einige Sitzungen in Atemtherapie, transpersonaler Hypnotherapie oder schamanischen Reisen für uns einplanen, um unsere Verbundenheit mit unserem inneren spirituellen Leben wieder zu vertiefen. Am ehesten würde es zu unethischem Verhalten führen, wenn wir hartnäckig auf unserem Standpunkt beharren, die Situation zu kontrollieren versuchen, die verschiedenen Abwehrmechanismen einsetzen, uns isolieren und unsere Gefühle und die Situation geheimhalten. Über die Situation zu sprechen, uns selbst in Therapie zu begeben und uns auf unser eigenes spirituelles Wachstum zu konzentrieren könnte uns umgekehrt helfen, uns der Erfüllung unserer spirituellen Sehnsüchte näherzubringen, statt einen unethischen und letztlich unbefriedigenden Ersatz dafür zu suchen.

Kapitel 14

Ethisches Bewußtsein
in Gemeinschaften erweitern

Wir alle sind gemeinsam dafür verantwortlich, dazu beizutragen, daß in unserem Umfeld Integrität herrscht.

Jack Kornfield

Anreize für eine ethische Gemeinschaft

Die Anreize, ethisches Bewußtsein in unseren verschiedenen
therapeutischen oder spirituellen Gemeinschaften zu erweitern,
nehmen zu. Die Anreize bestehen aus Bestrafungen und auch
aus positiven Folgen.

Bestrafungen als Anreiz

Ethik kommt als Thema oft auf, wenn Strafe droht. Einzelne
Therapeuten, Therapie- und Massageschulen sowie Kirchen
spüren die Gefahr gesetzlicher Konflikte oder Probleme in der
Öffentlichkeit. Bei einem ethischen Problem, das mit einem
der transpersonalen Chakren zu tun hat (d. h. Liebe, Wahrheit, Einsicht oder Einssein), wird ein Klient seine Unzufriedenheit wahrscheinlich in Worte fassen, die es ihm ermöglichen, auf gesetzlichem Wege Genugtuung zu erlangen (d. h.
Geld, Sexualität oder Macht).

Das Amt für Verhaltenswissenschaften (Board of Behav-
ioral Sciences) in Kalifornien diszipliniert Therapeuten, die
eine Zulassung als Ehe-, Familien- und Jugendberater, klinische Sozialarbeiter oder Psychologen haben, sowie registrierte
Praktikanten in diesen Berufen für kriminelles oder unethi-

sches Verhalten im Beruf. Disziplinarmaßnahmen dieser Behörde werden in der Zeitschrift *The California Therapist* veröffentlicht. Ich zählte die Gründe, die das Amt für die 93 Fälle im Verlaufe eines Jahres angegeben hat. Nach meiner Einteilung betrafen 79 % der Fälle unethisches Handeln aus den Bereichen Geld, Sexualität und Macht. Sexuelles Fehlverhalten war in 52 % aller Fälle als Grund genannt. In 21 % der Fälle wurden gegen andere Ethikrichtlinien und gegen verschiedene Vorschriften verstoßen.[141]

Diese Statistik zeigt, daß die Verletzung eines Ethikkodex durch sexuelles Fehlverhalten zumindest in Kalifornien der Verstoß war, der am häufigsten zum Verlust oder zur Aussetzung der Lizenz eines Therapeuten führte. In den letzten 20 Jahren hat der Feminismus unsere Gesellschaft sehr deutlich auf die weite Verbreitung und die Bedingungen sexuellen Mißbrauchs hingewiesen. Auch wenn man immer noch etwas mehr tun könnte, um sexuellen Mißbrauch zu verhindern, kennen wir im allgemeinen die Probleme und die Folgen, wenn wir unsere Macht über Kinder, Partner, ältere Menschen, Angestellte und Therapieklienten auf diese Weise mißbrauchen. Diejenigen, die Abhängige nach wie vor sexuell mißbrauchen, tun es im allgemeinen nicht mehr aus Unwissenheit, sondern aus einem Zwang heraus und aufgrund eigener ungelöster Probleme.

Unethisches Verhalten in bezug auf Geld und Macht tauchte in dieser Liste der Disziplinarmaßnahmen nicht so häufig auf. Vielleicht werden Geldprobleme selten als unethisch betrachtet, solange sie nicht illegal sind. Betrug war z. B. für die Hälfte der Fälle, die mit Geld zu tun hatten, verantwortlich. Der Rest betraf Fälle wie Geld von einem Klienten leihen, einem Klienten Geld geben oder einen Klienten einstellen. Interessanterweise kam es bei den meisten dieser Fälle zu einer weiteren, ausschlaggebenden, unethischen Handlung, wie sexuellem Fehlverhalten, kriminellem Verhalten oder zu einem Verstoß gegen eine Vorschrift, was dazu führte, daß die Behörde auf den Fall aufmerksam wurde.

In einer Zufallserhebung wurde bei 1000 Ehe- und Familienberatern untersucht, wie eng sich die Familientherapeuten an die therapeutischen Ethikkodizes halten. Größere Lücken zwischen dem Kodex und der Praxis zeigten sich in folgenden Fällen: Mehr als 85 % der Therapeuten haben ab und zu Geschenke im Wert von mehr als $ 5,– von ihren Klienten angenommen. 16 % der befragten Therapeuten hatten hin und wieder sexuellen Kontakt mit einem Ex-Klienten innerhalb der ersten zwei Jahre nach Beendigung der Therapie.[142]

Ich vermute, daß die meisten unethischen Handlungen, die sich auf die drei großen Bereiche Geld, Sexualität und Macht beziehen, von den Betroffenen niemals hinterfragt, gemeldet und gelöst wurden und von denselben Therapeuten oft wiederholt werden. Bis jetzt liegen keinerlei Informationen darüber vor, bei welchen dieser Fälle transpersonale Erfahrungen, außergewöhnliche Bewußtseinszustände, starke spirituelle Sehnsüchte und spirituelle Ängste beteiligt waren.

Bei einem ethischen Fehlverhalten in den schwierigen transpersonalen Bereichen der Klient-Therapeut-Beziehung kann zusätzlich ein Fehlverhalten in den Bereichen Geld, Sexualität und Macht vorliegen, wie folgendes Beispiel zeigt:

• Ein Klient mit einer multiplen Persönlichkeitsstörung verklagte seinen Therapeuten wegen sexuellen Fehlverhaltens, nachdem die beiden sich nach langjähriger Therapie ineinander verliebt und sich dann wieder getrennt hatten. Sie verliebten sich in den Therapiesitzungen aufgrund der tiefgreifenden transpersonalen Erfahrungen des Klienten. Der Klient war am meisten über die schwere spirituelle Verletzung empört, die ihm seiner Ansicht nach sein Therapeut zugefügt hatte. Dieser Klient verfolgte seinen Fall unbarmherzig, bis der Therapeut seine Lizenz, seine Zertifikation und sein ganzes Geld verloren hatte.

Ich vermute, daß ein Klient sich stärker betrogen fühlt, wenn bei einem ethischen Fehlverhalten die spirituellen Sehnsüchte und Ängste eines Therapeuten mit hineinspielen, als wenn der Therapeut nur aus einfacher Gier oder Lust heraus gehandelt hätte.

Unethisches Verhalten hat auch persönliche Konsequenzen. Negative Folgen sind z. B. Scham, ein niedriges Selbstwertgefühl, die Angst vor Entdeckung und Schuldgefühle, weil man einem anderen Menschen Schaden zugefügt hat.

Positive Anreize

Zu den positiven Anreizen, unser ethisches Bewußtsein als Therapeuten zu erweitern, gehören größere Selbsterkenntnis, größere Leichtigkeit bei der Erörterung von Fällen und Problemen mit anderen Therapeuten und ein zunehmendes Geschick, zukünftige unangenehme, unethische Situationen zu umgehen. Standesorganisationen profitieren davon, wenn das Ansehen ihrer Mitglieder in Hinblick auf ethisches, bewußtes Handeln wächst. Wenn Organisationen von vornherein über ethische Probleme und schwierige Situationen nachdenken, haben sie bereits vorbeugende Arbeit geleistet. Sie befinden sich dann auch in einer günstigeren Ausgangsposition, um auf eventuelle unethische Handlungen von Mitgliedern zu reagieren.

Anreize, das ethische Bewußtsein zu erweitern:

- mögliche Gesetzeskonflikte vermeiden,
- mögliche Probleme in der Öffentlichkeit vermeiden,
- zu größerer Selbsterkenntnis gelangen,
- therapeutische Fähigkeiten verbessern,
- Geschick vergrößern, unethische Handlungen zu vermeiden,
- zunehmende Fähigkeit, anderen bei der Vermeidung unethischer Handlungen zu helfen.

Ehrlichkeit und Integrität der Organisation

Ehrlichkeit ist einer der Schlüssel zu ethischem Verhalten im Beruf. Eine Möglichkeit, wie eine Standesorganisation Ehrlichkeit unterstützen kann, ist es, Kritik oder Strafe zu vermeiden, um Offenheit über ethisches Fehlverhalten zu fördern. Damit verhindert sie auch, daß Tabus entstehen können. Wenn die Gemeinschaft glaubt, daß eine größere Selbsterkenntnis ethisches Fehlverhalten verhindert, muß sie Selbstreflexion fördern. Wenn eine Organsiation möchte, daß Mitglieder offen über ihre für aktuelle oder zukünftige unethische Handlungen anfälligen Stellen sprechen, muß die Organisation für eine Atmosphäre sorgen, in der sich die Beteiligten dann dabei sicher fühlen.

Außer davon abzusehen, auf Ehrlichkeit negativ zu reagieren, kann die Organisation auch positiv reagieren. Die Wahrheit zu sagen wird in einer Gesellschaft zu einer Norm, wenn die Menschen fühlen, daß sie nicht nur nicht bestraft werden, wenn sie die Wahrheit sagen, sondern daß sie dafür geachtet werden, wenn sie die Dinge beim Namen nennen. Wenn ein Angehöriger einer Gemeinschaft mitbekommt, daß jemand zugibt, für derzeitige oder zukünftige unethische Handlungen anfällig zu sein, kann er dies positiv verstärken, indem er z. B. sagt:

- Ich bewundere deinen Mut (oder deine Selbsterkenntnis, Aufrichtigkeit, Bereitschaft, um Hilfe zu bitten; Bereitschaft, dich zu verändern; deine Fürsorge für deinen Klienten).
- Dadurch, daß du dies gerade erzählt hast, ist mir klar geworden, daß ich die gleichen Probleme habe.
- Du bist dir ganz klar darüber geworden, als du es berichtet hast. Ich freue mich so, daß du jetzt die Chance hast, den ganzen Ärger zu vermeiden, in den du hättest geraten können.

Eine Organisation kann ihre Mitglieder aktiv dazu ermuntern, sich gegenseitig Feedback zu geben, indem sie dies als Wert in ihren Kodex und ihre Satzung aufnimmt. Nachfolgend ein Beispiel dafür:

* Wir begrüßen den Stellenwert, den die Selbsterforschung genießt, um persönliches Wachstum im ethischen Bereich zu fördern. Weil Therapeuten, die sich an diese ethischen Vereinbarungen halten, ein Verhalten vermeiden, das für Teilnehmer ausbeuterisch sein und darüber hinaus der größeren Gemeinschaft der Holotropen Atemtherapie Schaden zufügen kann, begrüßen wir die Regelung, daß wir uns gegenseitig Feedback geben müssen.[143]

Die Mitglieder der Gemeinschaft sollten den Betreffenden die Wahrheit direkt sagen. Sie sollten davon absehen, hinter dem Rücken eines anderen über sein ethisches Verhalten zu sprechen. Statt dessen können wir direkt mit ihm darüber sprechen, was er macht, wie es sich auf ihn (oder seinen Klienten) auswirkt und was er tun kann, um sein Verhalten zu ändern.

* Wenn das ethische Verhalten eines Lehrers in Frage gestellt ist, werden die betroffenen Mitglieder der Gemeinschaft aufgefordert, direkt zu dem betreffenden Lehrer zu gehen, um die Schwierigkeit mit ihm zu erörtern und zu versuchen, eine Lösung zu finden.[144]

Wie eine Organisation oder eine Gemeinschaft Ehrlichkeit und Offenheit unterstützen kann:

* Vermeiden Sie, jemanden zu kritisieren oder zu bestrafen, der das Tabu gegen Offenheit über unethisches Verhalten bricht.
* Reagieren Sie positiv auf Ehrlichkeit und Offenheit.
* Ermutigen Sie die Mitglieder, sich gegenseitig Feedback zu geben.
* Sagen Sie dem Betreffenden direkt die Wahrheit.

Mit jemandem direkt zu sprechen ist in unserer Gesellschaft nicht die Norm. Wir sind der Ansicht, daß jemand, mit dessen Verhalten wir ein Problem haben, uns nicht mag. Außerdem werde er sein Verhalten wohl nicht ändern. Ein Mensch, der eine Rückmeldung bekommt, reagiert oft erst einmal abwehrend und meint vielleicht, daß ihn derjenige, der ihm diese Rückmeldung gibt, nicht mag. Derjenige, der die Rückmeldung gibt, könnte befürchten, daß er aus Vergeltung in irgendeiner Weise zu Schaden kommen könnte. Diese Ängste können ganz zutreffend sein. Unterstützung durch die Gemeinschaft oder von außen kann für eine konstruktive Auseinandersetzung entscheidend sein.

Es ist schwierig, die Art, wie eine große Gesellschaft mit derartigen Dingen umgeht, zu verändern. Wir sind sehr abhängig davon, auf eine »Autorität« zu hören, wenn es um unethische Handlungen anderer Menschen geht, selbst wenn sie uns selbst betreffen. In unseren kleinen Gemeinschaften können wir jedoch damit beginnen, es zur Norm zu erheben, daß wir selbst Verantwortung für das, was wir sehen und fühlen, übernehmen. Das Vorhandensein einer Gruppenintegrität ist ausschlaggebend für gemeinsames ethisches Handeln. Persönliches, verantwortungsvolles Handeln bedeutet oft, jemandem direkt die Wahrheit zu sagen. Eine derartige direkte Offenheit setzt Verschiedenes voraus:

Liebevolle Anteilnahme für den Menschen, der Feedback bekommt

Wir wollen im allgemeinen konstruktive Kritik nur dann annehmen und überdenken, wenn wir das Gefühl haben, daß derjenige, der uns Feedback gibt, sich wirklich um uns sorgt. Wenn wir das Gefühl haben, daß es nicht wirklich um uns geht, mauern wir. Es hilft uns, wenn der Mensch, der ein Feedback für uns hat, uns daran erinnert, daß die Rückmeldung Zuwendung bedeutet. Derjenige, der uns ehrlich seine Meinung sagt, kann authentische liebevolle Anteilnahme empfinden, selbst wenn er ärgerlich ist.

- Ich mache mir Sorgen um dich. Ich ärgere mich über dich. Ich möchte, daß du anhörst, was ich zu sagen habe. Wenn du denkst, daß an dem, was ich sage, etwas dran ist, möchte ich gerne mit dir zusammen überlegen, was zu tun ist.

Zustimmung, das Feedback anzuhören

Über das weitere Vorgehen zu sprechen, bevor wir den Inhalt erörtern, wird uns helfen, die Motive desjenigen zu klären, der das Feedback gibt. Es läßt dem Empfänger des Feedbacks außerdem eine Wahlmöglichkeit. Mit anderen Worten: *Sag dem Menschen, was du ihm sagen möchtest und wie du es ihm sagen möchtest, bevor du es ihm sagst.* Wenn er weiß, daß etwas auf ihn zukommt, braucht er vielleicht ein bißchen Zeit, um sich darauf vorzubereiten. Vielleicht möchte er Unterstützung von dritter Seite, während er es sich anhört. Er wird ohnehin zustimmen, es sich anzuhören. Er wird kein Feedback erhalten, wenn er nicht zugestimmt hat, und er wird ein Feedback, dem er zugestimmt hat, nicht zu einem Zeitpunkt oder an einem Ort erhalten, an dem er es nicht hören möchte.

- Da gibt es etwas, über das ich mit dir reden möchte. Es beschäftigt mich, und ich war schon versucht, mit anderen darüber zu sprechen, aber ich an deiner Stelle würde mir wünschen, es direkt von mir zu erfahren. Kann ich mit dir darüber reden? Wenn ja, wann und wo können wir das machen?

Das Verhalten beschreiben

Bei einem Gespräch über unethisches Verhalten kann derjenige, der das Feedback gibt, darauf achten, nicht die Persönlichkeit des anderen anzugreifen, sondern zu erläutern, inwiefern ihm dieses Verhalten unethisch erscheint.

• Ich glaube nicht, daß du ein unsittlicher Mensch bist. Ich glaube jedoch, daß du an dieser Stelle den richtigen Weg verlassen hast ...

• Ich würde mit dir nicht hierüber reden, wenn ich dich als Mensch nicht gern hätte und dir helfen wollte. Ich möchte dir nur bei dieser einen Verhaltensweise nahelegen, zu überlegen, ob du sie nicht ändern möchtest. Dafür habe ich folgende Gründe ...

Die Person, die das Feedback gibt, kann so klar wie möglich äußern, was sie gesehen, gehört oder gefühlt hat. Sie kann erläutern, inwiefern sie meint, daß das Verhalten nicht im Sinne einer rechten Beziehung sei.

• In der Massagestunde sah ich, daß du mit deinem Körper die Genitalien des Klienten berührt hast. Ich spürte, daß er erregt war und sich dabei nicht wohl fühlte.

• Ich habe von drei verschiedenen Patienten von dir gehört, daß du hypnotische Rückführungen mit ihnen gemacht und alle drei über ihr Sexualleben in diesen vergangenen Leben befragt hast.

Die Bereitschaft, über die eigenen Gefühle zu sprechen

Nachdem er die Fakten dargelegt hat, kann derjenige, der das Feedback gibt, sagen, wie er sich bezüglich der Situation fühlt. Das hat mehrere Konsequenzen: Es bringt den Sprecher in Kontakt mit seinen Gefühlen; er zeigt nicht einfach mit dem Finger von sich weg, sondern er geht in sich und teilt aufrichtig mit, was er empfindet. Das zeigt, daß das Verhalten jemanden beeinflußt hat und Folgen haben könnte. Es bringt den Empfänger der Rückmeldung mit möglichen Konsequenzen dieses Verhaltens in Kontakt. Hier folgen nun einige Beispiele dafür, wie man seine Gefühle zum Ausdruck bringen kann, während man mit jemandem über unethische Verhaltensweisen spricht:

- Ich habe Angst, daß du mich nicht mehr magst, wenn ich dir dies sage.
- Ich mache mir Sorgen darüber, daß andere, wenn du mit diesem Verhalten weitermachst und sie sehen, daß ich mit dir Umgang habe, denken könnten, daß ich dieses Verhalten dulde.
- Ich befürchte, daß es Konsequenzen für unsere Gemeinschaft haben könnte, wenn du dich weiterhin so verhältst.
- Ich ärgere mich darüber, daß du dich selbst, deinen Klienten und uns andere alle in Gefahr bringst.

Um Verhaltensänderung bitten

Derjenige, der das Feedback gibt, kann dem anderen sagen, was an seinem Verhalten er gerne verändert sähe. Vielleicht möchte er, daß er damit aufhört. Er möchte aber vielleicht den anderen nur ganz einfach auf eine mögliche unethische Situation aufmerksam machen. Er könnte dem anderen auch eine Beratung oder eine Therapie vorschlagen.

- Ich möchte, daß du in Zukunft bei Massagen darauf achtest, nicht die Genitalien des Klienten zu berühren.
- Mir scheint es nicht so zu sein, daß das Befragen dreier Klienten über ihr Sexualleben in früheren Inkarnationen für die Therapie nützlich ist, solange sie keinen Hinweis darauf gegeben haben, daß es für sie wichtig ist. In Wirklichkeit scheint es mir zudringlich zu sein. Wenn das stimmt, möchte ich, daß du damit aufhörst.

Die Bereitschaft, die Sache weiterzuverfolgen

Die letzte Voraussetzung für Ehrlichkeit gegenüber unseren Kollegen ist die Bereitschaft, eine Sache weiterzuverfolgen. Derjenige, der das Feedback gibt, kann auf Beratungen verweisen und später noch einmal nachfragen, wie der andere mit dem Problem oder dem Klienten zurechtkommt. Dies zeigt

seine Anteilnahme und sein Engagement, das Thema weiterzuverfolgen. Möglicherweise sind noch weitere Maßnahmen nötig, wie z. B. ein klärendes Gespräch anzusetzen oder die größere Gemeinschaft auf irgendeine Weise einzubeziehen.

• Wie können wir hier weitermachen? Ich würde gerne in
  einer Woche noch einmal mit dir darüber sprechen, wie es
  dir dann damit geht und was in der Zwischenzeit geschehen
  ist. Wenn dir bis dahin noch etwas anderes einfällt, ruf
  mich bitte vorher an.

Rezept für direkte Ehrlichkeit und Offenheit:

• das Gefühl authentischer, liebevoller Unterstützung für
  die Person, der Sie das Feedback geben,
• Zustimmung des Betreffenden, daß er das Feedback
  hören will,
• die Fähigkeit, zwischen dem Verhalten des Menschen
  und seinem Charakter oder seiner Persönlichkeit zu
  trennen,
• eine klare Beschreibung des unethischen Verhaltens,
• die Bereitschaft, über Ihre eigenen Gefühle bezüglich
  des Problems zu sprechen,
• eine klare Beschreibung dessen, was Sie gerne verändert,
  bearbeitet oder erörtert sähen, und
• die Bereitschaft, die Situation weiterzuverfolgen.

»Führer einer Bewegung«-Syndrom

Spirituelle Führer und Entwickler neuer Therapietechniken
sind dem Risiko unethischen Verhaltens besonders stark aus-
gesetzt, weil sie oft keine Supervision oder Rückmeldung von
Kollegen erhalten. Viele befinden sich in einer Situation, die

zu einer Isolation von Lehrern oder Kollegen und zu einer Abhängigkeit von Schülern führt. Weil die Schüler weniger Macht haben als ihr Lehrer, meinen sie, nicht ehrlich zu ihm sein zu können. Auch wenn sie ihre Ansichten darlegen können, sind sie seine Schüler. Viele Lehrer sind nicht bereit, von ihren Schülern zu lernen, besonders dann nicht, wenn es ihr ethisches Fehlverhalten betrifft. Die meisten der Führer, deren unethisches Verhalten in der Öffentlichkeit bekannt geworden ist, sind Männer, obwohl auch Frauen nicht immun dagegen sind.

- Ein Therapeut hat sich vielleicht von Kollegen, die aufrichtige Fachkollegen oder Mentoren sind, zurückgezogen. Er betrachtet sich als Pionier auf seinem Gebiet, als Außenseiter, schöpferisches Genie, der seiner Zeit voraus ist. Seine Fachkollegen konfrontieren ihn mit ethischen Vorwürfen bezüglich der Behandlung seiner Familie, Freunde, Geliebten, Schüler und Klienten, aber er tut dieses Feedback als moralische Nörgelei »neurotischer« Kleingeister ab, die eifersüchtig auf seine Erfolge und seine Gefolgschaft sind.[145]

Ein derartiger Therapeut oder spiritueller Führer ist oft der Gründer einer eigenen Therapierichtung oder eines spirituellen Zentrums. Er richtet sich vielleicht sein Leben so ein, daß die einzigen Vertrauten diejenigen sind, die Ehrfurcht vor ihm haben. Von ihnen nimmt er vielleicht manchmal Feedback über sein ethisches Verhalten an, wenn das Feedback zurückhaltend gegeben wird und nichts bedroht, was er weiterhin gerne machen möchte.[146] Seine Gefolgsleute fordern ihn nur ungern heraus.

Die dysfunktionalen Familienmuster, die wir in unserem Leben früh gelernt haben, bringen wir unbewußt in jede Gemeinschaft mit, der wir uns anschließen. Christina Grof schreibt: »Wir tragen unsere Verletzbarkeit, Scham und Schuld, einen Mangel an persönlichen Grenzen, Abhängigkeit, Co-Abhängigkeit und das Bedürfnis, zu kontrollieren oder

kontrolliert zu werden im Gepäck. Wir tragen unsere Projektionen, unser Machtbedürfnis, unsere Idealisierungstendenzen und unseren Widerwillen gegen Zweifel mit uns. Zudem scheinen eine spirituelle Gemeinschaft oder eine therapeutische Umgebung Zuflucht vor unserem eigenen Schmerz, unserer Vergangenheit und unserer Sucht-Kultur zu bieten.«[147]
Die Kombinationen der ethischen Anfälligkeiten in dieser Situation umfassen die meisten, wenn nicht alle Probleme der sieben Chakren. Christina Grof rät:»Jeder gute spirituelle Lehrer wird nur als Führer dienen, der uns immer auf uns selbst verweist, uns wieder und wieder auf unsere eigenen Ressourcen zurückwirft.«[148] Im Gegensatz dazu weist sie auf folgendes hin:»Manipulative Lehrer und Therapeuten ... mißbrauchen oft Menschen, die ihnen vertrauen, beuten sie finanziell, sexuell, emotional und spirituell aus. Außerdem helfen sie, religiöse oder therapeutische Abhängigkeit zu schaffen.«[149]

Unterstützung durch eine Organisation beim persönlichen Wachstum der Behandelnden

Eine Berufsorganisation kann selbst bestimmen, für wie wichtig sie die eigene Erfahrung außergewöhnlicher Zustände für ihre Mitglieder hält. Sie kann einen beträchtlichen Teil der Ausbildungszeit, die zur Erwerbung der Lizenz oder des Zertifikats erforderlich ist, für eigene Erfahrungen im außergewöhnlichen Zustand veranschlagen. Die Gemeinschaft kann auch für eine kontinuierliche Aus- und Fortbildung über ethische Probleme, die bei der Arbeit mit Klienten in tiefgehenden, intensiven Therapiesituationen entstehen, sorgen. Auf diese Weise erweitert die Berufsorganisation ihre ethischen Vorstellungen nicht einfach in Form einer Verbotsliste, sondern um eine lange Liste von Selbsterfahrungsgeboten.

Sich zusammentun, um Ethik und Wirksamkeit eines bestimmten Systems zu verteidigen

Viele Systeme, die Techniken zur Herbeiführung kraftvoller, tiefer Bewußtseinszustände einsetzen, befinden sich nach wie vor am Rande der psychologischen und religiösen Hauptströmungen. Es kann gesetzlich als unethisch betrachtet werden, bei einem Klienten eine innovative Technik einzusetzen, solange nicht nachgewiesen ist, daß diese Technik wertvoll ist. Behandelnde, die mit dieser Technik arbeiten, haben vielleicht weder die Möglichkeit, ihren therapeutischen Wert durch wissenschaftliche Forschung zu beweisen, noch das Argument, daß die Technik von einer kritischen Masse traditionell geprüfter Berufskollegen angenommen worden ist.

Es ist eine Aufgabe von Gemeinschaften und Organisationen, aufzuzeigen, daß ein bestimmtes System sich bei der Heilung, bei der spirituellen Entdeckungsreise oder beim spirituellen Wachstum als wirksam erweist. Eine Organisation hat zahlreiche Mitglieder (Behandelnde und Ratsuchende), die darin übereinstimmen, daß die Methode therapeutisch wertvoll ist. Eine Organisation kann unter ihren Mitgliedern dann Informationen verbreiten und damit anfangen, einen ethischen Verhaltenskodex aufzustellen. Eine Gemeinschaft, die über die Rahmenbedingungen der ethischen Anwendung ihrer Methode nachgedacht hat und deren Mitglieder sie übernommen haben, ist dann in einer günstigeren Position, ihre Technik zu verteidigen, wenn sie aufgrund der praktischen Anwendung in Frage gestellt werden sollte.

Menschliche Reaktion auf ethische Probleme

Die Organisation kann Ehrlichkeit und Offenheit unterstützen, indem sie sich denen gegenüber menschlich verhält, die ethisches Verhalten durch Fehler lernen. Wenn ein Therapeut in eine ethische Fallgrube gestolpert ist, gerne offen darüber sprechen und mit seiner Arbeit weitermachen möchte, gibt es dann dafür irgendeinen Anreiz?

Welchen Anreiz könnte es für einen Therapeuten geben, das Tabu, das Offenheit über ethisches Fehlverhalten verhindert, zu brechen und seine Arbeit mit reiner Weste wieder neu zu beginnen? Berufsorganisationen könnten ihre Angehörigen dazu ermutigen, Supervisionsgruppen zu bilden, und diejenigen unterstützen, die es tun.

Wie könnten Organisationen ihren Schwerpunkt auf konstruktives Lernen verlegen statt auf Bestrafung? Organisationen können die Maßnahmen ihres Disziplinarkomitees überprüfen, um herauszufinden, ob ihre Reaktionen auf unethisches Verhalten der Gemeinschaft, den Klienten und dem betroffenen Therapeuten dient. Sie können ihre Normen neu überdenken, um herauszufinden, ob es möglich ist, die ethischen Richtlinien zu vereinfachen. Je einfacher und flexibler die Richtlinien sind, desto menschlicher kann das Ethikkomitee seine Reaktion der Situation anpassen.

Normen verändern, wenn es notwendig ist

Nicht alle ethischen Handlungen sind aus beruflicher Sicht »ethisch« oder sogar legal. Eine klagesüchtige Gesellschaft kann leicht in eine unethische Richtung geraten. Therapeuten können tatsächlich Angst davor bekommen, Risiken einzugehen, Klienten mit etwas zu konfrontieren oder sie herauszufordern. Und sie können Angst davor bekommen, die Handlungen auszuführen, von denen sie tief im Inneren wissen, daß sie die ethisch korrekten sind. Ethikkomitees, die äußere Kontrollinstanzen fördern, handhaben umfangreiche Regeln und Unterregeln. Die Vorschriften und Vorgehensweisen für Disziplinarmaßnahmen können Angst vor Mißverständnissen und Repressalien hervorrufen. Ethikkomitees, die versuchen, innere Kontrollinstanzen zu entwickeln, können Ausbildung und Diskussion betonen und zu Offenheit ermutigen. Sie können Experten auf dem Gebiet der Gegenübertragung konsultieren, besonders diejenigen, die Erfahrung in der Arbeit mit außergewöhnlichen Zuständen haben, um sicherzustellen, daß sie die Feinheiten jedes einzelnen Falles berücksichtigen. Sie können einen einfachen, menschlichen Ethikkodex errichten, der in der Handhabung flexibel ist.

Maßnahmen von Organisationen zur Erweiterung ethischen Bewußtseins:

- Ehrlichkeit unterstützen,
- Mitglieder ermutigen, Supervisionsgruppen zu bilden,
- verpflichtend praktische Ausbildung in außergewöhnlichen Zuständen mit einer festgesetzten Stundenzahl für das Zertifikat oder die Lizenz fordern,
- zur Ausbildung in Gegenübertragungsproblemen ermutigen,
- die Ethikkodizes daraufhin überprüfen, ob sie einfach und flexibel sind,
- die Ethikkodizes daraufhin überprüfen, ob sie Aussagen enthalten, die für die Arbeit mit Klienten in außergewöhnlichen Zuständen relevant sind,
- Ethikkomitees erlauben, so individuell wie es geeignet erscheint auf ethisches Fehlverhalten zu reagieren,
- Expertenmeinungen in Entscheidungen über Fälle ethischen Fehlverhaltens einbeziehen.

Kapitel 15

Ethische Richtlinien aufstellen

Durch schriftlich fixierte Kodizes ethisches Bewußtsein erweitern

Wenn in unserer Gesellschaft etwas niedergeschrieben wird, erlangt es Glaubwürdigkeit und beginnt, das Denken und Handeln der Menschen zu formen. Es ist eine Kunst, etwas aufzuschreiben, das eine allgemeine Richtung festsetzt und eine Struktur oder einen Maßstab vorgibt, gleichzeitig aber in Einzelfällen und in Hinblick auf die künftige Entwicklung Interpretationsmöglichkeiten läßt.

Ethische Kodizes können dadurch verbessert werden, daß sie in einer Sprache formuliert werden, in der sich Verständnis für die Arbeit mit intensiven Bewußtseinszuständen spiegelt. Ethikrichtlinien führen vielleicht dazu, die Ethikausbildung mitzugestalten und die Bemühungen zu fördern, ethisches Fehlverhalten zu verhindern.

Ich habe zahlreiche Kodizes therapeutischer Vereinigungen angesehen. Zu meiner Sammlung gehörten Kodizes der großen traditionellen Vereinigungen und der mittleren und kleinen Organisationen, deren Mitglieder eine bestimmte Technik praktizieren, mit Hilfe derer sie bei Klienten einen außergewöhnlichen Bewußtseinszustand herbeiführen. Bei einem dieser Kodizes handelte es sich um die Erklärung einer Glaubensrichtung für ihre spirituellen Lehrer. Dieser Auswahl habe ich repräsentative Aussagen entnommen, die sich jeweils auf die Probleme, die ich in den sieben Chakras beschrieben habe, und auf die Schlüssel zu professionellem ethischen Verhalten beziehen.

Ich plädiere nicht dafür, daß diese Formulierungen übernommen werden. Ich biete diese Auszüge lediglich an, damit
die Organisationen, die ihren existierenden Kodex überprüfen oder einen neuen entwerfen wollen, der auf die Bedürfnisse ihrer Mitglieder zugeschnitten ist, noch einmal alles
überdenken können. Dieser Abschnitt ist für diejenigen gedacht, die Hinweise bei der Aufstellung oder Ergänzung ihrer
ethischen Kodizes wünschen. Sie stellen auch Beispiele für den
besonderen Sprachgebrauch dar, der der Theorie und Praxis
therapeutischer Techniken, die außergewöhnliche Zustände
herbeiführen können, eigen ist.

Präambeln für ethische Kodizes

An irgendeiner Stelle eines ethischen Kodexes, normalerweise
am Anfang, definiert eine Vereinigung den größeren Rahmen,
in den sich die Arbeit dieser bestimmten Organisation einord-
net. Der Kodex beschreibt die Wirkung, die die Gemeinschaft
erzielen möchte, indem sie ethisch und in ihrem jeweiligen
Gebiet erfolgreich handelt. Es folgen zwei Beispiele:

> Unser Ziel ist es, einem Klienten oder einer Klientin den
> Zugang zu den komplexen Beziehungen zwischen der Ener-
> gie, den Gefühlen und strukturellen Phänomenen in seinem
> oder ihrem Körper zu erleichtern; seine oder ihre innewoh-
> nende Fähigkeit wachzurufen, in Harmonie mit der physi-
> schen Realität zu leben, und ein Umfeld zu errichten, das
> ihm oder ihr erlaubt, physische Energien schöpferisch zur
> Weiterentwicklung aller einzusetzen.[150]
> Die Mitglieder erkennen ihre innere Verbundenheit mit der
> gesamten Gemeinschaft auf dem Planeten Erde an.[151]

Ethische Kodizes und Geld

Die Themen des ersten Chakras sind Geld, Veränderung, Sicherheit und materielles Auskommen. Die meisten Ethikkodi-

zes enthalten Abschnitte über Aufrichtigkeit. Es folgt einer, der Aufrichtigkeit und das Bewußtsein, alle Ressourcen zu achten, miteinander verbindet.

> Über unsere grundlegende Vereinbarung hinaus, das Eigentum anderer zu achten, verpflichten wir uns, mit allen Ressourcen der Erde bewußt umzugehen und in unserem Umgang mit Geld aufrichtig zu sein.[152]

In dem folgenden Kodex, der von mehreren Vereinigungen von Beratern auf dem Gebiet der Gefühlsbefreiung (Emotional Release Counsellors Associations) in Australien stammt, sollen die Berater klare Vereinbarungen mit ihren Klienten treffen. Dazu gehören auch Übereinkünfte wie die, daß die Klienten während einer Sitzung keine Personen oder Sachen beschädigen werden, sich während einer Gruppensitzung nicht auf sexuelle Kontakte mit anderen einlassen werden, daß sie bei Sitzungen und Seminaren bis zum Ende dabeibleiben werden, außer wenn andere Vereinbarungen mit ihrem Berater bestehen, und daß sie die Äußerungen auch der anderen Teilnehmer einer Gruppe vertraulich behandeln. Der Kodex enthält einen Abschnitt, in dem der Therapievertrag erläutert wird, besonderer Schwerpunkt liegt auf der Arbeit mit Klienten in außergewöhnlichen Bewußtseinszuständen:

> Der Berater beschreibt dem Klienten eine Sitzung in Emotional Release Counseling, er nennt Gründe und mögliche Ergebnisse einer Teilnahme an der Therapie. Der Berater informiert den Klienten darüber, wie die Erfahrungen integriert werden, wie es nach der Sitzung weitergeht, und nennt ihm Möglichkeiten für weitere Hilfe. Der Berater weist deutlich auf die Kontraindikationen für eine Teilnahme an der Emotional Release Counseling-Arbeit im allgemeinen und der Transpersonalen Atemarbeit im besonderen hin. Außerdem erfragt er die notwendigen Informationen über den gesundheitlichen Zustand des Klienten, so

daß Berater und Klient zusammen entscheiden, ob eine Teilnahme geeignet ist.[153]

Im gleichen Kodex findet sich auch folgende Formulierung, die inhaltlich in irgendeiner Form in fast jedem Ethikkodex anzutreffen ist:

> Ein Berater soll klare und aufrichtige Geschäftspraktiken verfolgen, wozu auch Vereinbarungen über Termine, Seminarzeiten und Gebühren gehören.[154]

Ethische Kodizes und Sexualität

Statistisch gesehen ist Sexualität der Bereich mit den größten ethischen Problemen. In den meisten Ethikkodizes steht verzeichnet, was unethisches sexuelles Verhalten mit Klienten ist. Weil man zu impulsiven Reaktionen neigt, wenn man sich sexuell zu einem Klienten hingezogen fühlt, lehnen die meisten Ethikkodizes sexuellen Kontakt mit Klienten entschieden ab. Die Amerikanische Vereinigung der Gruppenpsychotherapie (American Group Psychotherapy Association, Inc.) sagt: »Geschlechtsverkehr mit Patienten bzw. Klienten ist unethisch.«[155] Die Amerikanische Vereinigung für Ehe- und Familientherapie (American Association for Marriage and Family Therapy) sagt: »Geschlechtsverkehr mit Klienten ist verboten.«[156] Die Amerikanische Psychiatervereinigung sagt: »Sexuelle Handlungen mit einem derzeitigen oder früheren Patienten sind unethisch.«

Noch wichtiger ist Klarheit in den verwirrenden Situationen, in denen sich körperliche Begierde und spirituelle Sehnsucht überschneiden und die Tendenz, sexuelles Verhalten zu rationalisieren, sehr stark ist. Es folgen zwei entschiedene Äußerungen, die eine derartige Rationalisierung erschweren:

> Der Grad an Vertrauen, der durch Emotional Release Counseling hervorgerufen wird, macht es wichtig, jede sexuelle Verletzung oder Ausbeutung zu vermeiden.[157]

Weder fordern wir irgendeinen sexuellen Kontakt mit unseren Klienten oder Praktikanten heraus, noch projizieren, erwidern oder erlauben wir ihn.[158]

Das Rolf Institute, das eine Form von Körperarbeit praktiziert, führt in seinem *Code of Ethics* an:

> Wir schützen das Wohlbefinden jedes Menschen, der unsere *Hilfe in Anspruch nehmen* möchte. Wir benutzen unsere berufliche Position oder Beziehung nicht für Zwecke, die mit unseren Werten unvereinbar sind. Wir versuchen nicht, die Autorität der Lehrbeziehung ... auf andere Verbindungen mit unseren Klienten zu übertragen, weil wir uns bewußt sind, daß *sexuelle Beziehungen* oder das Aufzwingen von Ansichten, Vorurteilen oder persönlichen Vorlieben jeglicher Art schädlich für das Wohlergehen unserer Klienten sind. Wir tragen Sorge dafür, bei unserer Behandlung ein angemessenes Umfeld sicherzustellen, ... um unsere Klienten und uns vor tatsächlichem oder unterstelltem bzw. angeblichem Schaden zu bewahren und unseren Beruf gegen Vorwürfe zu schützen.[159]

Die Lehrer der buddhistischen Einsichtsmeditation haben eine bewundernswerte Arbeit geleistet, als sie auf die Gründe für ihre Übereinkünfte hingewiesen haben, von sexuellem Kontakt mit Schülern Abstand zu nehmen. Sie schlagen außerdem Richtlinien dafür vor, wie mit einer echten Beziehung, die sich zwischen einem Lehrer und einem ehemaligen Schüler entwickeln kann, umzugehen ist. Die Lehrer kommen dem Gebot nach, niemandem durch sexuelle Handlungen zu schaden, und vereinbaren:

a) Eine sexuelle Beziehung zwischen Lehrern und Schülern ist nie angemessen.

b) Während eines Retreats und einer formalen Lehrsituation ist jede Andeutung einer zukünftigen romantischen oder sexuellen Schüler-Lehrer-Beziehung unangemessen.

c) Wenn sich mit der Zeit zwischen unverheirateten Lehrern und früheren Schülern das Interesse an einer echten und verantwortlichen Beziehung entwickelt, müssen die Schüler eindeutig unter der Führung eines anderen Lehrers praktizieren. Solch eine Beziehung muß mit Zurückhaltung und Sensibilität angegangen werden; in keinem Fall sollte sie unmittelbar nach einem Retreat aufgenommen werden. Eine Mindestzeit von drei Monaten oder mehr sollte seit der letzten formalen Lehrsituation vergangen sein. Beide Seiten sollten sich darüber klar sein, daß die Schüler-Lehrer-Situation beendet ist, und beide sollten die Beziehung mit der bewußten Verpflichtung aufnehmen, daß keinem von beiden dadurch geschadet wird.[160]

Ethische Kodizes und Macht

Ethische Kodizes erkennen normalerweise die Macht eines Therapeuten an, Klienten auszubeuten. Einige von ihnen sprechen auch vom angemessenen Einsatz der Macht. Es scheint besonders wichtig zu sein, auch die positiven Seite der Macht, nämlich, jemanden zu ermächtigen, anzuerkennen.

Für uns als Rolfer ist es das Ziel, ein Gefüge zu errichten und Informationen zur Verfügung zu stellen, die es dem Klienten oder der Klientin erlauben, sein oder ihr körperliches Selbst in größtmöglichem Ausmaß zu nutzen.[161]
Die Mitglieder der Jin Shin Do Foundation achten die körperliche und emotionale Verfassung des Klienten und mißbrauchen Klienten weder durch Taten, Worte oder Schweigen, noch ziehen sie Vorteile aus der therapeutischen Beziehung. ... [Sie] respektieren die Wünsche eines Klienten so weit, wie es innerhalb der persönlichen, fachlichen und ethischen Grenzen möglich ist.[162]
Als Rolfer sind wir der Ansicht, daß der Klient die beste und letztliche Autorität für ihr oder sein persönliches Wohl-

ergehen ist. Wir bemühen uns zu jeder Zeit, diese Auffassung zu fördern; zu keiner Zeit versuchen wir, uns diese Funktion selbst anzueignen.[163]
Eine feministische Therapeutin erkennt die inhärenten Machtunterschiede zwischen Klient und Therapeut und gestaltet den wirksamen Einsatz persönlicher Macht. Indem sie das Machtgefälle zum Wohle des Klienten einsetzt, übernimmt sie keine Kontrolle oder Macht, die rechtmäßig ihrem Klienten gehört.[164]

Ethische Kodizes und Liebe

Es ist vielleicht nicht überraschend, daß das Wort *Liebe* in den Ethikkodizes, die ich gelesen habe, nicht auftaucht. *Mitgefühl* und *Anteilnahme* erscheinen in den meisten Kodizes. Der folgende Abschnitt spricht meines Erachtens am direktesten die Probleme des vierten Chakras an:

• Wir stellen fest, daß Konkurrenz, Mißtrauen oder das Verbreiten von Gerüchten den Geist der Liebenswürdigkeit und Einheit, der das Herz der menschlichen Verbindung darstellt, zerstört.[165]

Ethische Kodizes und Wahrheit

Ehrlich die Wahrheit zu sagen wird in vielen Kodizes *Aufrichtigkeit* genannt. Es folgen zwei Beispiele für Kodizes, die bezüglich der Betonung von Aufrichtigkeit ein bißchen weiter gehen als die meisten anderen:

• Wir verpflichten uns, das zu sagen, was wahr und nützlich ist, und uns in unserer Gemeinschaft der falschen Rede zu enthalten. Wir verpflichten uns, eine bewußte und klare Kommunikation zu pflegen und die Qualität der Herzenswärme und Aufrichtigkeit als Grundlage unseres Redens zu kultivieren.[166]

• Die Mitglieder der Jin Shin Do Foundation pflegen eine klare und aufrichtige Kommunikation mit ihren Klienten.[167]

Ethische Kodizes und Einsicht

Dieses Beispiel spricht einige der ethischen Probleme an, die im Kapitel über das sechste Chakra erörtert wurden.

• Außergewöhnliche Zustände setzen bei der Holotropen Atemarbeit in der Seele und im Körper innere Heilkräfte frei. Beim Entfalten dieses Prozesses beweist der innere Heiler eine therapeutische Weisheit, die über das Wissen hinausgeht, das vom verstandesmäßigen Wissen eines einzelnen Therapeuten oder einer bestimmten psychotherapeutischen oder körpertherapeutischen Richtung abgeleitet werden kann.[168]

Ethische Kodizes und Einssein

Ich konnte keinerlei Abschnitte in Ethikkodizes finden, die sich direkt auf die Probleme des siebten Chakras bezogen. Ein Kodex jedoch läßt dem Klienten die Freiheit, außergewöhnliche, unnormale oder verschiedenartige spirituelle Erfahrungen zu machen, indem er die spirituelle Selbstbestimmung des Klienten achtet. Es ist wichtig, diese Freiheit des spirituellen Ausdrucks zu betonen, wenn der Klient auf Erfahrungen trifft, die zu bestätigen dem begleitenden Therapeuten schwerfällt (Vergleiche *Kapitel 3*).

• Wir achten die emotionale, körperliche, geistige und spirituelle Autonomie unserer Klienten.[169]

Ethische Kodizes und authentische Fürsorglichkeit

Für mich ist *fürsorglich* das wichtigste Attribut eines ethischen Therapeuten. Ich habe festgestellt, daß die meisten ethischen Kodizes Fürsorglichkeit voraussetzen, sie aber nicht ausdrück-

lich erwähnen. Es folgen zwei Beispiele, in denen Fürsorglichkeit ausdrücklich genannt wird:

- Um Vertrauen in die Klientenbeziehung aufzubauen und zu
  erhalten, werden sie ermutigt, fürsorgliche Fragen über das
  Wohlbefinden des Klienten zu stellen, klare Grenzen zu errichten und eine Atmosphäre der Sicherheit zu schaffen.[170]
- Als Rolfer respektieren wir die Würde jedes Menschen, mit
  dem wir durch unseren Beruf in Verbindung kommen. Wir
  werden jederzeit von dem Wohlbefinden der Klienten gelei-
  tet, die sich unserer Fürsorge anvertraut haben.[171]

Der Abschnitt, der sich meines Erachtens über Fürsorge klar und
sehr präzise äußert, stammt aus dem Kodex der Amerikanischen
Psychiatrischen Vereinigung (American Psychiatric Association).

- Ein Arzt soll sich dafür einsetzen, mit Mitgefühl und der
  Achtung vor der menschlichen Würde kompetente medizinische Betreuung zu gewährleisten.[172]

Ethische Kodizes und die Bereitschaft, unsere Beweggründe zu erforschen

Der Bereitschaft, die eigenen Beweggründe zu untersuchen,
wird in Berufskodizes selten ein Wert beigemessen, obwohl
dies für eine professionelle Therapeut-Klient-Beziehung (oder
überhaupt jede Beziehung) entscheidend ist. Kompetenz wird
oft mit angemessener Ausbildung gleichgesetzt. Man kann
zu dem Schluß kommen, daß eine angemessene Ausbildung
Selbstreflexion beinhaltet, aber das sollte vielleicht nicht nur
einer impliziten Schlußfolgerung überlassen bleiben. Erst wenn
etwas explizit niedergeschrieben ist, erlangt es oft die Aufmerksamkeit, die ihm gebührt.

Meine eigene Hochschulausbildung (und ich vermute, auch
die vieler anderer) bestand aus sehr viel »Training« und Aus-
wendiglernen. Sie war auf die Diagnose von Klienten und auf

das Erlernen von Interventionen ausgerichtet, ermutigte aber nur wenig dazu, bei der Berufsausübung die Gegenübertragung ins Auge zu fassen und mit einer lebenslangen Praxis der Selbstreflexion und Offenheit gegenüber Supervisoren und Kollegen zu beginnen. Das folgende Beispiel hebt Selbsterforschung von Angehörigen eines Berufes hervor:

• Als Einzelpersonen oder als Mitglieder von Vereinigungen verpflichten wir uns dem Wert der Selbsterforschung, um persönliches Wachstum in Ethik zu fördern.[173]

Ethikkodizes und die Bereitschaft, um Hilfe zu bitten

Gemeinschaften können einen Konflikt zwischen den Verantwortlichen, die ethische Kodizes aufstellen, und »einfachen Mitgliedern«, die sich dazu gezwungen fühlen, sie einzuhalten, vermeiden. Eine Möglichkeit, diesen Konflikt zu umgehen, besteht darin, Mitglieder bei dem Entwurf der Vereinbarungen zu beteiligen und sie dann am Beginn der Ausbildung und bei der Lizensierung, Ordination oder Zertifikation formell darauf zu verpflichten. Die folgende Vereinbarung ist vollständig, kurz und einfach. Sie steht auf dem Antrag für die Mitgliedschaft und erfordert eine Unterschrift. Ein Vertreter der Amerikanischen Vereinigung der Hypnosetherapeuten (American Association of Professional Hypnotherapists) erklärte, daß diese kurze Ethikvereinbarung ihnen mehrere Jahre lang gute Dienste geleistet habe.[174]

Ich verpflichte mich, Hypnose nur innerhalb meines Fachgebietes und in Übereinstimmung mit dem geltenden Recht einzusetzen, die höchsten Ethik- und Berufsmaßstäbe einzuhalten und die Interessen und das Wohlbefinden derjenigen, die meine Hilfe suchen, über alles zu stellen.[175]

Die folgende Vereinbarung verpflichtet Therapeuten, ihre Neutralität in Hinblick auf Klienten und ihre Eignung für ihre Aufgabe zu überprüfen.

Wir werden die Rechte, die Würde und die Persönlichkeit jedes Patienten achten, indem wir streng zwischen der Ausübung unseres Heilberufes und jeglicher persönlicher, religiöser, rassistischer oder sexueller Überlegungen trennen – uns unmittelbar mit einem anderen Behandelnden in Verbindung setzen, wenn dies geschehen sollte – und indem wir die Behandlung von Patienten vermeiden, wenn wir durch körperliche oder geistige Unzulänglichkeit oder durch chemische Abhängigkeit beeinträchtigt sind.[176]

Der folgende Abschnitt eines Ethikkodexes verschließt die Schlupflöcher, indem er die Mitglieder ermutigt, um Hilfe zu bitten, wenn etwas unklar ist. Er ermuntert ebenfalls zu einer Beratung und zu Feedback durch die Gemeinschaft:

Wenn ein Psychologe sich im unklaren darüber ist, ob eine bestimmte Situation oder Handlung diesen Ethikkodex verletzt, berät sich der Psychologe ganz normal mit anderen Psychologen, die über ethische Probleme, bundesstaatliche und nationale Ethikkomitees oder über andere geeignete Autoritäten gut Bescheid wissen, um sich für die richtige Reaktion zu entscheiden.[177]

Analyse therapeutischer und kontratherapeutischer Interventionen in Fällen ethischen Fehlverhaltens durch erfahrene Kollegen

Viele Ethikkodizes legen ihr Vorgehen beim Umgang mit Fehlverhalten dar. Es ist nicht die Absicht dieses Buches, Nachforschungen bei ethischen Beschwerden oder Disziplinarverfahren zu erörtern. Ich möchte jedoch auf einen Vorschlag von Lawrence Hedges hinweisen, der bei der Überprüfung von Fehlverhalten nützlich sein könnte, bei dem außergewöhnliche Bewußtseinszustände betroffen sind.

In einer Arbeit über die Verhütung von ausbeuterischen Doppelbeziehungen und den Umgang damit macht Hedges einen

Vorschlag, der auch für die vielseitigen Aufgaben eines Therapeuten oder Begleiters relevant ist, wenn er mit einem Klienten in einem außergewöhnlichen Zustand arbeitet. Er weist darauf hin, daß es keine strengen experimentellen Ausbildungsqualifikationen für diejenigen gibt, die in den Aufsichtsgremien sitzen. Er schlägt vor, daß erfahrene Ratgeber benannt werden, die das reguläre Ethikkomitee oder den amtlichen Ausschuß beraten sollen. Für ihn sind Therapeuten, die etwa 15 Jahre Weiterbildung, Supervision, eigene Praxis und eine persönliche Übertragungsanalyse hinter sich haben, die Experten mit der umfassenden Kenntnis für die Feinheiten von Übertragung und Gegenübertragung.[178] Für die Fälle, in denen Therapeuten bei einem Klienten einen außergewöhnlichen Bewußtseinszustand herbeigeführt haben, würde ich Hedges' Definition von »Experte« noch etwas hinzufügen. Meines Erachtens muß ein Experte in diesen Fällen auch beträchtliche Erfahrungen mit außergewöhnlichen Bewußtseinszuständen im allgemeinen und besonders in der unter Anklage stehenden Methode haben.

Hedges weist darauf hin, daß Ausschüsse und Komitees, die über Behandlungslizenzen entscheiden, sich oft in einem Interessenskonflikt bestehend aus politischem Druck, Verbraucherinteressen oder Angst vor negativer Presse befinden. Eine Gruppe unparteiischer Experten um Rat zu bitten wäre sowohl für den Klienten, der die Beschwerde vorgebracht hat, als auch für den Ausschuß, die Organisation und den angeklagten Therapeuten das Beste.

Unseren eigenen inneren »Ethikkodex« aufstellen

Schriftlich fixierte Ethikkodizes geben die Werte einer Berufsvereinigung wieder. Eine derartige Organisation veröffentlicht ihre Ethikrichtlinien als Erinnerung für sich und als Botschaft ihrer Integrität für andere.

Einen Ethikkodex aufzustellen ist für diejenigen, die die Texte verfassen, überprüfen und gutheißen, eine Übung in

Selbstreflexion und setzt eine Klärung der Werte voraus. Der
Prozeß der Schaffung innerer statt äußerer ethischer Kontrollinstanzen muß auch dann weitergehen, wenn der Kodex pu-
bliziert ist. Jeder, der über seine ethischen Werte nachzudenken beginnt, startet den Vorgang in sich selbst aufs neue,
indem er die Werte in Frage stellt, beobachtet, erörtert und
ausprobiert.

Ethikregeln können keine ethischen Handlungen gewährleisten, aber sie können helfen, ethisches Fehlverhalten zu verhindern, wenn sie bei der Ausbildung und weiteren Schulung
als Diskussionsgrundlage dienen. Wenn Ausbildungs- und Supervisionsgruppen zu einer wirklich offenen Diskussion über
ethische Probleme ermuntern, werden sich Therapeuten und
Schüler frei fühlen, die Bestandteile einer professionellen Heil-
beziehung zu erforschen und ihre eigenen anfälligen Stellen
und Beweggründe aufzudecken.

Jeder von uns Therapeuten muß sein eigenes Gespür dafür
entwickeln, was eine rechte Beziehung zu einem Klienten ist.
Nur die mutige Erforschung unserer Seele kann uns unsere
Ängste, Wünsche und spirituellen Sehnsüchte, die in unseren
Schatten verborgen sind, bewußtmachen.

Glossar

Abwehrmechanismus – Maßnahme, die automatisch und meistens unbewußt angewendet wird, um sich davor zu schützen, sich innerer oder äußerer Gefahren oder Sorgen bewußt zu werden.

Archetyp – Die Darstellung eines Prinzips oder einer Qualität in symbolischer Form.

Atemarbeit – Experimentelle Arbeit, die mit Hilfe beschleunigter und vertiefter Atmung einen außergewöhnlichen Bewußtseinszustand herbeiführt. Atemarbeit wird sowohl einzeln mit einem Therapeuten oder Begleiter durchgeführt als auch in Gruppen.

Atmender – Dies ist die Bezeichnung für den Teilnehmer an der Atemarbeit, der liegt, atmet und in einen außergewöhnlichen Bewußtseinszustand eintritt. Bei der Holotropen Atemtherapie™ übernimmt der Atmende dann im Wechsel mit seinem Partner die Rolle des Begleiters.

Außergewöhnlicher Bewußtseinszustand – Ein normaler, erweiterter Bewußtseinszustand, der Heilung, die Verbundenheit mit dem Selbst, mit anderen und der Natur sowie die psychospirituelle Entwicklung und Einsicht fördert.

Beisitzer – Ein Mensch, der neben demjenigen sitzt, der einen außergewöhnlichen Bewußtseinszustand erfährt, aufmerksam ist und entsprechend der Abmachungen auf die Wünsche des Atmenden eingeht. Bei der Holotropen Atemtherapie tauschen Beisitzer und Atmender die Rollen.

COEX-System – (aus »sytems of condensed experience« = System kondensierter Erfahrung). Stanislav Grofs Begriff für ein System von Erfahrungen, die durch ein besonderes Ereignis, Körpersymptom, eine Empfindung oder ein Gefühl miteinander verbunden sind.

Dissoziation – Eine innere Trennung von Gedanken und Gefühlen, Intuitionen oder Empfindungen oder von den Gedanken, Gefühlen, Intuitionen und Empfindungen eines Teils der Psyche und den Gedanken, Gefühlen, Intuitionen und Empfindungen eines anderen Teils der Psyche.

Doppelbeziehung – Eine Beziehung zwischen einem Angehörigen eines Heilberufs und einem Klienten, in der der Therapeut mit dem Klienten

über seine berufliche Rolle hinaus in sozialem, familiärem, geschäft-
lichem, politischem, religiösem oder anderem Zusammenhang Kontakt hat.

Einheitserfahrung – Eine Erfahrung, in der man sich mit der ganzen
Schöpfung eins fühlt.

Erneutes Durchleben eines Traumas – Die gleiche Art Verletzung, die
man in seinem Leben früher einmal durchgemacht hat, noch einmal
durchleben. Das erneute Durchleben ist durch die gleichen Verhaltensmuster, Gedanken, Gefühle, Körperempfindungen und Wahrnehmungen charakterisiert wie die erste traumatische Erfahrung. Das erneute Durchleben eines Traumas kann therapeutisch wirksam sein
(gezieltes bewußtes Abreagieren) oder einer Heilung entgegenwirken
(unbewußtes Wiederholen von ungerechter Behandlung im täglichen
Leben).

Gegenübertragung – Ein Therapeut reagiert unbewußt auf die Gefühle,
Gedanken, Erwartungen und Glaubenssätze des Klienten und projiziert vielleicht seine eigenen Gefühle, Gedanken, Erwartungen, Verhaltensweisen und Glaubenssätze auf den Klienten.

Gewöhnlicher Bewußtseinszustand – Der normale, übliche Bewußtseinszustand, der für das Funktionieren im täglichen Leben hilfreich ist.

Gipfelerfahrungen – Erfahrungen, in denen man in Ekstase den normalen beschränkten Blickwinkel auf das Selbst und das Leben überschreitet.

Grofsche Landkarten des Bewußtseins – Vier Erfahrungskategorien, die
während außergewöhnlicher Bewußtseinszustände auftreten können:
sensorische, biographische, perinatale und transpersonale.

Höhere Macht – Der Geist oder Gott, wie man den Geist oder Gott versteht. Etwas, das größer ist als das persönliche Selbst.

Holotrop – Christina und Stanislav Grof prägten diesen Begriff auf der
Grundlage griechischer Wörter. Er bedeutet: *sich auf Ganzheit zubewegen.*

Holotrope Atemtherapie™ – Durch Warenzeichen geschützter Name, mit
dem die Grofs die besondere Art von Atemarbeit benannt haben, die
von zertifizierten Therapeuten des Grof Transpersonal Training durchgeführt wird. Holotrope Atemtherapie setzt beschleunigtes Atmen,
Kunst, Musik und konzentrierte Energiefreisetzung ein.

Kognitive Dissonanz – Ein unangenehmer innerer Zustand, der durch
den Kampf zwischen zwei oder mehreren miteinander kaum oder
nicht zu vereinbarenden Meinungen oder Glaubenssätzen entsteht.

Konzentrierte Energiefreisetzung – Eine Technik, die den Teilnehmern
der Holotropen Atemarbeit hilft, körperliche Symptome, die während
der Atemarbeit entstehen, zu verstärken, vollständig zu erfahren und
loszulassen.

Kosmisches Bewußtsein – Ein Zustand, der mit Worten nicht zu beschreiben ist und in dem man sich mit der gesamten Schöpfung identifiziert.

Kundalini – Die Sanskrit-Bezeichnung für die schöpferische Lebenskraft. Es heißt, daß die Kundalini bei Menschen an der Basis der Wirbelsäule schlummert, bis sie erweckt wird. Wenn sie erweckt ist, bewegt sie sich durch den körperlichen, geistigen und spirituellen Aspekt des Wesens, um die Seele zu reinigen und bewußter zu machen. Es ist außerdem der Name der Hindu-Göttin Kundalini Shakti, die für die manifeste Energie und Materie steht.

Libido – Nach C. G. Jung psychische Energie, die sich im Lebensvorgang manifestiert und subjektiv als Streben und Begehren wahrgenommen wird. (Nach: *Wörterbuch der Tiefenpsychologie*, U. H. Peters, München 1978).

Luzides Träumen – Sich während des Träumens bewußt sein, daß man träumt; im Schlaf eine gewisse Kontrolle über den Inhalt und die Ausrichtung des Traums haben.

Mangeltrauma – Etwas, das in der Zeit, als es gebraucht wurde, nicht da war, so daß sein Fehlen (z. B. Geborgenheit, Wärme, Nahrung, Schutz) weiterhin die gegenwärtige Erfahrung beeinflußt.

Multiple Persönlichkeitsstörung – Hochgradige Dissoziation, die normalerweise unbewußt erzeugt wird, um schwere Traumata bewältigen zu können. Teile der Persönlichkeit und des Gedächtnisses sind von anderen Teilen abgetrennt. Diese Erscheinung wurde Multiple Persönlichkeitsstörung genannt und erscheint derzeit unter dem Begriff *Dissoziative Störung* im DSM IV.

Nahtoderfahrung – Eine Erfahrung, bei der man den einsetzenden Sterbeprozeß erlebt, aber zum Leben zurückkehrt. Sie ist durch bestimmte Bilder und Erlebnisse sowie durch bedeutsame Perspektivenwechsel charakterisiert.

Perinatal – Ein Begriff, der die Erfahrungen unmittelbar vor, während und unmittelbar nach der Geburt beschreibt.

Perinatale Grundmatrix (PM) – Stanislav Grof beschreibt vier Matrizen für die entsprechenden Stadien beim Geburtsprozeß: PM I, II, III und IV (siehe unten).

PM I – Das Stadium der Geburt vor dem Einsetzen der Wehen. Ebenfalls das Stadium in jedem wichtigen Lebensprozeß, in dem man das Gefühl des Umsorgtseins, Reifens und der Erfüllung und vielleicht einer bevorstehender Veränderung hat.

PM II – Das Stadium der Geburt nach dem Einsetzen der Wehen, aber vor der Öffnung des Muttermunds. Der Fötus sitzt fest. Es steht auch für einen Zustand bei jeglicher größeren Lebensveränderung, besonders zu Beginn eines Übergangs, bei dem es auch zu Gefühlen des

Überwältigtseins und der Hilflosigkeit, Hoffnungslosigkeit, Zeitlosigkeit, Depression und ungerechter Behandlung kommt.

PM III – Das Stadium der Geburt, nachdem der Muttermund sich geöffnet hat und der Fötus sich im Geburtskanal befindet. Es repräsentiert auch den Zustand während einer Lebensveränderung oder eines Prozesses, an dem Kämpfe, Konflikte, Energie oder Aggression, Bewegung und Ermächtigung beteiligt sind.

PM IV – Geburt, Übergang vom Leben eines Fötus zum Leben eines Neugeborenen. Auch der Zustand bei einer Geburt (oder bei jeglicher großen Lebensveränderung oder bei jedem Prozeß), an dem Sich-Ergeben, Durchbruch, Tod/Wiedergeburt, Vervollkommnung und Auflösung beteiligt sind.

Prozeß – im psychologischen und spirituellen Sinn wird der Begriff dafür verwendet, Ereignisse, Gefühle und Einsichten zu beschreiben sowie die Methode, die Entfaltung und die Integration des sich entwickelnden Bewußtseins.

Psychospirituell – Ein Begriff, der die Beziehungen zwischen Verstand, Gefühlen und Geist bei einem Prozeß oder in einer Erfahrung beschreiben soll.

Schamanisch – Alles, was mit Schamanen (weise Stammesmitglieder oder Heiler) zu tun hat, die verschiedene natürliche Methoden anwenden, um in außergewöhnliche Zustände zu geraten, in denen sie nach Heilung oder Wissen für sich und ihre Gemeinschaften suchen.

Seelenrückholung – Eine Technik, bei der ein kompetenter Schamane in die außergewöhnliche Realität reist, um einen verlorenen oder dissoziierten Teil des Hilfesuchenden zu finden, und ihm durch außergewöhnliche Maßnahmen hilft, diesen Teil wieder zu erlangen.

Spiritual Emergence Network – Ein Informationsdienst, der Menschen, die sich in einer psychospirituellen Krise befinden, die Möglichkeiten, wie sie ihre geistige Gesundheit wiedererlangen können, nennt und zur Verfügung stellt.

Spirituelle Erweckung – Die psychospirituelle Entwicklung des Selbst, die größere Veränderungen im Glaubenssystem, den Gefühlen und der Einsicht sowie der Beziehung zum Körper, zu anderen, der Welt und zu Gott nach sich zieht.

Spirituelle Krise – Schnelle oder dramatische psychospirituelle Entwicklung, bei der ein Mensch für eine Zeitlang teilweise oder vollständig funktionsunfähig wird.

Spontaner außergewöhnlicher Zustand – Ein Zustand der normal, aber nicht gewöhnlich ist und der nicht gezielt herbeigeführt wurde. Ein spontaner außergewöhnlicher Zustand kann bei einer Geburt, einem Orgasmus, tiefer Trauer, Unfällen, Krankheiten oder spirituellen Krisen auftreten.

Tantra – Ein System östlicher spiritueller Praktiken, die Suchende ausüben, um über die Dualität hinaus zur Einheit zu gelangen. Im allgemeinen werden darunter spezifische sexuelle Praktiken verstanden, die sexuelle Energie und Lebenskraft nutzen, um zu spiritueller Ekstase und Erleuchtung zu gelangen.

Therapievertrag – Die Zustimmung eines Klienten, sich einer Behandlung zu unterziehen oder an der Durchführung einer Technik teilzunehmen, nachdem er über die Methode und die mögliche Folgen einer Teilnahme eingehend in Kenntnis gesetzt worden ist.

Trance – Ein tiefer Zustand, in dem sich die Aufmerksamkeit verengt und konzentriert.

Transpersonal – Beschreibt diejenigen Erscheinungen, die außerhalb der Grenzen unserer persönlichen Identität oder des Selbst oder jenseits von Zeit und Raum stattfinden.

Trauma, verborgenes – Ein derart intensives Ereignis der Vergangenheit, daß es nicht vollständig erfahren werden konnte und zu der Zeit, als es passierte, nicht integriert werden konnte. Es zeigen sich anhaltende Auswirkungen in der Gegenwart.

Überflutung mit psychischen Inhalten – Eine Öffnung des Geistes für intuitive Bilder und Vorstellungen, bei der man keine Möglichkeit sieht, sich der eindringenden Information zu widersetzen.

Übertragung – Ein Klient reagiert unbewußt auf die Gefühle, Gedanken, Erwartungen, Verhaltensmuster und Glaubenssätze des Behandelnden und projiziert vielleicht seine eigenen Gefühle, Gedanken, Erwartungen und Glaubenssätze auf ihn.

UFO-Entführung – Es wird von einer Erfahrung berichtet, in der man außerirdischen Wesen begegnet und von ihnen als Forschungsobjekt benutzt wird. Diese Erfahrungen gehen im allgemeinen mit Symptomen posttraumatischen Stresses und manchmal mit gleichzeitigen körperlichen Anzeichen einher.

Vision Quest – Spirituell Suchende verbringen in der Hoffnung auf eine Vision oder einen besonderen Rat einen oder mehrere Tage allein in der Natur.

Vorahnung – Die Kenntnis eines Ereignisses, bevor dieses stattfindet.

Wiedererleben – Etwas noch einmal mit größerer Bewußtheit für die Empfindung, das Gefühl und das Wissen erleben als zu dem Zeitpunkt, als die Erfahrung erstmals gemacht wurde (während der Geburt, dieses biographischen Lebens und während einer scheinbar früheren Inkarnation).

Zwölf-Schritte-Programm – Eine Aufstellung von zwölf Prinzipien und Handlungsschritten, die von den Begründern der Anonymen Alkoholiker aufgeschrieben worden sind und einen Weg aufzeigen, von einer Sucht zu genesen.

Anmerkungen

[1] Manning, Rita C. (1992): *Speaking from the heart: A Feminist perspective on ethics.* Lanham, MD: Rowman & Littlefield Publishers, Inc. XIV.
[2] Havel, Vaclav (1994): Unveröffentlichter Vortrag an der Stanford University. 29. September 1994.
[3] Ebenda.
[4] Remen, Rachel Naomi (Herbst 1988): On defining spirit. *Noetic Sciences Review.* 63.
[5] Ebenda.
[6] Keith-Spiegel, P. & Koocher, G. B. (1985): *Ethics in psychology: Professional standards and cases.* New York: Random House. 6.
[7] Gilligan, Carol (1984): *Die andere Stimme.* München: Piper. 36–82.
[8] Manning, Rita C. (1992): *Speaking from the heart: A Feminist perspective on ethics.* Lanham, MD: Rowman & Littlefield Publishers, Inc. XIV.
[9] Wylie, Mary Sykes (März/April 1989): The ethical therapist: Looking for the fence posts. *The Family Therapy Networker.* Washington, D.C. 24.
[10] Schweitzer, Albert (1966): *Straßburger Predigten.* Hrsg. von Neuenschwander, Ulrich. München: Beck. 130.
[11] Bartlett, J. (1968): [14th Ed.] *Familiar quotations.* Boston: Little, Brown and Company, 939.
[12] Bibel. Lukas 6,31.
[13] Taylor, Kylea (1994): *The breathwork experience.* Santa Cruz, CA: Hanford Mead Publishers. 13–14.
[14] Ebenda.
[15] Ebenda.
[16] Ludwig, A. M. (1966): In Tart, Charles (Hg., 1969, 1972). *Altered states of consciousness.* Garden City, New York: Anchor Books. 11.
[17] Wolinsky, Stephen (1993): *Die alltägliche Trance.* Freiburg i. Br.: Alf Lüchow.
[18] Grof, Christina & Grof, Stanislav (1991): *Die stürmische Suche nach dem Selbst.* München: Kösel. 109–145.
Grof, Stanislav (1985): *Geburt, Tod und Transzendenz: neue Dimensionen in der Psychologie.* München: Kösel. 43–47.
Grof, Christina (1994): *Sehnsucht nach Ganzheit.* München: Kösel. 17, 24.
[19] Browne, I. (Frühjahr 1990): Psychological trauma, or unexperienced experience. *ReVision* 12. 21–33.
[20] Grof, Stanislav (1985): *Geburt, Tod und Transzendenz: neue Dimensionen in der Psychologie.* München: Kösel. 247–49.

Taylor, Kylea (1994): *The breathwork experience.* Santa Cruz, CA: Hanford Mead Publishers. 64.

[21] Ingerman, S. (1991): *Soul retrieval: Mending the fragmented self.* San Francisco: HarperCollins.

[22] Kripalvanand, S. (1975): *The stages of kundalini yoga.* Sumneytown, Pennsylvania: Kripalu Yoga Ashram.

Krishna, Gopi (1983): *Kundalini.* München: Scherz.

Muktananda, S. (1974): *Play of consciousness.* Oakland, CA: S. Y. D. A. Foundation.

Narayanananda, S. (1960): *The primal power in man or the kundalini shakti.* Gylling, Dänemark: N. U. Yoga Trust & Ashram.

Sannella, Lee (1989): *Kundalini-Erfahrung und die neuen Wissenschaften.* Essen: Synthesis.

[23] Ring, K. (1984): *Heading toward omega: In search of the meaning of the near-death experience.* New York: William Morrow and Company, Inc. 41–44.

Moody, R. A. (1977). *Leben nach dem Tod.* Reinbek: Rowohlt. 40–62.

[24] Ring, K. (1980): *Life at death: A scientific investigation of the near-death experience.* New York: Coward, McCann & Goeghegan.

Ring, K. (1984): *Heading toward omega: In search of the meaning of the near-death experience.* New York: William Morrow and Company, Inc.

Moody, R. A. (1977): *Leben nach dem Tod.* Reinbek: Rowohlt.

Reader, L. (Sommer 1994): The internal mystery plays: The role and physiology of the visual system in comtemplative practices. *ReVision.* 3–13.

[25] Grof, Christina & Grof, Stanislav (1991): *Die stürmische Suche nach dem Selbst.* München: Kösel, 109–145.

[26] Mack, John E. (1995): *Entführt von Außerirdischen.* Essen, München: Bettendorf.

[27] Ebenda. 28–29.

[28] Ross, Catherine (1989): *Multiple personality disorder.* New York: John Wiley & Sons. 183–85.

[29] Smith, Margaret (1994): *Gewalt und sexueller Mißbrauch in Sekten.* Zürich: Kreuz.

Smith, Margaret (1993): *It's love and unity I want.* Woodland, CA: Reaching Out.

[30] Taylor, Kylea (1994): *The breathwork experience.* Santa Cruz, CA: Hanford Mead Publishers. 49–88.

[31] Hart, Mickey (1991): *Die magische Trommel.* München: Goldmann, 213–215.

[32] Institute for Music, Health & Education. PO Box 4179, Boulder, CO 80306-4179.

[33] Who and what is Network Chiropractic? (1993): *Network chiropractic alignment for growth.* Innate Intelligence, Inc. 1 (4) 1.

[34] Wolinsky, Stephen (1993): *Die alltägliche Trance.* Freiburg i. Br.: Alf Lüchow. 20.

[35] Shapiro, F. (1989a): Efficacy of the eye movement desensitization procedure in the treatment of traumatic memories. *Journal of Traumatic Stress.* 2, 199–223.

[36] Kornfield, Jack (1995): *Frag den Buddha – und geh den Weg des Herzens.* München: Kösel. 156–60.

[37] Shor, R. E. (1959): In Tart, Charles (Hg., 1969, 1972): *Altered states of consciousness.* Garden City, New York: Anchor Books. 247.

[38] Ebenda. 255.

[39] The Foundation for Shamanic Studies, PO Box 1709, Mill Valley, CA 94942.

[40] Achterberg, Jeanne (1987): *Die heilende Kraft der Imagination.* Bern: Scherz. 54–60.

Ott, J. (1993): *Pharmacotheon.* Kennewick, WA: Natural Products.

[41] Savage, C., Savage, E., Fadiman, J. & Harman, W. (1964): *LSD: Therapeutic effects of the psychedelic experience.* Psychol. Rep. 14. 111–20.

[42] Grof, Stanislav (3. Aufl. 1985): *Topographie des Unbewußten.* Stuttgart: Klett-Cotta.

MacLean, J., MacDonald, D., Byrne, U. und Hubbard, A. (1961): The use of LSD-25 in the treatment of alcoholism and other psychiatric problems. *Quarterly Journal on Studies of Alcoholism* 22. 34–35.

Sherwood, J., Stolaroff, M. und Harman, W. (1962): The psychedelic experience: A new concept in psychotherapy. *Journal of Neuropsychiatry* 4. 69–80.

[43] Grof, Stanislav (2. Aufl. 1992): *Die Begegnung mit dem Tod.* Stuttgart: Klett-Cotta.

[44] Doblin, R. (1995): Persönliches Gespräch.

[45] Doblin, R. (1992): Historic FDA and NIDA meetings. Multidisciplinary Association for Psychedelic Studies, Inc. *MAPS Newsletter.* III (3) 2–6.

[46] Mindell, Arnold (1996): *Den Pfad des Herzens gehen. Traumkörperarbeit.* Petersberg: Via Nova.

[47] Ebenda. 192.

[48] Kornfield, Jack (1995): *Frag den Buddha – und geh den Weg des Herzens.* München: Kösel. 170.

[49] Grof, Stanislav (2. Aufl. 1992): *Die Begegnung mit dem Tod.* Stuttgart: Klett-Cotta.

[50] Grof, Stanislav (1985): *Geburt, Tod und Transzendenz: neue Dimensionen in der Psychologie.* München: Kösel. 38–41.

[51] Spence, Donald P. (1982): *Narrative truth and historical truth: Meaning and interpretation in psychoanalysis.* New York: W. W. Norton & Co., Inc. 175.

[52] Ebenda. 270.

[53] Meacham, A. (April 1993): Presumed guilty. *Changes.* 78.

[54] Herman, Judith Lewis (1994): *Die Narben der Gewalt.* München: Kindler. 253.

[55] The Australian Psychological Society Limited (Oktober 1994): Guidelines relating to the reporting of recovered memories. In *FMS Foundation Newsletter.* (Januar 1995). 7.

[56] American Psychiatric Association (1994): Statement on memories of sexual abuse. Washington: D. C. 2, 5.

[57] Grof, S. & Ross, C. (Sprecher, Juni 1993): *Advanced Holotropic Breathwork training in multiple personality disorder.* (Tonband). Boulder, CO: Sounds True Recordings.

[58] Sparks, C. (1993): COEX systems and biographical trauma: Working multidimensionally in Holotropic Breathwork. *The Inner Door.* Santa Cruz, CA: Association for Holotropic Breathwork International. 5 (1) 1, 4.

[59] Wylie, M. S. (März/April 1989): The ethical therapist: looking for the fence posts. *The family Therapy Networker.* Washington, D. C. 26.

[60] Grof, Stanislav (1985): *Geburt, Tod und Transzendenz: neue Dimensionen in der Psychologie.* München: Kösel. 43–47.

[61] Eliade, Mircea (1975): *Schamanismus und archaische Ekstasetechnik.* Frankfurt: Suhrkamp.

[62] Ebenda.

[63] Taylor, Kylea (1994): *The breathwork experience.* Santa Cruz, CA: Hanford Mead Publishers. 33.

[64] Grof, Stanislav (1980): *LSD-Psychotherapy.* Pomona, CA: Hunter House, Inc. Publishers. 257–59.

[65] *Diagnostisches und Statistisches Manual Psychischer Störungen.* DSM-IV (1996): Deutsche Bearbeitung und Einführung von Henning Sass, Hans-Ulrich Wittchen und Michael Zaudig. Göttingen: Hogrefe. 772.

[66] Grof, Stanislav (1983): *LSD-Psychotherapie.* Stuttgart: Klett-Cotta, S. 132.

[67] Browne, D. P. & Fromm, E. (1986): *Hypnotherapy and hypnoanalysis.* Hillsdale, NJ: Lawrence Erlbaum Associates, Publishers. 143.

[68] Salter, S. & Ness, C. (1993): *San Francisco Examiner.* 9. April 1993. A-18.

[69] Grof, Stanislav & Grof, Christina (1990): Principles of Holotropic Breathwork. In: Taylor, Kylea (1991): *The Holotropic Breathwork workshop. A manual for trained facilitators.* 79.

[70] Pope, K. S. & Vasquez, M. J. T. (1991): *Ethics in psychotherapy.* San Francisco: Jossey Bass, Inc. 75.

[71] Steele, K. (Sprecher, 1993): *Issues in the treatment of multiple personality disorder.* (Tonband). Longmont, CO: Genesis II Seminars and Products.

[72] Scheller, M. D. (Herbst/Winter 1992–93): To touch or not to touch: Legal, ethical, and clinical issues concerning the incorporation of nonsexual touch into verbal psychotherapy. *Somatics.* 42–45.

[73] Grof, Stanislav (1987): *Das Abenteuer der Selbstentdeckung.* München: Kösel. 240.

[74] Herman, Judith Lewis (1994): *Die Narben der Gewalt.* München: Kindler. 265.

[75] Grof, Stanislav (1983): *LSD-Psychotherapie.* Stuttgart: Klett-Cotta. 118. Leary, T., Metzner, R. und Alpert, R. (1964): *The psychedelic experience.* Secaucus, NJ: The Citadel Press. 111.

[76] Brown, D. P. & Fromm, E. (1986): *Hypnotherapy and hypnoanalysis.* Hillsdale, NJ: Lawrence Erlbaum Associates, Publishers.

[77] Herman, Judith Lewis (1994): *Die Narben der Gewalt.* München: Kindler. 193–203. Calof, D. (Sprecher, 1993): *Adult children of incest and child abuse.* (Tonband). Longmont, CO: Genesis II Seminars and Products.

[78] Rutter, Peter (1991): *Verbotene Nähe.* Düsseldorf: Econ. 170–171.

[79] Ebenda. 69.

[80] Kornfield, Jack (1996): *Die Lehren Buddhas.* München: Knaur. 51.

[81] Judith, A. (1987): *Wheels of life*. St. Paul, MN: Lewellyn Publications. 60, 112, 166, 210, 258, 314, 391–3.

[82] Bibel. Lukas 6,31.

[83] Bibel. Matthäus 7,3.

[84] Grof, Christina (1994): *Sehnsucht nach Ganzheit*. München: Kösel, 17, 24.

[85] Grof, Stanislav (1983): *LSD-Psychotherapie*. Stuttgart: Klett-Cotta. 131.

[86] Bragdon, Emma (1991): *Spirituelle Krisen – Wendepunkte im Leben*. Freiburg i. Br.: Bauer.
Bragdon, Emma (1988): *A Sourcebook for helping people in spiritual emergency*. Los Altos, CA: Lightening Up Press.
Grof, Stanislav & Grof, Christina (Hgg., 1990): *Spirituelle Krisen*. München: Kösel.
Grof, Christina & Grof, Stanislav (1991): *Die stürmische Suche nach dem Selbst*. München: Kösel.
Muktananda, S. (1974): *Play of consciousness*. Oakland, CA: S.Y.D.A. Foundation.

[87] Guggenbühl-Craig, Adolf (1971): *Macht als Gefahr beim Helfer*. Basel: Karger. 43.

[88] Grof, Stanislav (1985): *Geburt, Tod und Transzendenz: neue Dimensionen in der Psychologie*. München: Kösel.

[89] Grof, Stanislav (Februar 1993): Ausbildungsgespräch beim Grof Transpersonal Training, St. Helena, CA.

[90] Pope, Kenneth S. & Bouhoutsos, Jacqueline C. (1992): *Als hätte ich mit einem Gott geschlafen*. Hamburg: Hoffmann und Campe. 16.

[91] Scheller, M. D. (Herbst/Winter 1992–93): To touch or not to touch: Legal, ethical, and clinical issues concerning the incorporation of nonsexual touch into verbal psychotherapy. *Somatics*. 42–43.

[92] Ebenda. 44.

[93] Pope, Kenneth S. (August 1994): Sexual involvement between therapists and patients. *The Harvard Mental Health Letter*. 5.

[94] Peay, Pythia S. (Juli/August 1994): What do women want. *Common Boundary* 12 (4), 22–34.

[95] Berne, Eric (1954): *Die Spiele der Erwachsenen*. Reinbek: Rowohlt. 204–208.

[96] Ziegler, K. *Persönliches Gespräch*..

[97] Sparks, T., Sparks, C., Gitkind, H. und Jeffreys, B. (1989): Unveröffentlichter Aufsatz. *Doing, not doing: A facilitator's guide to holotropic focused body work*. 17.

[98] Achterberg, Jeanne (1987): *Die heilende Kraft der Imagination*. Bern: Scherz. 40–41.

[99] Bibel: Matthäus 4,1–10.

[100] Guggenbühl-Craig, Adolf (1971): *Macht als Gefahr beim Helfer*. Basel: Karger. 27.

[101] Muriel James und Dorothy Jongeward (1974): *Spontan leben: Übungen zur Selbstverwirklichung*. Reinbek: Rowohlt. 114.

[102] Ebenda.

[103] Grof, Christina (1994): *Sehnsucht nach Ganzheit*. München: Kösel, 185.

[104] Arrien, Angeles (1996): *Der vierfache Weg*. Freiburg i. Br.: Bauer. 85.

[105] Steindl-Rast, David (1994): *Fülle und Nichts: die Wiedergeburt christlicher Mystik*. München: Goldmann. 189.

[106] Kripalvanand, S. (1977): *The Science of meditation*. Bombay, India: New Karnodaya Press. 164–67.

[107] Kornfield, Jack (1991): Vipassana teachers adopt code of ethics. *Turning Wheel*. 27–28. Hier zitiert nach: Kornfield, Jack (1995): *Frag den Buddha – und geh den Weg des Herzens*. München: Kösel. 205.

[108] Butler, K. (Sept./Okt. 1990): Spirituality reconsidered: Facing the limits of psychotherapy. *The Family Therapy Networker*. 29.

[109] Ebenda.

[110] Brown, D. (Sprecher, 1994): *Spiritual emergence in the Judeo-Christian tradition*. (Audiotape) Clinical Issues in Psycho Spiritual Crisis. Symposium in Santa Clara, CA: University of California at Santa Cruz.

[111] Ebenda.

[112] Kripalvanand, S. (1977): *The science of meditation*. Bombay, India: New Karnodaya Press. 144–156, 196, 199.

[113] Rajneesh, B. S. (1975): *I am the gate: The meaning of initiation and discipleship*. New York: Harper Colophon Books. 56.

[114] Zu diesen Archetypen gehören Shakti, die ihre Hand nach Shiva ausstreckt, die Gopis in göttlicher Liebe zu Krishna und das Gelübde einer katholischen Nonne als Braut Christi.

[115] Yogananda, Paramahamsa (1995): *Autobiographie eines Yogi*. München, Bern: Scherz Verlag. Neuausgabe.
Rama, S. (1978): *Living with the himalayan masters*. Honesdale, PA: Himalayan International Institute of Yoga Science & Philosophy.

[116] Grof, Christina (1994): *Sehnsucht nach Ganzheit*. München: Kösel, 185.

[117] Hedges, L. E. (Mai/Juni 1993): In praise of the dual relationship: An anthropological insight into how psychotherapy »hooks into the flesh« through dual relationships. *The California therapist*. 46.

[118] Reprinted from *AAMFT Code of Ethics*. Copyright August 1991, American Association for Marriage and Family Therapy. Reprinted with permission. No additional copies may be made without obtaining permission from AAMFT

[119] American Psychological Association. (1992): *Ethical principles of psychologists and code of conduct*. American Psychologist.

[120] National Association for Music Therapy. *Code of Ethics*. 4. 5.

[121] *Ethical Guidelines for Feminist Therapists*. Denver, CO: The Feminist Therapy Institute, Inc.

[122] Manning, Rita C. (1992): *Speaking from the heart: A Feminist perspective on ethics*. Lanham, MD: Rowman & Littlefield Publishers, Inc. 98–99.

[123] Fortune, M. M. (1992): *Is nothing sacred?* San Francisco: HarperSanFrancisco, 99–107.

[124] Mindell, Arnold (1996): *Den Pfad des Herzens gehen*. Petersberg: Via Nova. 190, 215.

[125] Taylor, Kylea (1994): *The breathwork experience*. Santa Cruz, CA: Hanford Mead Publishers. 38.

[126] Hedges, L. E. (Sept./Okt. 1993): In praise of the dual relationship: An anthro-

pological insight into how psychotherapy »hooks into the flesh« through dual relationships. *The California therapist*. 38.

[127] Ebenda.

[128] Ross, C. (1994): *Osiris complex: Case-Studies in multiple personality disorder.* Toronto: University of Toronto Press. 97.

[129] Ebenda. 77.

[130] Chase, T. (1987): *When rabbit howls.* New York: Jove Books. 62, 85.

[131] Newport, R. R. (1995): *Persönliche Mitteilung.*

[132] Guggenbühl-Craig, Adolf (1971): *Macht als Gefahr beim Helfer.* Basel: Karger. 20.

[133] Arrien, A. (1996): *Der vierfache Weg.* Freiburg: Bauer. 40.

[134] Ebenda. 119–24.

[135] *Diagnostisches und Statistisches Manual Psychischer Störungen.* DSM-IV (1996): Deutsche Bearbeitung und Einführung von Henning Sass, Hans-Ulrich Wittchen und Michael Zaudig. Göttingen: Hogrefe. 846–49.

[136] *Ethical Guidelines for Feminist Therapists.* Boulder, CO: The Feminist Therapy Institute, Inc.

[137] Guggenbühl-Craig, Adolf (1971): *Macht als Gefahr beim Helfer.* Basel: Karger. 21.

[138] Williamson, Marianne (Januar/Februar 1995): In between heaven and earth. *Common Boundary.* 46.

[139] Guggenbühl-Craig, Adolf (1971): *Macht als Gefahr beim Helfer.* Basel: Karger. 92.

[140] Ebenda. 100.

[141] Disziplinarmaßnahmen. (Nov./Dez. 1993 bis Sept./Okt. 1994): *The California Therapist.*

[142] Brock, G. W. & Coufal, J. D. (März/April 1989): Ethics in practice. *The Family Therapy Networker.* 27.

[143] Ethical agreements for Holotropic Breathwork practitioners. (August 1994): *The Inner Door.* Santa Cruz, CA: Association for Holotropic Breathwork International. 5.

[144] Kornfield, Jack (1991): Vipassana teachers adopt code of ethics. *Turning Wheel.* 27–28.

[145] Ziegler, Katherine (1995): *Persönliches Gespräch.*

[146] Ebenda.

[147] Grof, Christina (1994): *Sehnsucht nach Ganzheit.* München: Kösel, 285.

[148] Ebenda. 252.

[149] Ebenda.

[150] Rolf Institute. *Code of Ethics.* 5.

[151] *Code of Ethics* (1995): Palo Alto, CA: Jin Shin Do® Foundation.

[152] Kornfield, Jack (1991): Vipassana teachers adopt code of ethics. *Turning Wheel.* 27–28.

[153] *Interim Code of Ethics.* Australia: The N. S. W., Victorian, and Queensland Emotional Release Counsellors Associations.

[154] Ebenda.

[155] American Group Psychotherapy Association, Inc. (1991): *Guidelines for ethics.* 2.

156 Reprinted from *AAMFT Code of Ethics.* Copyright August 1991, American Association for Marriage and Family Therapy. Reprinted with permission. No additional copies may be made without obtaining permission from AAMFT.

157 *Interim Code of Ethics.* Australia: The N.S.W., Victorian, and Queensland Emotional Release Counsellors Associations.

158 Ethical Agreements for Holotropic Breathwork practitioners. (August 1994): *The Inner Door.* Santa Cruz, CA: Association for Holotropic Breathwork International. 5.

159 Rolf Institute. *Code of Ethics.* 2.

160 Kornfield, Jack (1991): Vipassana teachers adopt code of ethics. *Turning Wheel.* 27–28. Hier zitiert nach: Kornfield, Jack (1995): *Frag den Buddha – und geh den Weg des Herzens.* München: Kösel. 401.

161 Rolf Institute. *Code of Ethics.* 2.

162 *Code of Ethics* (1995): Palo Alto, CA: Jin Shin Do® Foundation, and Evergreen, CO: Associated Bodywork and Massage Professionals.

163 Rolf Institute. *Code of Ethics.* 4.

164 *Ethical Guidelines for Feminist Therapists.* Denver, CO: The Feminist Therapy Institute, Inc.

165 Rolf Institute. *Code of Ethics.* 3.

166 Kornfield, Jack (1991): Vipassana teachers adopt code of ethics. *Turning Wheel.* 27–28. Hier zitiert nach: Kornfield, Jack (1995): *Frag den Buddha – und geh den Weg des Herzens.* München: Kösel, 401.

167 *Code of Ethics* (1995): Palo Alto, CA: Jin Shin Do® Foundation.

168 Grof, Stanislav & Grof, Christina (1990): Principles of Holotropic Breathwork. In: Taylor, Kylea (1991): *The Holotropic Breathwork workshop. A manual for trained facilitators.* 79.

169 Ethical agreements for Holotropic Breathwork practitioners. (August 1994): *The Inner Door.* Santa Cruz, CA: Association for Holotropic Breathwork International. 5.

170 *Code of Ethics* (1995): Palo Alto, CA: Jin Shin Do® Foundation.

171 Rolf Institute. *Code of Ethics.* 1.

172 *Principles of medical ethics* (1993): Washington, D.C.: American Psychiatric Association.

173 Ethical agreements for Holotropic Breathwork practitioners. (August 1994): *The Inner Door.* Santa Cruz, CA: Association for Holotropic Breathwork International. 5.

174 American Association of Professional Hypnotherapists. (1995): *Persönliche Mitteilung.*

175 American Association of Professional Hypnotherapists. *AAPH pledge of professional responsibility.* Boones Mill, VA: AAPH.

176 *AAAOM oriental medicine ethics statement.* (Entwurf 1995): American Association of Acupuncture and Oriental Medicine.

177 American Psychological Association. (1992): *Ethical principles of psychologists and code of conduct.* American Psychologist.

178 Hedges, L. E. (Sept./Okt. 1993): In praise of the dual relationship: An anthropological insight into how psychotherapy »hooks into the flesh« through dual relationships. *The California therapist.* 41.

Ausgewählte Literatur

Achterberg, Jeanne: *Die heilende Kraft der Imagination. Heilung durch Gedankenkraft; Grundlagen und Methoden einer neuen Medizin.* Bern 1987.

Arrien, Angeles: *Der vierfache Weg.* Freiburg i. Br. 1996.

Bragdon, Emma: *Spirituelle Krisen – Wendepunkte im Leben.* Freiburg i. Br. 1991.

Bragdon, Emma: *A Sourcebook for helping people in spiritual emergency.* Los Altos, CA: Lightening Up Press 1988.

Brown, D. P. & Fromm, E.: *Hypnotherapy and hypnoanalysis.* Hillsdale, NJ: Lawrence Erlbaum Associates, Publishers 1986.

Campbell, D.: *Music: Physician for times to come.* Wheaton, IL: Quest Books 1991.

Claire, T.: *Bodywork.* New York: William Morrow and Company, Inc. 1985.

Eliade, Mircea: *Schamanismus und archaische Ekstasetechnik.* Frankfurt 1975.

Fortune, M. M.: *Is nothing sacred?* San Francisco 1992.

Grof, Christina: *Sehnsucht nach Ganzheit. Der spirituelle Weg aus der Abhängigkeit.* München 1994.

Grof, Christina & Grof, Stanislav: *Die stürmische Suche nach dem Selbst. Praktische Hilfe für spirituelle Krisen.* München 1991.

Grof, Stanislav & Grof, Christina (Hgg.): *Spirituelle Krisen. Chancen der Selbstfindung.* München 1990.

Grof, Stanislav: *Das Abenteuer der Selbstentdeckung.* München 1987.

Grof, Stanislav: *Geburt, Tod und Transzendenz: neue Dimensionen in der Psychologie.* München 1985.

Grof, Stanislav: *LSD-Psychotherapie.* Stuttgart 1983.

Grof, Stanislav: *Topographie des Unbewußten. LSD im Dienst der tiefenpsychoanalytischen Forschung.* Stuttgart 3. Aufl. 1985.

Guggenbühl-Craig, Adolf: *Macht als Gefahr beim Helfer.* Basel 1971.

Herman, Judith Lewis: *Die Narben der Gewalt. Traumatische Erfahrungen verstehen und überwinden.* München 1994.

Ingerman, S.: *Soul retrieval: Mending the fragmented self.* San Francisco: Harper Collins 1991.

Keith-Spiegel, P. & Koocher, G. B.: *Ethics in Psychology: Professional standards and cases.* New York: Random House 1985.

Kornfield, Jack: *Frag den Buddha – und geh den Weg des Herzens.* München 1995.

Kornfield, Jack: *Die Lehren Buddhas.* München 1996.

Mack, John E.: *Entführt von Außerirdischen.* Essen, München 1995.

Manning, Rita C.: *Speaking from the heart: A feminist perspective on ethics*. Lanham, MD: Rowman & Littlefield Publishers, Inc. 1992.

Mindell, Arnold: *Den Pfad des Herzens gehen. Traumkörperarbeit. Schamanische Praktiken und moderne Psychologie*. Petersberg 1996.

Muktananda, S.: *Play of consciousness*. Oakland, CA: S.Y.D.A. Foundation 1974.

Ott, J.: *Pharmacotheon*. Kennewick, WA: Natural Products 1993.

Pope, Kenneth S. & Vasquez, M. J. T.: *Ethics in Psychotherapy*. San Francisco: Jossey Bass, Inc. 1991.

Pope, Kenneth S. & Bouhoutsos, Jacqueline C.: *Als hätte ich mit einem Gott geschlafen. Sexuelle Beziehungen zwischen Therapeuten und Patienten*. Hamburg 1992.

Ring, K.: *Heading toward omega: In search of the meaning of the near-death experience*. New York: William Morrow and Company, Inc. 1984.

Ross, C.: *Osiris complex: Case-Studies in multiple personality disorder*. Toronto: University of Toronto Press 1994.

Ross, C.: *Multiple personality disorder*. New York: John Wiley & Sons 1994.

Rutter, Peter: *Verbotene Nähe. Wie Männer mit Macht das Vertrauen von Frauen mißbrauchen*. Düsseldorf 1991.

Sannella, Lee: *Kundalini-Erfahrung und die neuen Wissenschaften*. Essen 1989.

Schweitzer, Albert: *Straßburger Predigten*. Hrsg. von Neuenschwander, Ulrich. München 1966.

Smith, Margaret: *Gewalt und sexueller Mißbrauch in Sekten. Wo es geschieht, wie es geschieht, und wie man den Opfern helfen kann*. Zürich 1994.

Sparks, T.: *The wide open door: The Twelve Steps, spiritual tradition & the new psychology*. Center City, MN: Hazelden 1993.

Spence, D. P.: *Narrative truth and historical truth: Meaning and interpretation in psychoanalysis*. New York: W. W. Norton & Co., Inc. 1982.

Taylor, Kylea: *The breathwork experience. Exploration and healing in nonordinary states of consciousness*. Santa Cruz, CA: Hanford Mead Publishers 1994.

Wolinsky, Stephen: *Die alltägliche Trance. Heilungsansätze in der Quantenpsychology*. Freiburg i. Br. 1993.

Verlag Hermann Bauer · Freiburg im Breisgau

Karin Brandl

Ich kann doch ohne dich nicht leben!
Die Macht energetischer Verbindungen und ihre Auflösung

208 Seiten mit 28 Abbildungen, gebunden
ISBN 3-7626-0533-5

In diesem Buch untersucht die Autorin die energetische Komponente unguter Verbindungen. Aus eigener Erfahrung schöpfend, gibt sie einfühlsam Einblick in das, was sich vor allem in Liebesbeziehungen, aber auch in Familie und Beruf oder in der alltäglichen Kommunikation – unsichtbar und oft den Beteiligten unbewußt – abspielt.

Besondere Bedeutung hat hier das, was die Autorin als »astrale Nabelschnur« bezeichnet. Sie ist ein dauerhaftes Energieband und hat mit Sehnsucht nach Verschmelzung, mit Macht und Abhängigkeit zu tun.

Wie eine solche Nabelschnur entsteht, welche persönliche Veranlagung dafür anfällig macht, wie man sie erkennt, und vor allem wie man sie auflösen kann – darauf gibt dieses Buch höchst sachkundige Antwort.

Einen wichtigen Teil widmet Karin Brandl den Möglichkeiten, sich vor unerwünschten energetischen Verbindungen – also auch psychischen Übergriffen – zu schützen, sich abzugrenzen, sein Energiefeld zu reinigen oder eine bestehende astrale »Nabelschnur« aufzulösen.

Das Anliegen der Autorin ist es, durch Aufklärung und Rat einen verantwortungsvollen Umgang mit der feinstofflichen Seite zwischenmenschlicher Beziehungen zu fördern.

Verlag Hermann Bauer · Freiburg im Breisgau

Verlag Hermann Bauer · Freiburg im Breisgau

Carol Orsborn

Alles klar bei Sonnenuntergang
Der Solved by Sunset-Prozeß: Wie Sie jedes Problem im Laufe eines Tages kreativ lösen können

256 Seiten, gebunden; ISBN 3-7626-0548-3

Haben Sie ein persönliches oder berufliches Problem, das Sie einfach nicht lösen können? Ein Problem zu meistern bedeutet bisweilen, die Kontrolle aufzugeben. Methoden, die auf der rationalen Ebene ansetzen, können Probleme manchmal unüberwindbar erscheinen lassen. Hören Sie also auf, durch Kontrolle und Manipulation die Lösung für Ihr Problem finden zu wollen, und schaffen Sie statt dessen Raum für Kreativität, Inspiration und Wunder.

Durch die in diesem Buch vorgestellte Methode, Probleme bis Sonnenuntergang zu lösen, können Sie einen Wendepunkt herbeiführen. Sie werden lernen, das Bestreben Ihrer linken Gehirnhälfte, ein Problem durch Ausübung von Kontrolle zu meistern, mit der Kreativität und Intuition der rechten Gehirnhälfte in Einklang zu bringen.

Carol Orsborn wird Ihnen Wege aufzeigen, wie Sie die erforderliche Umgebung und die entsprechende Gemütsverfassung herbeiführen können, um bei der Lösung Ihrer Frage erfolgreich zu sein. Sie lernen, wie Sie Ihr Problem in den richtigen Kontext stellen, Ihre Ziele neu bewerten und zu Ihren Gefühlen Vertrauen entwickeln können, wenn Sie Ihren inneren Stimmen lauschen.

Alles, was Sie brauchen, um dieses Buch in die Praxis umzusetzen, ist Schreibzeug, Papier, ein Problem oder eine Frage, die Sie in Gedanken beschäftigt, und den brennenden Wunsch, diese bis Sonnenuntergang zu lösen.

Verlag Hermann Bauer · Freiburg im Breisgau